MICHAEL GIELEN

MICHAEL GIELEN

Dirigent, Komponist, Zeitgenosse

Herausgegeben von Paul Fiebig

Verlag J. B. Metzler
Stuttgart · Weimar

Die Deutsche Bibliothek – CIP-Einheitsaufnahme

Michael Gielen : Dirigent, Komponist, Zeitgenosse /
hrsg. von Paul Fiebig. - Stuttgart ; Weimar : Metzler
ISBN 978-3-476-01531-0
Buch. 1997
CD. 1997

ISBN 978-3-476-01531-0
ISBN 978-3-476-03695-7 (eBook)
DOI 10.1007/978-3-476-03695-7

Ursprünglich erschienen bei J. B. Metzlersche Verlagsbuchhandlung
und Carl Ernst Poeschel Verlag GmbH in Stuttgart 1997

INHALT

III Aktualität der Tradition(en) 137

IV Dirigent, Komponist, Zeitgenosse 223

Vorbemerkung in vier »Angängen«

Dieses Buch wurde nicht von Michael Gielen geschrieben, sondern vom Herausgeber komponiert. Das klingt gleich nach mehr und meint zunächst bloß weniger, nämlich: daß es (teils, weil zu seinem Siebzigsten, ›hinter Gielens Rücken‹) zusammengefügt ist – aus Älterem bis Neuestem, Schriftlichem wie Mündlichem, sowohl von als über Gielen Notiertem und Geäußertem; die Sache wie die Person betreffend; von zumeist allgemeinem, gelegentlich speziellem Interesse; in Zusammenhang und Form gebracht allemal und durchaus – mit dem alleinigen Ziel, nicht einen Musikwissenschaftler etwa oder einen Philosophen, vielmehr einen denkenden, gedankenvollen Musiker sprechen zu lassen, und das in jener eigenen Weise, auf die Michael Gielen sich versteht.

Wenn für die Musik gilt, daß sie heute ihrem Interpreten anders entgegensieht als gestern noch, dann mag für den Interpreten, gewiß für Michael Gielen gelten, daß er über sich, seine Tätigkeiten und Gegenstände nicht gestern noch heute noch morgen *abschließend* sich geäußert hat, äußert, äußern wird. Was nicht bedeutet, daß er den Satz »Was kümmert mich mein Gerede von gestern« im Munde führen müßte; auch nicht, daß die eine oder andere, vielleicht überraschende Koinzidenz ausgeschlossen wäre. Weder Widersprüche noch Überschneidungen wurden partout eingeebnet oder ausgemerzt, eher bevorzugt zugelassen als »immer neue Angänge« von der Art, wie Gielen sie an Adorno einst preisend hervorhob.

Wohl wenigstens fünfzig in Büchern, Zeitschriften, Tageszeitungen oder auf Band festgehaltene Gespräche wurden für die hier versammelten Texte geplündert (ohne daß Einzelheiten noch nachweisbar wären, im Unterschied zu den einzelnen Drucknachweisen an Ort und Stelle). Etliche Äußerungen drängten sich von daher in für abgeschlossen gehaltene Zusammenhänge, mußten sich diese oder jene Einpassung gefallen lassen und hinterließen ihrerseits Spuren dahingehend, daß die neu entstandenen Zusammenhänge jetzt als mitunter sprunghafte, freilich bei der Sache bleibende Collagierungen sich zu erkennen geben (man sehe sich nur die »Autobiographischen Notizen« an).

Für sich selbst sprechen, andererseits, mögen die in die Mitte gesetzten Freundesgaben und Fotografien – über die (seiner Adorno-Preis-Laudatio zu Motto-Zwecken entnommenen) Hans Neuenfels-Charakterisierungen, die Brief(ausschnitt)e und Originalbeiträge, die drei umfangreichen (um lediglich allzu unmittelbare Verdopplungen gekürzten) Gespräche mit ihrem in mehrerlei Hinsicht dokumentarischen Charakter hinaus. Expressis verbis seinen Dank aussprechen aber will der Herausgeber den Gesprächspartnern und Briefschreibern: für freundliche (Nach-) Druckerlaubnis; Helga und Michael Gielen: für manch Rat und Tat; sowie Elvira Seiwert: für Beistand und Hilfe bis in die Detail- und Nachtarbeit hinein.

Baden-Baden, am 31. März 1997

I

VOM HANDWERK DES DIRIGIERENS

»Vielleicht ist es gerade die Analyse, die den erzwungenen Irrfahrten Gielens immer Anker gegeben hat, eine klare Insel ab- und erdacht zwischen Stockholm, Brüssel und Amsterdam, Cincinnati, dem Mondsee und London und Frankfurt und, und, und, ...

Eine Analyse, mit dem Humus der Heimatlosigkeit liebend gepflegt, nie beunkrautet von Haß oder Zynismus, von Sentimentalität oder verdeckter Erinnerung, immer präsent für die Plötzlichkeit des erhellenden Ereignisses.

Diese Analyse besteht aus einer sinnlichen, raffinierten Anordnung, die Überfälle der Welt und der eigenen Existenz, ihre Dummheit, ihre Brutalität, ihre Verführung, identisch zu röntgen. Es ist die Gabe zur Hingabe, ohne sich und sie zu verschleudern.

Michael Gielen ist ein Künstler, der den Begriff ›Charakter‹ nicht als ausnutzbare Ware oder beschwichtigende Entschuldigung verkörpert, sondern als Unbeirrbarkeit erlebter, erträumter und bewiesener Existenz, ja, ich würde sogar sagen, selbst wenn es den Charakter nicht gäbe, er hätte ihn notwendig für sich erfunden: Charakter nicht als diffuse Entschuldigung, sondern als radikale Bestimmung von sich selbst.«

(Hans Neuenfels)

Michael Gielen
im Gespräch mit Rudolf Lück

Dirigenten als Spezialisten?
(1969)

Ihnen geht in besonderem Maße der Ruf eines Dirigenten Neuer Musik voraus. Wie kam es dazu, und wie sind Sie überhaupt zur Neuen Musik gekommen?

Seit meiner Kindheit habe ich keinen Unterschied zwischen ›Neuer‹ und ›anderer‹ Musik gemacht. Ich erinnere mich noch, wie ich mich mit elf Jahren herumplagte, Schönbergs opus 19 (Sechs kleine Klavierstücke) zu entziffern. Allerdings möchte ich sagen, daß ich durch meinen Onkel, den Pianisten Eduard Steuermann (einen Schönberg-Schüler) erblich belastet bin. Dadurch war die Schönberg-Schule schon von Kindheit an in meiner Familie präsent. Meine Mutter, die Schauspielerin war, hatte in Dresden Schönbergs *Pierrot lunaire* gesprochen, und so gehörte die Neue Wiener Schule quasi zu unserem täglichen Leben.

Normalerweise wird man aber doch zunächst mit Schubert, Haydn, Bach usw. bekannt gemacht. Hatten Sie in diesem Sinne keinen geregelten Klavierunterricht?

Natürlich hatte ich als Kind Klavierunterricht und mit vierzehn Jahren in Argentinien auch das Studium der Theorie angefangen; in der beruflichen Arbeit war aber sogleich die Beschäftigung mit neuerer Musik überwiegend. Hinzu kam, daß ich mit neunzehn Jahren zu komponieren anfing (in deutlicher Nachfolge der Schönberg-Schule).

Haben Sie denn seit Ihrer frühesten Kindheit praktisch keinen Unterschied zwischen Schubert und Schönberg gemacht?

Die Wesenseinheit aller großen Musik und die enge Verknüpfung Schönbergs mit der Tradition ist mir wohl erst später klar geworden. Aber es gab bei mir stets ein brennendes Interesse für die Musik meiner eigenen Zeit, seit ich damit begonnen hatte, mich mit Musik zu beschäftigen.

Wann haben Sie begonnen, ein Musikinstrument zu erlernen?

Ich glaube, mit sieben Jahren Klavier. Aber ich habe nie geübt. Mit dreizehn fing ich dann in Argentinien an, etwas fleißiger zu üben. Viel interessierter war ich immer am Primavista-Spiel, am Durchspielen von Sinfonien, Opern, Konzerten. Das war wohl der Grund, warum aus dem Klavierspiel nichts Richtiges geworden ist. Mit siebzehn begann ich wirklich zu arbeiten und habe zu Schönbergs 75. Geburtstag alle seine Klavierwerke öffentlich gespielt. Als ich 1950 nach Wien zurückkam, habe ich einige Klavierabende gegeben, die aber nicht weiter aufgefallen sind.

Wollten Sie denn zunächst Pianist werden?

Nun, ich hatte zunächst kein anderes Betätigungsfeld, weil ich erst mit neunzehn Jahren zu komponieren anfing. Aber ich wollte wohl nie Berufspianist werden.

Hatten Sie um diese Zeit ein bestimmtes Berufsziel oder ein Idealbild von dem, was Sie werden wollten?

Meine Klavierlehrerin in Buenos Aires hat mir mal auf den Kopf zugesagt: Du wirst wohl Kapellmeister werden. Vorher war mir diese Möglichkeit nicht eingefallen. Ich war damals vierzehn.

Hatte sich dieser Gedanke dann bei Ihnen festgesetzt?

Ja, sehr sogar, und ich habe später sehr darunter gelitten, daß ich erst mit fünfundzwanzig Jahren zum Dirigieren kam.

Haben Sie ein Konservatorium besucht?

Ich habe nie eine Musikhochschule oder ein Konservatorium besucht. Ich hatte nur Privatunterricht, und zwar in Buenos Aires bei Dr. Leuchter, einem Schüler von Guido Adler, in Wien bei Dr. Polnauer, einem der ersten Schönberg-Schüler. Dirigieren habe ich nicht ›gelernt‹. Ich habe es mir ›abgeguckt‹! Mit neunzehn Jahren wurde ich Repetitor am Teatro Colón in Buenos Aires, dort gab es die besten Vorbilder: Fritz Busch, Erich Kleiber, die berühmten Italiener (unter ihnen Toscanini). Und nach Kriegsende kamen viele große deutsche Dirigenten: Furtwängler, Böhm und Karajan, was für mich außerordentlich lehrreich war.

War das die große Zeit am Teatro Colón?

Ich persönlich habe während des Krieges bei Erich Kleiber und Fritz Busch meine tiefsten Eindrücke sammeln können. Durch die Arbeit des Studienleiters Erich Engel, der seinerzeit auch bei Busch in Dresden tätig war, herrschte ein so gutes Arbeitsklima, wie ich es später niemals wieder vorgefunden habe. Es wurde mit so außerordentlicher Sorgfalt, Liebe und Ausdauer einstudiert, daß dies bis heute für mich Vorbild geblieben ist.

Haben Sie Mauricio Kagel in Buenos Aires kennengelernt?

Ja, in den letzten zwei bis drei Jahren tauchte Mauricio in der Gesellschaft für Neue Musik und am Teatro Colón auf und übernahm jene Positionen, die ich verließ, ausgenommen die Kammeroper in Buenos Aires, an der er schon dirigierte. So weit hatte ich es damals noch nicht gebracht.

Wie kam es bei Ihnen zum ersten Dirigieren?

Als ich zwei Jahre an der Wiener Staatsoper Repetitor war, wollte Clemens Krauss nicht Honeggers *Jeanne d'Arc* dirigieren, und ich wurde gefragt, ob ich es übernehmen wolle, was ich bejahte.

Sie kannten das Werk genau?

Natürlich, ich hatte das Oratorium vorher zweimal einstudiert und kannte es auf diese Weise in- und auswendig. Aber immerhin: wenn man noch nie einen großen Apparat geleitet hatte, war das schon ein Wagnis. Zu dem Honegger-Abend hatte ich nur eine einzige Probe gehabt und – die Aufführung ging gut. Später ist mir verschiedenes daneben gegangen. Ich denke mit Schaudern an meine erste *Bohème*-Aufführung an der Wiener-Staatsoper (1953), die ganz grausam gewesen sein muß. Das Dirigieren erfordert eben in erster Linie eine große Erfahrung, um zu wissen: wo kann ich eingreifen, wo ist dies sinnvoll, wo lasse ich ›den Laden laufen‹, wo muß der Sänger Zeit haben, wo kann ich ihn sanft in Bewegung setzen usw. Bruno Walter hat gesagt: ›Greife nicht ein, wenn alles gut geht.‹ Alles das kann man sich nur durch Praxis über Jahre hinweg aneignen. Deshalb bin ich nicht sehr glücklich, an der Wiener Staatsoper angefangen zu haben. In der Provinz kann man solches Sammeln von Erfahrungen besser verkraften und die weniger gelungenen Experimente werden schneller wieder vergessen ...

In Wien war ich insgesamt zehn Jahre an der Oper. Hier hatte ich doch schon meine fünfundzwanzig Opern und fünfunddreißig Ballette – fast alles Repertoire – dirigiert. Dazu kamen rasch zunehmende Gastkonzerte, seit 1955 am Westdeutschen Rundfunk zum Beispiel, wo ich fast ausschließlich Neue Musik dirigierte. Wenn man damit als erstes in Erscheinung tritt und es klappt, dann wird man quasi Experte und dazu verurteilt, in diesen Bahnen weiterzugehen.

Auf welche Weise gelang Ihnen nun der große Sprung von Wien nach Stockholm?

In Stockholm wurde ich 1960 als Dreiunddreißigjähriger musikalischer Chef der Königlichen Oper als Nachfolger von Sixten Ehrling. Das war eine einmalige Entfaltungsmöglichkeit. In den fünf Jahren meiner Stockholmer Tätigkeit habe ich sehr viel gelernt, es war gewissermaßen meine Gesellentätigkeit. Das Lernen betraf vor allem die psychologische Behandlung des Orchesters. Die Schweden sind nicht leicht zu behandelnde Menschen: von großer Empfindlichkeit und ziemlich gehemmt. Ich mußte der psychologisch richtigen Behandlung der Musiker große Aufmerksamkeit widmen, wie weit man flexibel sein und nachgeben muß, um doch schließlich seinen Willen mit der Zeit durchzusetzen. So etwas lernt sich nur in der Praxis. Und die Psychologie ist zum Dirigieren mindestens genauso wichtig wie die Musikalität.

Hatten Sie in Stockholm überwiegend klassisches Repertoire zu dirigieren?

Natürlich bildete das klassische Repertoire – wie an jedem Opernhaus – den Fundus. Aber in Stockholm war ein reges Interesse an zeitgenössischer Produktion (in erster Linie von schwedischen Komponisten), daneben hatte ich unter anderem *Wozzeck*, Brittens *Sommernachtstraum* und Strawinskys *The Rake's Progress* mit Ingmar Bergman als Regisseur zu dirigieren. Von schwedischen Werken möchte ich nennen: *Herr von Hanken* und *Aniara* (Blomdahl), *Traum von Therese* (Werle).

Nun sind Sie seit 1969 in Brüssel Chefdirigent des Belgischen Staatsorchesters und Nachfolger des verstorbenen Dirigenten André Cluytens. Was hat Sie zu diesem Schritt bewogen?

Vor allem, daß mir dieses Orchester angeboten wurde. Die letzten vier Jahre nach meiner Stockholmer Tätigkeit war ich freischaffend tätig und hatte mich in Köln niedergelassen, als ›ambulanter‹ Kapellmeister; ich hatte eine Woche mit einem sehr guten Orchester zu arbeiten und die nächste mit einem mittelmäßigen. Was dabei in den Konzerten herauskam, war ganz unterschiedlich und hing oft von Zufälligkeiten ab. Ich möchte nun herausfinden, ob es nicht möglich ist, durch eine konsequente und beständige Arbeit einen Interpretationsstil mit einem Orchester zu erarbeiten, so wie es Karajan mit den Berliner Philharmonikern uns allen vorgemacht hat.

Gibt es hier nicht auch Vorbilder aus der Vergangenheit, wie etwa Hermann Abendroth und das Gewandhausorchester in Leipzig?

Natürlich, damals war diese kontinuierliche Arbeit die Norm, heute ist sie die Ausnahme.

Sie haben sich zwar viel als Reisedirigent betätigt, unterscheiden sich aber wohl von diesen durch die Art Ihrer Programme, weil Sie überwiegend Neue Musik dirigieren?

Gott sei Dank hat sich das jetzt etwas geändert, denn als ein ›Spezialist‹ möchte ich nicht gelten. Es gibt für mich – wie ich schon sagte – nur eine einzige und ungeteilte Musik. Heute dirigiere ich etwa je zur Hälfte Neue und ältere Musik. Dieses Verhältnis halte ich für angemessen und richtig. Auch kann man sich als Interpret nicht weiterentwickeln, wenn man nicht ständig mit den Meisterwerken der Vergangenheit konfrontiert wird.

Steckt bei Ihnen nicht auch eine gewisse pädagogische Absicht dahinter, alte und Neue Musik in einem Konzert miteinander zu verbinden?

Vielleicht überrascht es Sie, wenn ich sage, daß ich kein Anhänger der *musica viva*-Reihen bin, weil immer dieselben Anhänger dort hingehen. Für viel richtiger halte ich es, dem gutwilligen Publikum ständig Älteres und Neueres im selben Programm anzubieten. Dadurch wird ein Stück durch das andere beleuchtet. Zum Beispiel verbinde ich die Fünfte von

Beethoven mit Schönbergs Violinkonzert, oder Beethovens Violinkonzert mit Schönbergs Orchestervariationen opus 31. In dieser Weise gibt es unzählige Querverbindungen, wie Webern-Debussy, Webern-Schubert usw. Solche Kombinationen sind vielleicht augenblicklich in städtischen Abonnementsreihen noch schwierig, aber bei Konzerten der Rundfunkanstalten sehe ich hier die Möglichkeit, die *musica viva*-Konzerte aus ihrem Ghetto herauszuholen. Das hätte den Vorteil, zur Einstudierung für das eine neue Stück mehr Probenzeit zur Verfügung zu haben und den zusätzlichen Effekt, daß sich das neue Stück, gemessen am Niveau des alten, bewähren müßte.

Welche Vorstellungen leiten Ihre Brüsseler Programmgestaltung?

Man hat mich nach Brüssel wohl mit der Absicht geholt, das Musikleben dort etwas aufzulockern und zu ändern. Die Philharmonische Gesellschaft (die Konzertveranstalterin, die unser staatliches Orchester engagiert), hat in den letzten Jahren hauptsächlich an ihre Kasse gedacht und deshalb vorwiegend Beethoven- und Tschaikowsky-Zyklen gebracht. Nachdem man auch dabei Geld verloren hat, denkt man sich: Warum soll man nicht interessantere Programme machen? Vielleicht kommt auf diese Weise ein anderes Publikum in die Konzerte. In meinen Programmen werde ich Schönberg-Beethoven bringen, dann zusammen Henri Pousseur, Berg (Violinkonzert) und *Images* von Debussy, oder ein Klavierkonzert von Mozart mit der 5. Sinfonie von Bruckner. Bruckner ist in Brüssel unbekannt und wird als langweilig abgelehnt. Nun kommt es darauf an, Bruckner so zu spielen, daß dieses Publikum sich nicht dabei langweilt.

Sie führen in Brüssel auch jüngste Musik auf?

Ja, im Zyklus Neuer Musik auf jeden Fall. Ich fürchte jedoch, daß es im Abonnement auf Schwierigkeiten stoßen wird. Außerdem besteht eine Verpflichtung, zehn Prozent des Jahresprogramms mit belgischen Komponisten zu bestreiten. Zu diesem Zweck hat die Philharmonische Gesellschaft einen Fonds geschaffen, aus dem an begabte junge belgische Komponisten Kompositionsaufträge verteilt werden. Ligeti und Penderecki werden ja leichter akzeptiert, aber Stockhausen und Boulez zum Beispiel müssen ›integriert‹ werden.

Dann sind Sie in Brüssel praktisch eine Art Pionier?

Das kann man kaum so sagen. Neue Musik ist in Brüssel zwar bisher fast nur vom Rundfunk gepflegt worden. Es gibt aber ein ganz ausgezeichnetes Kammerensemble unter Bartholomé, das schon viel zeitgenössische Musik aufgeführt hat. Deshalb ist es nicht so, daß ich in eine Wüste gegangen wäre ...

Ich möchte nochmals auf Ihre Ausbildung zu sprechen kommen. Hatten Sie denn niemals manuellen Dirigierunterricht?

Nein, niemals. Ich halte das auch für nicht sehr sinnvoll. Was man vor allem lernen muß, ist die Analyse der Werke. Wenn man sich halbwegs die Musik vorstellen kann und so viel Praxis hat, daß man mit sich selber nicht in größerem Maße beschäftigt ist als mit den Musikern, dann reicht das fürs erste aus. Denken Sie an Strawinsky: er hat wunderbare Aufführungen seiner eigenen Werke dirigiert, und bei ihm kann man wirklich nicht sagen, daß er eine Dirigiertechnik besitzt. Wenn man eine präzise Vorstellung von dem Werk hat, kommt einfach ›mehr heraus‹.

Gestatten Sie, daß ich Ihnen hier etwas widerspreche. Sicher ist unbedingte Voraussetzung, daß man die Werke kennt, sie beherrscht und analysiert hat. Da Sie aber Clemens Krauss erwähnt haben, so scheint mir, daß gerade er eine souveräne Dirigiertechnik hatte, die bewirkte, daß bei seinem Dirigieren von der großen Zehe bis zur Spitze seines Dirigierstocks eine gedachte, durchgehende Linie und Bewegung gebildet wurde. Das konnte doch wohl nur von einem völlig gelösten Körper sich ermöglichen lassen. Meinen Sie nicht, daß sich auf diesem Gebiet einiges durch Unterricht erreichen ließe?

Bestimmt ist Gymnastik, Yoga und ähnliches hilfreich, wenn ein Schüler verkrampft ist. Ich möchte auch nicht behaupten, daß die Erarbeitung von Dirigiertechnik sinnlos ist, aber sie ist nicht so wesentlich wie eine genaue Vorstellung von dem, was man dirigieren will, und die wird durch die kompositorische Analyse erreicht. Wenn man natürlich diese genaue Vorstellung von dem Werk *und* eine gute Dirigiertechnik hat, so ist das ein Idealfall. Man braucht natürlich eine sehr gute Technik, um ausgefeilte Leistungen zustande zu bringen und um sehr gute Orchester zu dirigieren.

Wenn Sie nun beispielsweise Strawinskys »Sacre du Printemps« mit seinen vielen Taktwechseln zu dirigieren haben, glauben Sie, daß es ausreicht, nur das Werk analysiert zu haben?

Sicherlich reicht hier die Analyse allein nicht aus. Es wird auch kein Mensch ohne ausreichende Erfahrung wagen, *Sacre* zu dirigieren. Man muß sich bei einem solchen Werk zuerst die Metrik und Periodik einprägen. Die Taktwechsel selbst halte ich dann nicht für ein so großes Problem für jemanden, der mit Jazz und neuer Musik aufwächst. Für sehr viel schwieriger halte ich es, einen langsamen 6/8- oder 6/4-Satz auf zwei Schläge zu dirigieren. Hier möchte ich den ersten Satz aus der 3. Sinfonie von Brahms, den ersten Satz seines d-moll-Klavierkonzertes oder gewisse Sätze von Mozart, die weder in sechs noch in zwei gut zu schlagen sind, nennen. Bei solchen Stellen wirklich eine Kontrolle auszuüben, seinen Einfluß zu behalten, damit die Musiker nicht einfach vor sich hinspielen, und zu dirigieren, ohne die Musiker zu stören, das halte ich für sehr schwierig und ist wieder eine Frage der Erfahrung. Ich habe mir eine solche Technik erst mit der Zeit angeeignet. Ein viel größeres Problem als die Schlagtechnik ist die präzise Vorstellung des Klanges bei komplizierten Partituren – und die Realisierung dieser Vorstellung. Oft sind alle Beteiligten so beschäftigt mit dem technischen Ablauf, daß es zur klanglichen Durcharbeitung gar nicht kommt. Übrigens würde ich sehr gerne einen Kurs von Karajan besuchen, um zu erfahren, was er den jüngeren Leuten sagt.

Wie kam es dazu, daß Sie bis heute so viel zum Dirigieren Neuer Musik verpflichtet werden?

Ich möchte gerne betonen, daß es mir eine Selbstverständlichkeit ist, die Musik meiner Zeit aufzuführen, sozusagen meine erste Pflicht. Aber durch mein Dirigieren Neuer Musik nahmen die Veranstalter offensichtlich an, ich käme für die andere nicht in Frage. Es ist aber eine *conditio sine qua non*, beides zu können. Ich kann mir nicht vorstellen, daß man Neue Musik wirklich gut dirigieren kann, wenn man keine Vorstellung von der überlieferten Musik besitzt. Ebenso fürchte ich, daß die Art, Beethoven zu dirigieren, ohne Verständnis der neuen Musik und der Konflikte und Probleme unserer eigenen Zeit eben doch nur eine Art ›Konsumvollzug‹ ist. Beethoven darf keine Ausflucht sein, um dem Jetzigen auszuweichen. Auch historische Musik muß heute anders gespielt werden als in früheren Zeiten. Denken Sie an die Bruckner-Sinfonien, die mir in einigen Aspekten erst durch Strawinskys *Psalmensinfonie* klar geworden sind. In der Großform bilden die Bruckner-Sinfonien eine Art Kubismus. Deshalb soll man die berühmten Generalpausen nicht überbrücken und damit Verbindungen schaffen wollen, denn diese Zwischenräume bilden gerade das Wesen des Quadernhaften, und man muß dies entsprechend herausstellen.

Haben Sie öfter Bruckner-Sinfonien dirigiert?

Ja, und mit großer Begeisterung. Die thematischen und harmonischen Einfälle sind überwältigend.

Schätzen oder lieben Sie einen bestimmten Komponisten besonders?

Das ist keine faire Frage, aber ich werde Ihnen zuliebe antworten: Ja, Gustav Mahler. Ich finde ihn deshalb so wichtig für uns – und so ist auch seine Renaissance in den letzten Jahren zu erklären –, daß er die Konflikte unserer Welt, die Zerrissenheit des Menschen, in einer Sprache ausdrückt, die dem Publikum verständlich ist. Seine Musik ist in besonders eindringlicher Art Reflexion des Zustandes der Welt und Hinweis auf Utopie, auf Erfüllung der Sehnsucht. Das breite Publikum kann durchaus assimilieren, was ihm hier mitgeteilt wird. In einzelnen Sätzen ist manches geradezu identisch mit der Schönberg-Schule, aber durchweg in einer Sprache, von der das Publikum glaubt, daß es sie versteht. Die bekannten Vokabeln sind sozusagen mit einem anderen Sinn befrachtet. Es bleibt ein Befremden, aber gerade dieses löst den entscheidenden Prozeß beim Zuhörer aus, sich zu fragen: ›Was wird mir eigentlich gesagt in einer musikalischen Diktion, die ich schon kenne?‹

Halten Sie Mahler wirklich für einen bahnbrechenden und überzeitlichen Komponisten? Und, wie sehen Sie die vielen Vorbilder, die aus seinem Opus hervorleuchten?

Jeder große Komponist ist Kompendium der Vergangenheit und zukunftsweisend zugleich. Gibt es etwa bei Joseph Haydn keine Vorbilder? Natürlich ist die Musik ein Gebilde, das sich organisch weiterentwickelt. In dieser Weise schließt auch Mahler an seine Vorgänger an, aber er sieht das 20. Jahrhundert bereits voraus!

Glauben Sie, daß er seine Vorbilder – Wagner und Bruckner – so verarbeitet hat, daß sie in seinem Werk nicht mehr allzu offenkundig sind?

An Wagner erinnert meiner Meinung nach nur die Kunst, Übergänge zu komponieren. Bruckner hingegen, der Wagner so über alles geliebt hat, hat gerade das eigentlich nie versucht, er stand in dieser Beziehung dem geschichtlichen Moment verständnislos gegenüber. Es scheint mir, daß Mahler sich von Wagner und Bruckner vor allem dem Formbegriff nach unterscheidet. Die Mahlersche Form (wie wir von Adorno wissen) ist mit einem Roman zu vergleichen, in dem alle möglichen Dinge zur Darstellung kommen. Der Gemeinplatz, Mahler hätte Banales geschrieben, trifft wohl zu, aber es kommt ja darauf an, welchen Stellenwert die Elemente seiner Musik haben.

Wenn Sie Mahler mit Bruckner vergleichen, so wird doch evident, daß Bruckner in dem Maße keine Vorbilder gehabt hat. Dieser steht vor uns heute wie ein Block, der – Zeiten überspringend – plötzlich vorhanden war. Können Sie das in gleicher Weise von Mahler sagen?

Nein, Mahler ist wohl organischer aus seiner Vergangenheit erwachsen. Jedoch gibt es soviel Neues bei Mahler: den Begriff der Ironie oder den der Entfremdung bzw. Verfremdung; so bekommt das Zitat des Militärmarsches eine neue Funktion, wie wir sie erst im *Wozzeck* wiederfinden. In beiden wird die gequälte Kreatur aus dem Marsch hörbar. Oder denken Sie an den Ländler, der dämonisch wird. Das sind Phänomene, die es vor Mahler nicht gegeben hat.

Mir fällt in diesem Zusammenhang das Scherzo von Beethovens Fünfter ein. Würden Sie diesen Satz nicht auch als dämonisch bezeichnen, und sind hier nicht ähnliche Merkmale ausgeprägt?

Wohl, bei Beethoven wird es aber nicht so entsetzlich, so bestürzend. Bei Mahler ist dies doch eine Dämonie des Spießers oder des Banausen, man hört sozusagen, wo die Nazis herkamen. Ich höre bei Mahler einen Tonfall, der mich besonders anspricht. Vielleicht ist es aber auch eine Prädisposition meiner eigenen Natur.

Hat Mahler für Ihr eigenes kompositorisches Schaffen eine Bedeutung?

Das glaube ich nicht und wäre mir auch nicht bewußt. Es sei denn, Sie meinen eine Abhängigkeit von der Schönberg-Schule, und dann wäre Mahler der Großpapa ...

Welches waren Ihre tiefsten Erlebnisse beim Einstudieren Neuer Musik?

Ich liebe am meisten das Triumvirat Schönberg-Berg-Webern vom Beginn ihrer atonalen Werke bis zur Zwölftontechnik. Mich berührt bei diesen Werken die völlige Freiheit der Phantasie, als diesen Komponisten bereits der Boden der Tonalität entzogen war. Hier mußte jeder Akkord, jedes Intervall innerlich gehört werden, um es aufzuschreiben. Jedes Stück mußte sich seine Sprache schaffen. In ähnlicher Weise ist in der Malerei die Periode von 1910 bis 1914 an Kraft und Einfall nicht mehr überboten worden.

Welche Prognosen stellen Sie für die Zukunft der Musik?

Ich kann keine Prognosen stellen! Aber ich bin äußerst neugierig, wie es weitergehen wird. Am vernünftigsten scheint es mir zu sein, wenn jeder Komponist eigenständige Lösungen sucht und das, was er innerlich hört, aufs Papier, Band oder sonstwohin bringt. Mit der Musik der heute Zwanzigjährigen kann ich persönlich leider nicht sehr viel anfangen. Ich fürchte, daß das schon eine Generationsfrage ist. Ich versuche, möglichst offen zu bleiben. Mir scheint, daß Stockhausen am prospektivsten denkt und eine Musik der Zukunft erfindet.

Empfinden Sie bestimmte historische Einschnitte in der Musik?

1950 ist eine historische Barriere, der dann die serielle Periode folgte. Aber auch diese Zeit ist inzwischen vorbei.

War das serielle Zeitalter eine Sackgasse?

Nein, zur Zeit, als man seriell schrieb, empfand man es als eine breite Avenida, sonst wäre ja auch die Fuge oder Sonate eine Sackgasse gewesen. Der zweite entscheidende Markstein unserer Zeit scheint mir das Infragestellen der musikalischen Form und des Kunstwerks an sich zu sein. Es tritt die Hinfälligkeit des geschlossenen Werks zutage. Deshalb wird zum Beispiel bei Stockhausens *Gruppen* heute schon der Aspekt des geschlossenen Werkes, des ›gelungenen Meisterwerkes‹ problematisch. Dasselbe gilt für einige Stücke von Boulez. Deshalb schreibt Stockhausen heute folgerichtig offene Stücke, die in gewissem Grad variabel sind.

Wird hier nicht auch das Ende des Dirigierberufes sichtbar?

Ohne Zweifel, der Dirigent wird hier zum Verkehrspolizisten. Ich denke an eines meiner letzten Berliner Konzerte, bei dem ich während des ganzen Konzertes nur Sekunden markieren mußte. Ich habe darunter sehr gelitten, denn zu diesem Zweck sollte man eine Uhr aufstellen. Ich mußte mich auf diese Sekunden dermaßen konzentrieren, daß ich überhaupt keine musikalischen Impulse mehr geben konnte. Die Musik fand dann für mich nur noch am Rande statt.

Könnten Sie noch etwas über ihre kompositorische Arbeit sagen: welche Werke haben Sie geschrieben und welche Wichtigkeit würden sie diesen gegenüber ihrer Dirigiertätigkeit zuordnen?

Über mein Komponieren muß ich leider sagen, daß es sehr sporadisch ist. Es findet im Sommer statt – wenigstens das habe ich mit Gustav Mahler gemeinsam. Mir persönlich liegt diese Arbeit mindestens so sehr am Herzen wie das Dirigieren. Wenn man in meinem Alter dirigiert, kann man nicht sagen, ich tue das sechs Monate im Jahr und die andere Zeit setze ich mich aufs Land und komponiere. Einmal verdient man damit nicht genug, und zum anderen würden auch die Veranstalter nicht mitspielen. Für später hoffe ich zu erreichen, sechs bis sieben Monate zu dirigieren und mich die übrige Zeit zusammenhängend zum Komponieren zurückzuziehen. Es ist aber sehr gut möglich, daß – wenn ich mir das leisten kann – mir nichts mehr einfällt. Objektiv einschätzen kann man seine eigene Musik sehr schwer. Ich möchte sagen, daß sie wenig zur historischen Entwicklung beiträgt. Sie ist mehr meine Privatangelegenheit. Das spiegelt sich wohl auch darin wider, daß es sehr unpraktische Stücke sind, die ich schreibe. Die Aufführung meiner Pentaphonie *Ein Tag tritt hervor* – die vielen Leuten gefallen hat – scheitert in den meisten Fällen daran, daß sie wegen der vielen Solisten zu teuer ist.

War die Pentaphonie auf die Zahl fünf gegründet, so ist mein jüngstes Werk *die glocken sind auf falscher spur* eine Hexaphonie. Nicht nur deshalb, weil die Ausführenden sechs sind, sondern auch darum, weil fünf Intervalle immer durch sechs Noten fixiert werden müssen. Beide Stücke gehören aber auch sonst zusammen. Der Tonhöhenablauf, also das Reihenmaterial usw., ist identisch, auch beide Male in derselben Reihenfolge mechanistisch geordnet. Das Form-Schema (und ein solches gibt es!) ist dasselbe, das heißt, es wechseln Strophen oder Hauptteile mit lockeren Zwischenspielen ab. Das Ganze ist um einen Mittelteil zentriert. Es ist jedoch die relative Naivität des Komponierens zunehmend gewichen. Auf die fünf ›Stücke‹ folgt ein sechstes, das versucht, die Problematik, in der sich der Komponist befindet, vor Augen, oder besser vor Ohren zu führen.

Haben Sie in früherer Zeit nicht auch Werke geschrieben, die sich üblicherer Besetzungen bedienen, eine einfachere Faktur haben und daher leichter aufzuführen sind?

Schon, aber für jeden Komponisten zählen jene Werke am meisten, die er zuletzt geschrieben hat. Meine vier Chöre mit neunzehn Instrumenten nach Texten von Stefan George (komponiert 1955-58) habe ich noch immer gern.

Wenn Sie sich frei entscheiden könnten, würden Sie sich dann nur dem Komponieren widmen?

Nein, das möchte ich nicht, denn das Dirigieren ist mir ebenso wichtig und ich möchte es nicht missen!

Ein großes Problem ist in der neuen Musik die Frage einer sinnfälligen und allgemein verständlichen Notierungsweise. In manchen Fällen nimmt die Erklärung der Notensymbole einen erschreckenden Umfang an. Welche Erfahrungen haben Sie im Umgang mit neuen Partituren gesammelt und wie stehen Sie zur Einführung neuer Notensymbole?

Da die überlieferte Notenschrift nicht ausreicht, um das, was die Komponisten sich vorstellen, aufzuschreiben, muß man notwendigerweise neue Notierungen erfinden. Für Kodifizierungen ist es sicher noch zu früh, jeder muß für sich nach Lösungen suchen. Für Klischeehaftes wie die Streichereffekte, die Penderecki viel benutzt, haben sich nützliche Kürzel bereits eingebürgert. Bei solchen Dingen ist es natürlich praktisch, wenn alle dasselbe Zeichen verwenden. Manchmal reflektiert eine unklare Notierung den unklaren Gedanken, die Notenschrift ist also genauso in Wandlung begriffen wie die Musik.

Halten Sie neue Notensymbole für wirklich in allen Fällen notwendig?

Auf Weiterentwicklung zu verzichten, ist Selbstmord oder zumindest Selbstkastrierung.

Wie stehen die Orchestermusiker zu neuen Notensymbolen und welche Erfahrungen haben Sie hier bei der Probenarbeit gemacht?

Die Orchestermusiker haben natürlich Schwierigkeiten, sich für fast jedes neue Stück eine ganze Tabelle von Symbolen zu merken. Sie beschäftigen sich ja auch jeweils nur ein paar Tage damit, der Kapellmeister im Glücksfall doch länger. Resistenz gibt es jedoch im allgemeinen nur gegen das Ansinnen, daß die Musiker aktiv mitkomponieren sollen, zum Beispiel freigestellte Tonhöhen aussuchen etc. Neue Notation wird da, wo sie zwingend ist, im allgemeinen als notwendig anerkannt.

Halten Sie bestimmte Orchester für besonders erfahren und prädestiniert zum Spielen Neuer Musik oder haben Sie bei anderen Orchestern passiven Widerstand beim Studium dieser Literatur zu spüren bekommen?

Es kommt beim Spielen wie beim Hören Neuer Musik vor allem auf die Erfahrung an. Die Orchester, die viel davon spielen, haben auch weniger Schwierigkeiten, es ist eine Art Gewohnheit. Die im allgemeinen geringe Liebe zu Neuem rührt wohl daher, daß unreflektiert der überwiegende Teil zeitgenössischen Musikschaffens gespielt wird (also nicht nur das Beste), während von älterer Musik ja nur das Wertvollste übriggeblieben ist. Gegen die Schönberg-Schule gibt es jetzt schon keinen nennenswerten Widerstand mehr.

Welche Ursachen hat es, daß bis heute so wenige gute Dirigenten eine echte Beziehung zur Avantgardemusik haben und diese Musik wirklich erstklassig aufführen?

Da muß man doch differenzieren. Teils ist mit Avantgarde keine Weltkarriere in den Museums- und Konzertgesellschaften zu machen. Teils ist es eine Generationsfrage, Rosbaud und Scherchen waren ja auch fast die einzigen ihrer Generation. Andererseits, wenn Karajan mal ein neues Stück einstudiert, macht er es erstklassig. Aber im allgemeinen: es ist eben Avantgarde. Man braucht eine gewisse Aufopferungsbereitschaft zu der ständigen Anstrengung, sich mit Neuem auseinanderzusetzen und Neues zu lernen. Es braucht Wachsein gegenüber dem historischen Moment, und es braucht Verantwortungsbewußtsein gegenüber dem geistigen Leben der eigenen und jüngeren Generation.

Erstveröffentlicht in:
Neue Zeitschrift für Musik, Januar 1970

»Als die wahre Funktion des Dirigenten betrachte ich heute, daß er hilfreich ist, daß er das Spielen erleichtert, daß er kein Problem daraus macht, verstanden zu werden. Bereits seine Gesten sollten die gewünschte Art der Phrasierung zum Ausdruck bringen. Dann sollte der Dirigent aufnahmefähig sein, er sollte in der Lage sein zu nehmen, was ihm an Phrasierung und Klang geboten wird; und er sollte sehr schnell reagieren, um die Lücke zu schließen sozusagen, um das, was geboten wird, in das zu transformieren, was er realisiert haben will. Die Zeit des tyrannischen Dirigenten, des Ego-Trips ist vorbei. Ich glaube nicht an jene Art des Musikmachens, bei der die Musiker wie Marionetten agieren, deren Fäden der Dirigent in Händen hält. Es geht um Teamwork.

Je nachdem nun, wie man erzogen worden ist, was man im Kopf hat, was man im Leben will, wird man die Partituren (anders) lesen. Es ist vielleicht ein bißchen jüdischer Widerspruchsgeist bei mir oder eine Art Trotzhaltung, jedenfalls: außer bei den Stücken, in denen die Sinnlichkeit die Hauptqualität ist – da, finde ich, hat die Kulturindustrie recht –; in allen Musikstücken also, in denen es stilistische Probleme gibt, wo die Struktur nicht von alleine erscheint, da soll man sich differenziert dazu verhalten und sehen, wie man nach bestem Wissen und Gewissen dem Komponisten zu seinem Recht verhilft. Natürlich, die Wahrheit hat niemand gepachtet; ich am allerwenigsten.«

(Michael Gielen)

Erich Kleiber

To Whom It May Concern

I take great pleasure in certifying that MICHAEL GIELEN, my most efficient collaborator during several opera seasons at the Teatro Colón, Buenos Aires, is extraordinarily gifted as a pianist and »Korrepetitor« and possesses both a superior musical talent and a high standard of musicianship. He is quite at home with the more difficult modern scores, of which he has a mature understanding. I am absolutely certain that the excellent opinion I hold of this boy will be echoed by all who have the pleasure of working with him. He is sensitive and extremely reliable, and worthy of every chance to prove his far above-the-average ability.

Vienna, January 20, 1950

Michael Gielen

Brief an einen Kritiker

Grundlsee, 15. Juli 1957

Sehr geehrter Herr!

Die Sommerferien geben mir Gelegenheit, zum ersten Mal zu einer Kritik über mich Stellung zu nehmen. Dieser Fall liegt mir auch deshalb am Herzen, weil es sich um Beethoven handelt.

Über Ihre freundliche Einschätzung unserer Leistung im ersten Teil des 2. Arkadenhofkonzertes [mit Mozarts *Idomeneo*-Ouvertüre, Haydns Sinfonie Nr. 99 Es-Dur und Hans Erich Apostels *Variationen über drei Volkslieder*] habe ich mich natürlicherweise gefreut, wenn ich auch prinzipiell keiner guten Kritik mehr Wichtigkeit beimesse als einer schlechten.

Daß ich die Tempo»vorschriften« Beethovens vergessen habe, stimmt nicht – im Gegenteil, ich habe sie befolgt. Über dem ersten Satz von Beethovens Achter steht nämlich: Allegro vivace *e con brio*, was wohl ein bewegteres Tempo andeuten soll als das schlichte Allegro vivace des letzten. Ich bezweifle eben daher, daß Beethoven eine Steigerung des letzten Satzes gegenüber dem ersten, im Sinne einer Beschleunigung, gewünscht habe. Der dargestellte Charakter ist ja wiederzugeben, und aus verschiedenen Zeichen zu erkennen. Die Steigerung besteht eher darin, daß im letzten Satz die verhältnismäßig friedliche Grundstimmung durch die unerhörte Gewalt des fis-moll-Ausbruchs grundlegend verändert wird, ja daß hier wirklich ein fürchterlicher Abgrund aufgerissen wird, über den ja fast immer ahnungslos hinwegmusiziert wird. Solch eine ›Katastrophe‹ kommt im ersten Satz nicht vor.

Vorerst zu den Metronomisierungen: Ob das Manuskript sie aufweist, weiß ich leider nicht, die Erstausgabe bei Haslinger kennt keine, alle späteren Ausgaben bringen für den ersten Satz punktierte Halbe = 69, für den letzten Ganze = 84. Dazu meine ich, daß, selbst wenn Beethovens Metronom schlecht funktionierte, seine Metronomisierungen nie einen Zweifel an seinen Intentionen aufkommen lassen. Zudem hat man das ja im Gefühl und braucht den Apparat meist gar nicht.

Im ersten Satz war die Intention zweifellos, daß in ganzen Takten gedacht werden muß, kraftvoll und mit Schwung musiziert werden soll. (Auch die Bindung der ersten drei Noten der Melodie deutet auf die Ganztaktigkeit hin.)

Die geradezu Brucknersche Insistenz auf dem Kopfmotiv in der Durchführung bekommt etwas Teutonisch-Rumpelndes, wenn diese zu langsam gespielt wird. Und Beethoven dürfte kaum an Fafner & Co. gedacht haben.

Ganze = 84 für den letzten Satz ist hingegen eine Idealbezeichnung, die wohl kaum zu erreichen ist. Ohne sehr viele Proben wird es kaum möglich sein, ganze Takte zu geben, von der schieren Ausführbarkeit der Achteltriolen ganz zu schweigen. (Ich bin jedoch nicht der Ansicht, daß der kleinste Wert eines längeren Stückes das Haupttempo bestimmt, im Gegenteil, die Verständlichkeit und der Charakter bestimmen das Tempo, für die kleinsten Werte hat man dann Platz zu schaffen, das heißt Zeit.)

Aus eigener Erfahrung als Komponist weiß ich, daß ich ein Allegro mit Achtel = 176 bis 184 bezeichnet habe, aber mit keinem Orchester bis jetzt mehr als 144 bis 152 erreichen konnte; trotzdem war das Stück »da«. Um auf den letzten Satz von Beethovens Achter zurückzukommen: der Charakter einer heiter beschwingten Musik, in der nur manchmal (mit dem Des) mit der Faust auf den Tisch gehauen wird, verwandelt sich im *f* in eine etwas polternde, ursprüngliche Lebensfreude; alles Dinge, die in einem zu schnellen Tempo nicht mehr darzustellen sind, so wie die wesentlichsten Züge der Musik des ersten Satzes im landesüblichen Tempo verlorengehen.

Das weit schwierigere Problem ist jedoch, aus der Musik die (meiner Meinung nach zu einer lebendigen Interpretation unbedingt notwendigen) kleinen Tempoveränderungen herauszulesen, die Agogik zu gestalten, dem Musiker, der seit Toscaninis Alleinherrschaft daran gewöhnt worden ist, alles ›im Tempo‹, das heißt in *einem* Tempo, zu spielen, den Mut zu geben, frei zu musizieren.

Ich meine folgendes: Nachdem der erste Satz sehr zügig angefangen hat (der Ausdruck »in die Manege springen« ist sehr bezeichnend; leider ist er nicht von mir), sollte schon im fünften Takt der Klarinettist viel Ruhe und Zeit haben, so daß man sich des Umschwungs in der Stimmung nicht nur vom Dynamischen, sondern vom Musikalischen her bewußt wird. Im neunten Takt wird wieder ›angezogen‹, das volle Haupttempo jedoch erst im zwölften Takt erreicht. Dieses muß so schnell sein, daß der Hörer die folgenden acht Takte als Einheit versteht, wodurch ihm wieder eine größere Zweiteiligkeit klar wird: (a) in wechselndem Charakter, (b) in stetigem. Und so *ist* das Stück ja empirisch.

Im letzten Satz spricht für ein nicht allzu schnelles Tempo zum Beispiel die Verständlichkeit des punktierten Rhythmus', oder der

Nachdruck, den der *f*-Triolen-Auftakt haben muß, besonders aber, daß das Des, der Einbruch der Gewalt, nur dann zur Wirkung kommt, wenn die vorhergehende Stimmung etwas gemütlich, auf keinen Fall gehetzt, war. Das Des aber soll ›zu lang‹ gespielt werden, besonders in der Coda, bei der dreimaligen Wiederholung, mit physischer Brutalität, so wie die folgende fis-moll-Explosion auch im Klanglichen ihre tonale Verzweiflung und Wildheit widerspiegeln soll. Daß die Coda bedeutend langsamer ›quasi un poco sostenuto‹ anfängt und dann sehr stark beschleunigt wird, wußte Richard Strauss wohl noch aus einer lebendigen Tradition.

Die Länge dieses Briefes ist zwar nicht durch den Anlaß, wohl aber durch die Sache gerechtfertigt.

Ich hoffe, Sie überzeugt zu haben, daß ich mir die Werke gründlich anschaue, und daß die angestrebte Spontaneität der Aufführung als Synthese *der* Elemente zustande kommt, die aus einer vorherigen gründlichen Analyse hervorgegangen sind. Allerdings würde ich einer anderslautenden Auffassung derselben Dinge nur ein ›meiner Meinung nach‹ oder ›ich hingegen glaube‹ entgegensetzen, nicht aber eine etwas billige Ironie, die dem ehrlichen Bemühen gegenüber meines Erachtens nicht ganz fair ist.

Ich grüße Sie hochachtungsvoll.

PS:
Die kritisierte Kritik war von Franz Endler verfaßt worden.

Josef Polnauer

Aus Werkstatt-Briefen an Michael Gielen

Wien, am 27. Januar 1969

Lieber Freund,

ich bin glücklich darüber, daß nun endlich der Bann gebrochen ist und Sie nicht mehr lediglich als »Spezialist für ...« herangezogen werden, und ich hätte *so gerne* einiges »Alte« von Ihnen musiziert gehört! Vor allem die Neunte Mahler!! ... Ja, und die *Eroica* ...

Ihr neues Werk [*die glocken sind auf falscher spur*] möchte ich natürlich gerne kennen lernen – auch wenn ich alter Mann damit vielleicht nichts mehr anzufangen weiß. Ihre Sorge um den Zustand und die Zukunft der Musik sind schon lange auch meine – weiß Gott! Werden wir beide wohl noch einmal eine Stunde darüber uns aussprechen können? Ich wünsche mir das sehr.

Wien, am 13. Juli 1969

Lieber Freund,

am vergangenen Mittwoch wurde Ihr Saarländer Beethoven-Konzert im hiesigen Rundfunk gesendet. Ich saß natürlich sehr gespannt an meinem Apparat und schreibe Ihnen heute ein paar Randbemerkungen, die Sie mir hoffentlich nicht übelnehmen werden.

Die Höhepunkte des ganzen Abends waren für mich Scherzo und Finale der Siebten – ganz besonders das Finale. Sehr schön musiziert war auch das *Tripelkonzert*, dessen langsamen Satz und Rondofinale ich sehr liebe. *Coriolan*: die Reprise und Coda wirklich erschütternd; die staccati der Figurationen in den tiefen Streichern immer sauber und ohne »Löcher«. In der Exposition hätte ich mir das Gesangsthema zarter, singender gewünscht, mit unmerklichen rubati in den steigernden Entwicklungen. Und nun zur Siebten. Zunächst: ich finde Beethovens Metronomangaben bei allen vier Sätzen einfach großartig und man sollte *ganz genau* von ihnen ausgehen! Dann aber war die Einleitung viel zu schnell. Sie sollte meines Erachtens erst gegen ihr Ende, wenn sich alles Motivische auflöst, allmählich etwas beschleunigt werden und dann quasi im gleichen Tempo ins *Vivace* übergehen. Ein Separatlob für die Wiederholung der Exposition! Scherzo und Finale, wie gesagt, ganz ausgezeichnet. In letzterem habe ich mit besonderer Freude konstatiert, daß Sie es nicht überstürzt, aber dafür mit stärkster Energie angepackt haben. Daß Sie die Sechzehntel der zweiten Takthälften bis zur letzten Note deutlichst ausspielen (durchklopfen) ließen, wodurch das Tempo in Wahrheit sehr schnell wirkt. Der Paukist sollte sein *e* immer fast etwas verkürzt schlagen und sofort abdämpfen. Jetzt aber kommt die Crux; das *Allegretto*. Beethoven schreibt 76 vor; Sie aber spielten gut 84! Das *Thema* soll »schreiten«, der Kontrapunkt aber »singen« – bis in die kleinste Note hinein! und da finde ich Beethovens 76 geradezu ideal gut getroffen. Im *Maggiore* kann man ganz leicht im Tempo etwas nachgeben, besonders für die Hörner. Mit den Triolen läßt sich dann leicht wieder aufholen. Sehr schön kamen Fugato und die anschließende Steigerung heraus. Eine Frage: Haben Sie in der Coda des *Allegretto*, im Takt 272, in den Bässen G oder C spielen lassen? Ich konnte das leider nicht ausnehmen. In den Partituren steht überall G, getreu dem Autograph. Aber hier hat Beethoven sich meiner Ansicht nach offenbar verschrieben. Es handelt sich ja doch um eine (letzte) Wiederholung des Themas, das an dieser Stelle ein C bringt. –

Genug der »Merkerei«! Jetzt haben Sie endlich Ferien und können ausspannen – und hoffentlich auch wieder komponieren. Was gibt's da bei Ihnen Neues, lieber Freund? Und werde ich das noch verstehen?

Michael Gielen

Dirigentenkursus bei den »kölner kursen für neue musik« 1966/67

Die eigentliche Funktion meiner zwei Kurse war die Erweiterung der Erfahrungen der Kompositionsstudenten im Haupt-Seminar für Komposition. Parallel mit verschiedenen Instrumentalkursen sollten sie sich mit den Problemen der Aufführungspraxis vertraut machen. Es gab auch einige Teilnehmer, die der Vorbildung und ihrem Ziel nach ›nur Kapellmeister‹ waren. Die Problematik der Kurse ergab sich aus dieser Zusammensetzung der Studierenden.

Für mich waren die Kurse eine Bestätigung des lange gehegten Verdachtes, daß man Dirigieren nicht unterrichten kann. Das Technische reduziert sich darauf, ob jemand eine Eins hat, das heißt ob die Gliedmaßen in einem harmonischen Verhältnis zum Zentrum des Menschen stehen und dieser sich durchsetzen will. Aber nicht einmal dieses minimale Technische war wirklich nötig. Wenn jemand eine klare innere Vorstellung der Partitur hat und diese autoritativ exteriorisieren kann, weiß das Orchester, wie es zu spielen hat. Ich sage all das natürlich *grosso modo* und *cum grano salis*.

Die eingangs erwähnte Problematik war nun diese: Die ›Komponisten‹ hatten eine Vorstellung der Partitur, konnten sie lesen und hörten sie wirklich, unter anderem Tonhöhen und Zusammenhänge. Aber sie hatten keine Erfahrung im Schlagen. Die Materie war kompliziert und ohne diese Erfahrung kaum adäquat darzustellen. Die ›Dirigenten‹ hatten sich einige Erfahrung erworben, aber auf den Schulen, die sie besucht hatten, war keine neue Musik gepflegt worden und sie waren nicht imstande, nach relativ kurzem Studium eine Partitur von Schönberg oder Webern zu hören. Auch war in ihrer Schulung nicht mal ein Ansatz in Richtung auf zum Beispiel Unabhängigkeit der Hände, Gestaltung eines Übergangs oder geistige Durchdringung der Materie gemacht worden. Auch nicht bei älterer Musik. Sie haben nicht genug Komposition studiert zum Dirigieren. Sie waren den gestellten Aufgaben von vornherein weniger gewachsen als die, die gar nicht dirigieren konnten. War bei einem Teilnehmer eine Vorstellung der Partitur und ein Wille vorhanden, dann bahnte sich dies Geistige einen Weg und konnte sich mitteilen mit einer ad hoc erfundenen Technik.

Von diesen vereinfachten Grundpositionen unterschied sich natürlich jeder einzelne. Da war zum Beispiel der Komponist und Dirigent, dessen Probleme teils mangelndes Selbstvertrauen, teils mangelnde Zielstrebigkeit bei der Koordination der Gliedmaßen war; oder der wirklich gebildete und kultivierte Dirigent mit Kenntnis der Partituren und echter Sensibilität; oder der Komponist, der so in seinem noch unklaren Ich befangen war, daß er auch über die Musik anderer keinen klaren Gedanken fassen konnte, der auch körperlich sich nicht artikulieren konnte (wie sich nach ein paar Jahren zeigt, ist er der vielleicht begabteste Komponist der Gruppe); schließlich der scharfe Intellekt mit starkem Willen, den ich oben geschildert habe – dieser erzielte die besten Resultate.

Das Repertoire war im ersten Kurs, der als Trockenschwimmkurs, ohne Orchester, mit einigem Band-Abhören zur Information über das Stück, aber sonst in Stille sich abspielte: Webern, Symphonie opus 21 und Sechs Stücke opus 6; Strawinsky, *Les Noces*; auch Schönbergs Fünf Stücke opus 16. Erwähnt wurden: das Klavierkonzert von Cage, Teile von Strawinskys *Sacre* und die *Gruppen* von Stockhausen. Im Kurs mit dem Siegerland-Orchester ging es hauptsächlich um Schönbergs opus 16.

Eine methodische Analyse wurde nicht betrieben, müßte natürlich jeden solchen Kurs begleiten. Ich fühlte mich dieser Aufgabe nicht ganz gewachsen, sie hätte eine Vorbereitung meinerseits erfordert, die ich aus Zeitmangel nicht leisten konnte. Für meine eigene Arbeit analysiere ich nur, wenn mir musikalische Zusammenhänge unklar sind. Durch frühere jahrelange methodische Analyse älterer Musik ist das Formgefühl so trainiert, das Hirn so erzogen, daß ich relativ selten dies Bedürfnis empfinde. Für die Zukunft würde ich mir wünschen, daß parallel mit einem Dirigierkurs ein Analyse-Kurs über dieselben Werke läuft – und daß die Lehrpersonen in engstem Kontakt arbeiten, so daß die Resultate der Analyse hörbar werden. Bei einem Schüler muß meines Erachtens auch all das ins Bewußtsein gezogen werden, was später intuitiv ›stimmt‹. Bei gelegentlicher Arbeit mit einem Schüler nach Abschluß der Kurse bin ich anders verfahren: ich habe ihm analytische Aufgaben gestellt, zum Beispiel die Identität der Intervall-Struktur in opus 6 Nummer 1 von Webern aufzuspüren – und habe selbst viel dabei gelernt.

Bei Weberns Symphonie opus 21 zum Beispiel sollte jeder Teilnehmer den ersten Satz auf vier Systemen aufschreiben, teils um sich der Kanonik und der Abweichungen von ihr ganz bewußt zu werden, dann um reale Tonhöhen zu lesen statt der Flageoletts etc.

Immer wieder mußten gewisse Gestalten gesungen werden, um ganz allgemein das Gehör zu schärfen und dem Spannungsleben der Intervalle auf der Spur zu bleiben. Stichproben zum Hören von Tonhöhen, besonders in tiefen Lagen, wurden bei allen Werken immer wieder am Klavier gemacht.

Die meiste Zeit verging im Trockenkurs mit dem immer erneuten Versuch, sinnvolle Bewegungsabläufe der Hände, Arme und Augen zu üben. Eine Orchester-Aufstellung wurde angenommen – und eben ›dirigiert‹, also Takt geschlagen – in Beziehung auf Tempo, Phrasierung und Dynamik. Es durfte nichts dem Zufall überlassen werden, also wurde viel mehr Detail ausdirigiert, als man das in der Praxis tut. Es mußte ›für die Musiker‹ dirigiert werden, das heißt so einfach wie möglich, auf jeden Fall so eindeutig wie möglich. Grundsätzlich habe ich keine Lösung angeboten, sondern eine solche suchen lassen, verschiedene nebeneinander. Dann aus der Erfahrung, die ich mir habe erwerben können, einfachere und praktischere offeriert. Dabei wurde mir selber klar, auf wieviel verschiedene Weisen man ein Problem technisch lösen kann. Sicherlich habe ich am meisten bei diesen Kursen gelernt.

Es wurde ziemlich viel diskutiert. Natürlich konnte jederzeit jeder seine abweichende Meinung zu etwas Erarbeitetem kundtun – aber es gab auch grundlegende Meinungsverschiedenheiten in der Auffassung der Musik, insbesondere derjenigen Weberns. Die Franzosen sahen viel mehr das Formale und Abstrakte, während ich die Charaktere und deren Verwandtschaft mit ähnlichen bei Schubert oder Mahler betonte. Es zeigte sich bereits ein Generationskonflikt zwischen mir Vierzigjährigem und den fünfzehn bis zwanzig Jahre Jüngeren. Was ich als Wesentliches tradieren wollte, wurde nicht angenommen, höchstens als überholt vermerkt. Nicht so bei den Amerikanern.

Die Teilnehmer bildeten selbständig Teams, die sich um die Takt- und Tempo-Synchronisierungs-Probleme der *Gruppen* von Stockhausen bemühten. Weiter konnte in dieses Werk nicht eingedrungen werden, wenn auch in ein oder zwei Fällen die Kenntnis des Werkes vorhanden war.

Im zweiten Kurs, mit Orchester, war es natürlich für die Teilnehmer noch viel schwieriger. Es erging fast allen so, wie es jedem Anfänger geht: so lange man mit sich selber beschäftigt ist, kann man nur wenig hören und noch weniger den Musikern helfen. Das Orchester war sehr kooperativ. Es handelte sich um ein Repertoire, das auch das Orchester erst lernen mußte, die Teilnehmer durften sich also ebenso in Geduld üben bei der Einstudierung, wie die Musiker bei vielleicht nicht immer ganz zielstrebigem Arbeiten und nachher bei vielmaligen Wiederholungen, bis jeder dran gewesen war. Es waren jedoch sehr harmonische Tage im Siegerland bei Schnee und Sonne. Für mich eine der anstrengendsten Wochen meines Lebens: es mußte gleichzeitig unterrichtet und dirigiert werden, also doppelt so viel gegeben als bei nur normaler Arbeit. Im allgemeinen setzte ich mich ins Orchester und versuchte zu erfassen, was der Dirigent machen sollte, um das zu erzielen, was in diesem Moment erklingen soll, um die Hauptsache hervorzuheben und doch das Ganze zu kontrollieren, inwiefern der Dirigent davon abwich und wie er auf den richtigen Weg gebracht werden konnte. Es wurden sowohl einzelne Phrasen in der Horizontale herausgelöst und erarbeitet, einzelne Akkorde oder vertikale Strukturen intonationsmäßig und dynamisch abgestuft – als auch versucht, größere Zusammenhänge zu gestalten, Spannungen von innen her, aus dem Verhältnis der Teile zueinander zu gestalten.

Allen, Lehrer wie Schülern, wurden die eigenen Grenzen sichtbar, daher das Anzustrebende deutlicher.

Michael Gielen

Ansprache
vor den Mitgliedern des *Orchestre National Belgique*
(Brüssel, 5. September 1968)

Die Arbeit, die wir zusammen zu verrichten haben, basiert auf der Idee der Kooperation. Glücklicherweise sind die Zeiten des Diktators am Dirigentenpult vorbei – ich bin anti-autoritär eingestellt, offen für Kritik, ein Freund von Partnerschaft in bezug auf alle das Arbeitsklima und die technische Ausführung der Musik betreffenden Probleme.

Andererseits ist es der Funktion des Dirigenten inhärent, seine Ideen über die Interpretation durchzusetzen: selbst auf ›Mitbestimmung‹ setzende Unternehmen brauchen die Autorität eines Chefs; womit ich sagen will, daß man die Kunst, ein Orchester auf kollektive Weise zu leiten, noch nicht erfunden hat. Aber ich bin mir durchaus dessen bewußt, daß es das Orchester ist, das spielt, daß der Dirigent nichts ist ohne sein Orchester und daß das Orchester sich aus Musikern zusammensetzt, die alle ihre eigene Persönlichkeit haben. Meine Aufgabe besteht also darin, einen gemeinsamen Nenner zu finden für alle diese Persönlichkeiten – oder, mit anderen Worten: einen Stil zu schaffen.

Die Frage des Interpretations-Stils eines Dirigenten hängt eng zusammen mit seinem Konzept von Kunst allgemein. Ich betrachte die ganze Musik als letzten Endes einen einzigen Prozeß: die üblichen Unterscheidungen zwischen ›modern‹ und ›klassisch‹ zum Beispiel sind für mich nichts als Vorurteile. Die Elemente, die die Werke verschiedener Epochen miteinander verbinden, sind wesentlicher als ihre Unterschiede.

Die Musik, die uns zu spielen aufgegeben ist – das ist die, die uns etwas Wesentliches zu sagen hat, die eine Aktualität für uns hat, mit der sich ein Aspekt unseres Seins identifizieren kann. Sie kann dazu beitragen, daß wir etwas über uns erfahren, indem sie den Zustand unseres Bewußtseins uns vor Augen führt oder verändert.

Meine Anstrengung wird also dahin gehen, die Bezüge zur Gegenwart aufzuzeigen, die in der Musik der Vergangenheit stecken, und die Verbindungen zur Tradition ans Licht zu bringen, die die Musik der Gegenwart in sich trägt, gleich ob es sich dabei um

Ähnlichkeiten oder Gegensätze handelt. Alles, was vergangen ist, hat einzig die Funktion, Gegenwart zu produzieren. Andererseits gibt es nichts Lebendiges, das nicht aus der Vergangenheit erwächst.

In dieser schrecklichen Welt kann die Musik keine herausragende Rolle spielen, ohne einen Beitrag zur Bewußtseinsbildung des Menschen zu leisten. Sie sollte ihn nie täuschen, sollte nie die Illusion nähren, daß die Dinge anders wären als sie sind, darf dabei aber die Utopie eines besseren Lebens nicht aus dem Blick verlieren.

Diese bestimmenden gesellschaftlichen Aspekte der Musik, die unser Lebensinhalt ist, müssen sich in der Art und Weise widerspiegeln, wie wir miteinander umgehen. Basis unserer Kontakte ist gegenseitiges Vertrauen.

Meine Damen und Herren, ich bin glücklich über unser gemeinsames Ziel und freue mich auf unsere Zusammenarbeit.

Danke.

Michael Gielen

Zwei meiner Hauptaufgaben als Dirigent bei *Figaros Hochzeit* (1976)

Die primäre Aufgabe des Dirigenten ist es, das Tempo anzugeben. Ferenc Fricsay schrieb einmal:

»Tempo ist ein Zusammensetzen und Zusammenwirken von Zeitmaß, rhythmischem Gebilde, Prägnanz, Phrasierung, Agogik, Dynamik, Klang und Ausdruck.«

Das heißt, daß der dramatische Charakter der Szene, die stimmliche Entfaltung der Sänger, die Artikulation der musikalischen Motive, der Zusammenhang der musikalischen Perioden, die Akustik des Saales und, last but not least, die Vorschrift des Komponisten zu beachten sind. Vorschrift und Periodenbau durchdringen sich gegenseitig. Wenn ich, wie üblich, in der zweiten Gräfin-Arie das *Andante* in 4/8 statt in 2/4 denke, werde ich im Vordersatz der ersten Periode vier Zweitakter statt zwei Viertakter hören, und es wird unmöglich sein, die Periode als Ganzes, aus Vorder- und Nachsatz bestehend, zu verstehen; dies Verständnis ist aber unabdingbar für die Rezeption des komponierten Ganzen.

Vom Ausdruck her wird die falsche Interpretation eine Tendenz zur Sentimentalität und Larmoyanz haben, in der anderen Fassung hingegen werden die *bei momenti* in C-Dur nur von einer zarten Melancholie gefärbt sein.

Die Tempo-Vorschriften führen ein seltsames Eigenleben. Ähnlich wie Kolisch, der versucht hat nachzuweisen, daß bei Beethoven eine Tempobezeichnung zusammen mit einer Taktart immer etwa dasselbe Tempo bedeutet, bin ich der Ansicht, daß die Tempobezeichnung bei gleicher Taktart in verschiedenen Musikstücken nicht diametral Entgegengesetztes bedeuten kann. Mozart macht es uns aber nicht leicht: *Allegro* C bedeutet manchmal *Quasi moderato*, manchmal aber *Molto allegro* alla breve; das heißt, daß die Bezeichnung C (in vier Schlägen) oder alla breve (in zwei) mehr mit der Phrasierung zu tun hat als mit dem Tempo.

Weiter bin ich der Ansicht – und das ist ganz wesentlich –, daß in Musikstücken, die mehrere Tempi enthalten, diese zueinander in einer einfachen und klaren Beziehung stehen: 1:1, 1:2, 1:3 oder 1:4.

Allen ist ein Nenner gemeinsam: das Metrum, der Puls. (Im *Don Giovanni* gibt es auch die Relation 2:3, die irrational wirkt, an Momenten der Peripetie.)

In der Praxis: *Se vuol ballare* – ein Schlag des 3/4-Taktes ist gleich einem ganzen Schlag des *Presto* = 1:2. Das gibt dem 3/4 das Drohende, die lauernde Entschlußkraft Figaros, und dem *Presto* die Idee des brillanten Feuerwerks an Intrige, das Figaro gegen den Grafen entfachen wird. Es liegt also beiden Tempi ein gemeinsamer Puls zugrunde, und es wird der 3/4-Takt langsamer, das *Presto* schneller sein als üblich. Dieses Prinzip gilt für die zwei großen Finales, das des zweiten und das des vierten Aktes. Cum grano salis und leicht modifiziert gehandhabt, ohne Starre, verleiht es diesen großen und langen Musikstücken einen starken inneren Zusammenhang und erleichtert dem Zuhörer die Rezeption scheinbar so heterogener Formteile als größere Einheiten.

Diese Konzeption des Tempos weicht stark ab vom Theaterüblichen und von der Tradition des Gefälligen, es ist also nicht leicht, die Sänger, die ja schließlich ihre Partien oft und gut gesungen haben, von der Notwendigkeit dieser Tempi für den dramatischen Verlauf und die musikalische Gestaltung zu überzeugen.

Das zweite große und vordringliche Problem, das der Dirigent zusammen mit dem Regisseur versuchen soll zu lösen, ist die Gestaltung des Rezitativs: Inwieweit ist die notierte Rhythmik relevant für den Ausdruck und die Syntax? Welche Geschwindigkeit oder Langsamkeit erfordern die einzelnen Sätze, ja einzelnen Wörter? Wie soll die Lautstärke sein? Wann gibt es Simultan-Aktionen, wo mehrere Sätze gleichzeitig gesungen werden, obwohl sie nacheinander notiert sind? Wie ist die Begleitung auszuführen? Und, Kardinalproblem: Wie sollen wir die *Appoggiaturen* (die Vorhalte) behandeln? An jedem Theater, bei jeder Einstudierung werden andere festgelegt, in Amerika macht man viele, in Deutschland wenige etc. Caterina Malfitano fragte vor zwei Jahren, warum ich das nicht den Sängern überließe, zu Mozarts Zeiten hätten die Sänger auch improvisiert. Dazu ist zu sagen, daß das Stilgefühl eines Sängers des ausgehenden 18. Jahrhunderts, der in einer musikalischen Universalsprache seiner Zeit sich ausdrückte, nicht zu vergleichen ist mit dem eines Sängers unserer Zeit – was auch auf die Kapellmeister zutrifft –; daß es aber die Aufgabe des Dirigenten ist, eine heutige Mozart-Aufführung stilistisch zu prägen.

Früher hat man nur gewisse besonders gefühlsbefrachtete Worte appoggiert; heute versucht man, bei besserer Kenntnis der Quellen, runde fließende Linien in der Melodik des Rezitativs zu schaffen, so daß nicht nur fast jeder absteigende Terzschritt appoggiert wird, sondern jedes relevante Wort, das zwei gleiche Noten enthält. Man benutzt die schöne Dissonanz der *appoggiatura* von unten als Variation und die aufsteigende Quart in der Frage.

Doch schwerer noch ist die Entscheidung, ob man bedeutsame Momente in den Musikstücken appoggieren soll oder nicht. Für heute mag die Faustregel gelten, daß die *Opera seria* wohl appoggierte, wir also in denjenigen Stücken des *Figaro*, die dem Charakter nach aus der *Seria* kommen (wie zum Beispiel die Cavatine *Porgi amor* der Gräfin) es unbedenklich tun sollten; andererseits die *appoggiatura* ein starkes Mittel zur Ironisierung einer bestimmten Stelle sein kann.

Wir können getrost davon ausgehen, daß es keine gültige Interpretation überhaupt gibt, daß das Kunstwerk sowie seine Rezeption geschichtlichen Prozessen unterliegen, also in gewissem Grade wandelbar sind. Der Interpret kann gar nicht anders als das Werk durch seine *persona* (im ethymologischen Sinn des Wortes) zu filtern: eine Interpretation, die das Werk so realisiert, wie es vom Komponisten innerlich gehört wurde, kann man ausschließen. Ja, sie wäre nicht wahrhaftig, wenn sie das Werk nicht reflektiert durch den geschichtlichen Moment seiner Rezeption widergeben wollte.

Fußnote des Herausgebers

Im *Anhang zu W. A. Mozarts Biographie. Nach Originalbriefen, Sammlungen alles über ihn Geschriebenen, mit vielen neuen Beylagen, Steindrücken, Musikbättern und einem Facsimile* von Georg Nikolaus Nissen, herausgegeben von *Constanze, Wittwe von Nissen, früher Wittwe Mozart* (1828), ist auf S. 213f, bei Gelegenheit der *Zauberflöte*, angemerkt:

> »Pamina's Arie: ›Ach, ich fühl's, es ist verschwunden‹ etc. wird dem Publicum nicht selten langweilig, weil man das rechte Tempo verfehlt und das allerlangsamste Andante-Tempo, fast Adagio nimmt« —

so daß man nicht länger mit der Empörung eines »feurigliebenden«, vielmehr mit dem »Klagelied eines liebesiechen Mädchens« konfrontiert sei, wie bereits 1815 in der Leipziger *Allgemeinen musikalischen Zeitung* Gottfried Weber festgestellt hatte – auf den Nissen hier übrigens wörtlich sich stützt, ohne es freilich zu sagen; auch, was die Arie ihres »rechten Tempos« nach angeht:

> »sie muss in einem Tempo von 6" bis 7" rhein. genommen werden«.

Maelzels Metronom hatte sich damals erst *fast* durchgesetzt; »das Chronometer«, das Gottfried Weber noch (und Georg Nikolaus Nissen mit ihm) favorisierte – »als Werkzeug, blos dazu bestimmt, den Dollmetscher zu machen zwischen dem Componisten, und dem, der seine Composition aufführt« –, bestand aus nichts denn einem »Zwirnfaden«, der »so und so viel (rheinländische) Zolle lang« war, ein »Stückchen Bley, zur Noth ein Steinchen« angebunden hatte und bei jedem »Hin- und Herschwingen einen Taktheil von der vorgeschriebenen Geschwindigkeit oder Langsamkeit aufs genaueste« angab.

Das kritisierte »fast Adagio«-Tempo nun spezifiziert Weber als »die Achtel gleich der Schwingung eines Pendels von etwa 15 rheinischen Zollen« – gegenüber den angebrachten »6" bis 7" rhein.«: so nämlich, weiß Nissen,

> »nahm sie auch Mozart selbst, als er dirigierte«.

Und er kommt auf ein zweites Beispiel:

> »Gleichfalls auch das Terzett: ›Soll ich Dich Theurer nicht‹ etc. nahm Mozart beynahe noch einmal so schnell, als es fast überall vorgetragen wird. Man hält sich an das Wort Andante und vergisst, dass der Meister den Allabreve-Tact vorzeichnete; die eigenthümliche Bewegung der Violoncelle und Fagotte, wobey Mozart immer das erste der drey Achtel etwas schärfer markiren liess, charakterisirt genau Pamina's ängstliche Gemüthsunruhe, die Freude, mit dem Geliebten sprechen zu dürfen, und den Schmerz, ihn wieder verlassen zu müssen – selbst das durch solchen Wechsel lebendigerer Gefühle hervorgebrachte kurze Athemholen, woran der Meister offenbar dachte. Ihre Besorgnisse: Du wirst dem Tode nicht entgehen, und der Vorwurf: O liebtest Du, wie ich Dich liebe, Tamino's männliche Hoffnung: Der Götter Wille muss geschehen, Sarastro's drängendes: Nun eile fort, Dich ruft Dein Wort. Die Stunde schlägt; der wehmüthige Abschied: Wie bitter sind der Trennung Leiden! –

Kurz, Alles wird so das ächte Colorit erhalten und sich zu einem schönen Ganzen endigen, wenn man sich die Aufschrift *All° moderato* im 4/4 Tact denkt. Beym letzten Lebewohl und dem tiefen, ernsten: Wir sehn uns wieder, mag man immerhin etwas langsamer werden; auch Mozart hielt ein wenig zurück, nahm aber das kurze Schluss-Ritornell wieder im ersten Zeitmasse. Die Sänger mit wahrem Sinne für dramatische Darstellung werden gewiss auch hierin dankbar den Geist des grossen Componisten verehren.«

(Teils) erstveröffentlicht in:
Opera Journal. Uitgave van De Nederlandse Operastichting (Amsterdam). Saison 1976/77, Nr. 3 (in holländischer Übersetzung)

Michael Gielen

An die Besucher der Konzerte des *Cincinnati Symphony Orchestra* (1981)

Unser Verhältnis auf Gegenseitigkeit wäre produktiver, wenn wir uns in einem einig wären – daß in der Kunst *Form* und *Inhalt* ein und dasselbe sind. Ich will damit sagen, daß all unsere privaten Reaktionen, all die Assoziationen und Gefühle, die unser Umgang mit Musik in uns wachruft, recht wenig mit der Musik und ziemlich viel mit uns selber zu tun haben. Musik ist etwas, das von einem Komponisten hervorgebracht wurde, ihn und seine *Gefühle* hinter sich gelassen hat, in so etwas wie einem *Niemandsland* auf Papier existiert, und nun gespielt werden muß, um den Hörer zu erreichen. Eine bessere Chance, die Musik zu erfassen, hat der Hörer, davon bin ich überzeugt, wenn er aus einem Stück nicht einfach das heraushören will, was er im voraus für die Gefühle des Komponisten hält; wenn er von einem Stück nicht bloß die Wiederholung früher an ihm gemachter Hörerfahrungen erwartet; wenn er sich vielmehr öffnet und die Klänge auf dem Weg seiner Sinne einläßt. Unweigerlich wird sie sich daraufhin einstellen, die neue Erfahrung, die seine Seele zutiefst affiziert. Was natürlich genauso der Fall ist bei Musik, an die er bestimmte Erwartungen stellt, *ohne* sie je gehört zu haben ...

Die Leute, die beim Hinausgehen nach dem Schönberg-Stück letzte Saison gesagt haben: »Das war das Schlimmste, was ich je gehört habe«, bekräftigten mit Sicherheit nur die Haltung, mit der sie bereits den Saal betraten. Um »das Schlimmste« nämlich handelte es sich bestimmt nicht, vielmehr um sehr gute Musik. Hätte jemand gesagt: »Das war häßlich«, würde ich ihm zustimmen. Dissonanz und Leiden sind »häßlich«, verglichen mit Konsonanz und hübschen Dingen – dieserart »Häßlichkeit« jedoch ist wahrhaftig: sie spricht vom Leiden des Menschen in unserer Zeit. Schönbergs Musik reflektiert die innere Zerrissenheit unseres Zeitalters. Und was ist schön, wenn nicht die Wahrheit? Ich gehe sogar soweit zu behaupten, daß *nur* die Wahrheit schön sein kann.

Und damit bin ich beim zweiten, was ich sagen will: Wie an guter Architektur ist an guter Musik nichts zu wenig und nichts zu viel – alles an ihr ist notwendig, die Konstruktion hat von daher ihren Halt.

Das gilt für Beethoven (denken Sie an den ersten Satz der *Fünften*) genauso wie für Schönberg. Der Traum, die Phantasie muß sich einer strengen Disziplin unterwerfen, um Kunst zu werden, braucht eine Struktur, um kommunizierbar zu sein. Darum sollte die Verlebendigung, das Spielen von Musik nicht *mehr* geben, als ihr Text aufweist. Das nämlich ist – in Zusammenhang mit dem, was ich vom Hören gesagt habe – die andere Seite der Medaille: wenn der Interpret seine Person zwischen Werk und Publikum drängt, behindert er dessen Rezeption.

Damit hat zu tun, daß ich oft in zweierlei Hinsicht kritisiert werde: als »zu didaktisch« – und als »trocken« oder »kalt«. Bis zu einem gewissen Grade *muß* ich didaktisch sein, weil Sie und ich ja nicht die gleichen Voraussetzungen mitbringen: die meisten von Ihnen sind mit den Kunstwerken unseres Jahrhunderts nicht sehr vertraut. Es geht aber nicht anders: die Geschichte versteht nur, wer seine eigene Zeit versteht. Wenn man mir damit kommt, daß Cincinnati eine sehr konservative Stadt sei, kann ich nur sagen, alle Städte und alle ›Publika‹ sind konservativ, solange man sie in Ruhe läßt mit allem, was übers Traditionelle hinausgeht. Neugier aber ist ein Teil der menschlichen Natur. Jeder ist neugierig auf den Fortschritt in der Wissenschaft. Und da sollte ausgerechnet eine *musikalische* Person, in bezug auf die Entwicklung der Kunst, der Musik, *nicht* neugierig sein?

Stimmt: wenn ich jemanden liebe, kann ich es kaum erwarten, ihn oder sie wiederzusehen. Mit den Kunstwerken ist das nicht anders. Wie wunderbar kann es aber doch sein, einer schönen Person *zum erstenmal* zu begegnen; ganz zu schweigen davon, wie intensiv ein neuer Haß sein kann, wie faszinierend die Konfrontation mit einem neuen Teil der Welt. Das genau ist es, was wir unter »leben« verstehen.

Kunst als Palliativum, als Beruhigungsmittel betrachten, ist gleichbedeutend mit: sie verunglimpfen. Kunst bietet die Möglichkeit, der Wahrheit zu begegnen. Und die ist nicht immer angenehm. Mit der Kunst ist es wie mit dem Leben: sie kann Spaß machen; zu *nichts* als Spaß aber ist sie nicht da. Das bedeutet, was die von mir verantworteten Konzertprogramme angeht, daß ich einen Unterschied zwischen alter und neuer Musik nicht akzeptieren kann. Es werden also zu hören sein: die Klassiker wie die Klassiker der Moderne; die Werke der ›Zwischengeneration‹, die den Modernen den Boden bereitet hat und uns mit der neuen Sprache vertraut machen kann; die weniger bekannten Werke der großen Komponisten der Vergangenheit; und nicht zuletzt einige wichtige Kompositionen aus der Zeit nach dem Zweiten Weltkrieg.

Michael Gielen

Beethovens *Neunte* und Schönbergs *Überlebender von Warschau* (Frankfurt, 24./25. September 1978)

Diesem Programm liegen zwei Überlegungen zugrunde:
1. Was bedeuten die zwei Fanfaren zu Beginn des Finales der *Neunten*?
2. Wie kam Beethoven zur Komposition dieser Ode von Schiller?

Wenn wir heute dieses Finale hören, nach den wunderbaren drei Instrumentalsätzen, so wirkt die Fanfare eher zahm, weil wir, nach den nicht nur akustischen Erfahrungen unserer Zeit, als Signal des Schrekkens stärkere Reize gewöhnt sind. Sie wirkt nicht mehr erschreckend, obwohl sie zur Zeit ihrer Entstehung furchterregend gewirkt haben muß mit ihren unerhörten Dissonanzen und dem »kahlen« Klang. Sie fährt darnieder in den idealischen Frieden des Adagios. Unsere heutigen Ohren, an Schlimmeres gewöhnt, registrieren nur eine Störung des Friedens – und gleich beruhigt uns der Bariton, es seien ja bloß Töne und der Schrecken sei mit Musik auch wieder fortzuschaffen. Das wirklich Entsetzliche zu hören, macht den Weg frei zum Verstehen, wie die Brüderlichkeit (mehr als die Freiheit oder die Gleichheit) hätte sein müssen, damit es nicht zu diesem Horror kommt. Durch den *Überlebenden* wird die Fanfare wieder als das gehört, was sie ist.

Aber da ist mehr: Wie wurde für Beethoven aus »Freiheit, Gleichheit, Brüderlichkeit« das »Seid umschlungen, Millionen!«? Wie wurde aus den revolutionären Ideen des Sympathisanten Beethoven – Ideen, die ja auf reale Veränderung zielten –, aus seiner Solidarität mit der französischen Revolution, die diffuse Idealität einer Menschheitsliebe, die im Geist Millionen umarmt, in der Praxis aber alles beim Alten läßt?

Die psychoanalytische Interpretation (Sterba) ist bestechend: Beethovens Triebunterdrückung, sowohl den Frauen als auch eventuell dem Neffen gegenüber, geht parallel zur Verinnerlichung seiner politischen Gedanken. Gekappt scheint der *élan* seit der Krönung Napoleons, die zeitlich in etwa mit der Taubheit zusammenfällt. Die Verinnerlichung reflektiert den Vormarsch der Reaktion bis zum Wiener Kongreß und zum Biedermeier.

Zwei Dinge sind zu erkennen für das Verständnis der Montage dieses Programms: Beethovens Rückzug auf eine vage Idealität, der zur

Wahl der Ode von Schiller führt; und ein Gang der Geschichte, der aus den Ideen der Französischen Revolution, die über die bürgerlichen politischen Lösungen des 19. Jahrhunderts letzten Endes nach Auschwitz und Warschau führte (die *Dialektik der Aufklärung* beweisend), weil nie wirklich konkret versucht worden war, die Postulate der Gleichheit und Brüderlichkeit in die Tat umzusetzen.

Diese zwei Prozesse werden für dieses Programm als identisch angesehen: der geschichtliche kategorische Imperativ ist immer einer fürs Individuum.

Nun wird das von vielen geahnte Mißlingen des Finales, an dessen Thema Beethoven sein Leben lang gearbeitet hat, aus geschichtlichen Gründen erkenntlich. Rein musikalisch gesehen, hatte er sich die Quadratur des Kreises vorgenommen. Sonate, Fuge und Variation in einer Riesensynthese zusammenzuzwingen und damit quasi die Sinfonie als Gattung aufzuheben. Gehört wird der Satz als unantastbares Meisterwerk, unkritisch, Höhepunkt der sinfonischen Entwicklung überhaupt. Doch gerade dieses unnahbar Erhabene, diese hohe Aura gibt zu denken. Es sind letzten Endes keine *musikalischen* Gründe, die das Finale scheitern lassen. Es stellt dar die Sublimierung des Eingeständnisses, auf die Freiheit und Gleichheit verzichtet zu haben. Übrig geblieben ist eine rein abstrakte Brüderlichkeit, die sich auf den Vater überm Sternenzelt beruft, statt auf die Armee des Konsuls Bonaparte, wenn man das so überspitzt sagen darf.

Aber genau an diesem Punkt wird die Montage der *Neunten* mit dem *Überlebenden* zwingend: nicht nur ist die Französische Revolution direkt in ihr Gegenteil, den Terror, umgeschlagen; nicht nur folgte ihr das Kaiserreich, sondern in größerer Perspektive sind die ihr entspringenden bürgerlichen Systeme endlich in den braunen Terror umgeschlagen. In der Welt nach Auschwitz und Hiroshima bleibt Schillers Ode hohl. Der *Überlebende* anstelle der Fanfare deutet auf den geschichtlichen Stellenwert einer Musik des Schreckens.

Erstveröffentlicht in:
Programmhefte Frankfurter Museums-Gesellschaft / Städtische Bühnen/Oper, Spielzeit 1978/79

Peter Cahn

Aus einem Brief an Michael Gielen

Frankfurt/Main, 29. September 1978

Lieber, verehrter Herr Gielen,

ich muß Ihnen nach dem Schönberg-Beethoven-Konzert doch einige Zeilen schreiben; um es vorweg zu sagen: ich bin sehr unglücklich über das Ergebnis der Montage des *Überlebenden* mit der *Neunten*, und zwar wegen der entsetzlichen Mißverständlichkeit, die jener Moment zutage brachte, in dem nach *Shema Yisroel* der Bariton anhob: »O Freunde, nicht diese Töne!« Was Sie erreichen wollten, eine Aktualisierung der Fanfare durch die Versetzung des Schönberg an ihre Stelle, hat auf mich, und – wie ich mittlerweile weiß – auch auf manchen anderen, als ein Hinwegschieben der Aussage des Schönberg, ja als ein Beiseite-Schieben des *Shema Yisroel* (das ja schließlich auch eine Aussage enthält) gewirkt, so als ob man eben davon nun wirklich nichts mehr hören wolle.

Ich weiß natürlich, daß dies nicht Ihre Absicht war, aber gerade darum muß ich Ihnen sagen, daß ich in diesem Konzert sehr stark empfunden habe, wie rasch man sich dem Frevel nähert, wenn man die Dinge nicht an ihrer Stelle beläßt – zumal wenn es sich um einen religiösen Gesang handelt.

Nun – Sie werden sicher manche Zustimmung und auch manchen Protest zu hören bekommen; von den Tempi, die Sie wählten, angefangen.

Ich wollte jedenfalls nicht versäumen Ihnen mitzuteilen, daß ich die Mehrdeutigkeit des Sinnes einer solchen Montage als quälend empfunden habe und noch immer empfinde. Sie werden meine Offenheit mir hoffentlich nicht verübeln.

Peter Bulthaup

Brief an Michael Gielen

Frankfurt am Main, den 6. Oktober 1978

Lieber Herr Gielen,

Sie gaben mir Gelegenheit, die Generalprobe zu dem 1. Sonntags-Konzert zu besuchen. Dafür möchte ich mich bei Ihnen bedanken, aber nicht nur dafür, sondern mehr noch für das Konzert selbst und für Ihre Tätigkeit in Frankfurt, die mir diese Stadt das erste Mal seit Adornos Tod wieder als fast doch bewohnbar erscheinen läßt.

Als mir in der Generalprobe Ihr Konzept klar wurde, erschrak ich, denn sosehr ich davon überzeugt bin, daß es notwendig ist, das als richtig Erkannte auch auf die Gefahr hin, daß es Skandal macht, auszuführen, es bleibt doch die Angst vor den Andeutungen von Gewalttätigkeiten, die in einem solchen Skandal erscheinen. Bedrückender war dann allerdings die Erfahrung, daß im Konzert selbst der Skandal ausblieb, daß dies Publikum mit einer Musik sich einverstanden erklärte, zumindest mit ihr sich abfand, die mit der Art und Weise seiner Existenz schlechterdings unvereinbar ist. Der Versuch der Darstellung einer in sich gebrochenen Hoffnung, die keineswegs wie der Weltgeist mit den stärkeren Batallionen ist, muß wohl scheitern in den finsteren Zeiten, deren Schrecken, kämen sie zu Bewußtsein, den Menschen die Sprache raubte. Die Darstellung des Schreckens, die, nachdem die letzten Tage der Menschheit längst vergangen sind, zur einzigen Möglichkeit wurde, sich die Sprache, auch die der Musik, zu erhalten, ist allein dadurch, daß in ihr die Subjekte dem Schrecken doch gewachsen zu sein scheinen, mit dessen Realität schon versöhnt. Noch der *Überlebende* ist, weil er komponiert ist, dem schönen Tod der Freiheit von Verdis *Don Carlos* näher als dem Ghetto. Die objektive Unmöglichkeit, dem übermächtigen Grauen Widerstand zu leisten, schlägt in die Komposition zurück, die ihr Ziel sowenig erreicht wie der über den Diskant hinausverlangende Chor einen Vater überm Sternenzelt. Wenn die Reihe im unisono des Chors erscheint, so ist das alles andere als ein *grandios moment*; vielmehr klingt, was zuvor einen vielfältig zersplitterten Ausdruck in sich organisierte, für sich fahl, ausdruckslos, so als sei mit der Idee, das archaische Gebet anzustimmen, schon alle Kraft aufgebraucht. Da es mir völlig an musikalischer Ausbildung mangelt, bin ich auf den Eindruck angewiesen, den ich empfing, und kann das

Behauptete nicht anderweitig verifizieren. Mir schien es, als werde mit dem unisono des Chors die Komposition in ihr selbst widerrufen. Das Gebet erscheint nicht als Zeugnis eines heroischen Glaubens, nicht als eines der Erinnerung an eine Verheißung, sondern als eines für das, was dem durch das Grauen angetan wird, das diesem, und seis für einen Moment, standhält: es versteinert zur archaischen Maske. Dann aber sind die grellen Schlußakkorde, die grell ja nur sind kraft der aus dem ersten Teil herübergeretteten Ausdrucksmittel, weniger ein Signal des Schreckens als ein Aufbegehren des subjektiven Ausdrucks gegen das, was auszudrücken ihm objektiv auferlegt wurde; sie sind eine flehentliche Bitte um Verschonung der Musik. Sollte das wahr sein, dann ist die Komposition gescheitert und trägt ihr Scheitern nicht in sich aus, sondern dokumentiert es. Das erweist sich auch darin, daß die Musik, obwohl in sich durch die Reihe organisiert, wirkt wie eine Collage heterogener Elemente, deren Fremdheit zueinander die innere Organisation nicht aufzuheben vermag. Ausgeleuchtet wurde das gerade dadurch, daß die Komposition als Ganzes ihrerseits zu einem Element einer Collage gemacht wurde. Von daher gewann Ihre Interpretation für mich ihre Überzeugungskraft. Fragwürdig bleibt jeder Versuch der Darstellung von Musik, selbst der derjenigen, die ihr Scheitern einbekennt, denn sie unterstellt die Möglichkeit, eine den Subjekten inkommensurabel gewordene Objektivität subjektiv auszudrücken. Die Erinnerung an die Idee einer besseren Zukunft ist irreparabel beschädigt durch die an die Vergangenheit, die in unsere Gegenwart hineinreicht, und es steht dahin, ob es moralisch erlaubt ist, auch nur zu hoffen, aus einer Geschichte, in der Menschen ihr Leben zur Hölle gemacht wurde, könnten Zustände hervorgehen, unter denen ein menschenwürdiges Leben möglich und die vergangene Qual vergessen oder zu den Gestehungskosten des Besseren gerechnet mit diesen abgeschrieben wäre. Das zerrüttet das moralische Bewußtsein, ohne das eine Wende zum Besseren nicht denkbar ist, und nur die Einsicht, daß das Verstummen die Anerkennung der Macht des Falschen ist, wäre solcher Zerrüttung des moralischen Bewußtseins gewachsen. Wie sehr dem Ihre verantwortliche Arbeit entspricht, hat wohl der Kritiker der FAZ geahnt, als er sich darüber mokierte, daß das Publikum Sie mit einem kühlen Applaus davonkommen ließ, statt, so war es jedenfalls angedeutet, von seinem Recht Gebrauch zu machen, und Sie zu köpfen. Daß dann, wenn in der Musik, die angesichts der realen Machtverhältnisse harmlos genug ist, einmal, wie gebrochen auch immer, die Wahrheit vernehmbar wird, gleich die offene Drohung mit der Aktualisierung des latenten Faschismus folgt, ist zwar kein Beweis aber doch ein Indiz dafür, daß die Menschen mit den schmachvollen Bedingungen, unter denen zu leben sie gezwungen sind, nicht ganz sich abfinden können.

Bitte entschuldigen Sie, daß mich der Dank, den Ihnen auszusprechen es mich drängt, zu einer Epistel verleitete, weil er die Erinnerung an das beschwor, wofür ich Ihnen danken wollte.

Michael Gielen

An »mein« Publikum
(Frankfurt, 31. Mai/1. Juni 1987)

Heute, zum Abschied, wiederhole ich, als einziges von fünfzig Konzerten, ein Programm vom Anfang meiner Frankfurter Tätigkeit, das Beethovens *Neunte* und Schönbergs *Überlebenden* ineinander montiert. Es ist wegen der musikalischen Bezüge und Widersprüche, die es enthält, ebenso wie wegen der politischen, humanen und ideengeschichtlichen Perspektiven, die es aufzeigt, ein sehr bezeichnender Stellvertreter für all meine Bemühungen, meine Wirksamkeit.

Wirksamkeit, ja, gibt es die? Ich meine eine Wirksamkeit über den momentanen Musikgenuß (oder -abscheu) hinaus. Da die Kunst für das Publikum nie dieselbe, fast alles andere ausschließende Wichtigkeit haben kann wie für den Künstler, kann dieser immer nur hoffen auf eine Bereitschaft, eine Empfänglichkeit bei einigen Menschen im Publikum. Die braucht er aber. Denn nichts ist dem Künstler so schlimm wie der Verdacht, mit seiner Sache allein geblieben zu sein. Die Menschen erreichen, das heißt nicht vergessen zu werden; bei einer so vergänglichen, ja zerstiebenden Kunst wie der Musik, ist die Sorge ums Überleben noch größer, als wenn faßbare Dokumente bleiben. Ich war unbescheiden genug, meine Ideen mitteilen zu wollen. Obwohl ich gut wußte, daß viele Menschen, die ihre Karten bezahlen, der Meinung sind, damit gehöre die ganze Sache ihnen und die Künstler hätten gefälligst das aufzuführen, was genehm ist – und so aufzuführen, daß es angenehm ist. Anders gesagt: Obwohl ich wußte, daß viele vieles nicht erfahren wollen, habe ich es mitgeteilt in der Hoffnung auf die Neugierigen. Denn Gott sei Dank gibt es nicht *ein* Publikum, sondern immer mehrere. Ohne die Gewißheit, daß es einen Teil des Publikums gibt, der sich ansprechen läßt, könnte man nicht Musik machen in der Öffentlichkeit.

Viele wollen vieles nicht erfahren – oder, wenn sie es doch wissen, wollen sie nicht noch einmal hören, daß die Musik *alles* über den Menschen mitteilt und jeden damit meint. Auch mitteilt, was wir gern wegschieben wollen oder verdrängen: wie innig und unlöslich verbunden der höchste Ideenflug, der reinste Idealismus, die Aufopferung (und auch das künstlerische Gelingen) sind mit dem Menschen als Abgrund, der Mordlust und der Grausamkeit.

Beides ist unerklärlich und von beidem spricht immer große Musik, das Eine meint immer auch das Andere. In besonderer Deutlichkeit allerdings die Werke des heutigen Konzerts.

In der Hoffnung, Sie erreicht zu haben, auch schmerzlich erreicht zu haben, verabschiede ich mich, dankbar für Ihre Aufmerksamkeit und Ihre Anerkennung.

Erstveröffentlicht in:
Programmhefte Frankfurter Museums-Gesellschaft / Städtische Bühnen/Oper, Spielzeit 1986/87

Michael Gielen

Die Idee des Montage-Konzertes Schuberts *Rosamunde* und Weberns Orchesterstücke opus 6 (Frankfurt, 10./11. Juni 1979)

Der Werkbegriff ist ein Tabu für uns; er scheint das, was man mit *Aura* in der Kunst bezeichnet, erst zu garantieren. Ihn durch Montage (das heißt Neukonstruktion vorgegebener Elemente – in unserem Falle historisch auseinanderliegender Kompositionen) zu durchbrechen, ist ein Versuch, direkter mit den Inhalten der Werke zu konfrontieren: eigentümlicherweise wird das auratische Moment heute durch die Gegenüberstellung scheinbar unvereinbarer musikalischer Elemente erst wieder erfahrbar.

Es handelt sich bei der musikalischen Montage um ein Formprinzip, das keine irgend wertende »Richtung« intendiert. Vom Ende der fünfziger Jahre an war es zehn Jahre lang ein wichtiges Gestaltungsprinzip für mehrere bedeutende Komponisten, unter anderem Henri Pousseur und im besonderen Bernd Alois Zimmermann, dessen Werk nicht zuletzt deshalb ein Schlußstein einer großen und bedeutenden Epoche der Musikgeschichte ist, weil er bewußt die Synthese mehrerer Jahrhunderte anstrebte durch die Montage früherer Musik in seine Werke.

Indem Schuberts und Weberns Musik als quasi *dieselbe*, als zutiefst inhaltlich verwandt, vorgeführt wird, bleibt die Aura jedes Einzelstücks erhalten, ja sie fängt an zu leuchten in einer Weise, die durch das Werk-Tabu vorher versperrt war. Das ist ähnlich wie bei der Montage der *Neunten* Beethovens mit dem *Überlebenden* von Arnold Schönberg, wenn auch die Intention dieser Veranstaltung, wie geschehen, anders zu beschreiben ist.

Selbstverständlich ist das didaktisch, jedoch ergibt sich das Didaktische aus dem Lebendigmachen von Geschichte durch das Verletzen einer vermeintlichen Aura (nämlich der des autonomen Kunstwerks) und das wahrhaftige Aufblühen der intakten Aura der Einzelteile, wobei es in unserem Falle mitentscheidend ist, daß weder *Opus* 6 noch *Rosamunde* geschlossene Werke sind. Es werden nicht Teile vorgeführt als Beispiele eines (vorgegebenen, von den spezifischen Werken unabhängigen) didaktischen Konzepts, sondern im Gegenteil: das ästhetische Programm dieses Konzerts fordert ein Verständnis von Musik, das nicht durch den Raster musikhistorisierender Einordnung sich dem Zugang des bis dahin Ungehörten verschließt.

Es wird nicht Webern vorneweg als Alibi gebraucht, verweigert wird die landläufige Unterscheidung der Musik in jene, die ins Ghetto gehöre, und jene andere, die zum Genießen da sei. Es wird eine lebendige Wechselbeziehung hergestellt, die abzielt auf die *eine* Musik, die es nur gibt, im konkreten Fall jedoch auf mehr: die innige Geistesverwandtschaft zweier Komponisten höchster Sensibilität, Weltabgewandtheit und Verinnerlichung. Es ist das Ernstnehmen des Hörers als geistigem Partner, das mir solche Musikreproduktion notwendig erscheinen läßt.

Erstveröffentlicht in:
Programmhefte Frankfurter Museums-Gesellschaft / Städtische Bühnen/Oper, Spielzeit 1978/79

Elvira Seiwert

Rosamunde oder die Emanzipation

> »Hier also, auf diesem engen Felde, läßt sich verstehen, wie die großen Physiognomiker [...] zu Schicksalsdeutern werden.«
> (Walter Benjamin, *Das Passagen-Werk*)

24. April 1994. Konzert des SWF-Sinfonieorchesters mit Michael Gielen in der Frankfurter Alten Oper. Programm: Beethovens 1. Klavierkonzert, Bruckners 4. Sinfonie. Stürmischer Schlußapplaus. – – Und dann? Kam, als Zugabe, Franz Schuberts dritter Entr'acte aus der *Rosamunden*-Musik. Wunderliches Stück, dem nichts mehr zu folgen vermöchte; das, nach der Weise, in der es musiziert wurde, keine Fragen übrig noch offen ließ. –

Was, wie beim Hinausgehen von philosophisch engagierter Konzertgänger-Seite zu hören war, damit zu tun habe, daß Schuberts Musik ihre Zukunft schon hinter sich hat. –

Womit die Angelegenheit, im Handstreich, erledigt wäre für uns ... die wir auf den Appell in der Kunst setzen ... respektive, ohne selbst geradezu in Gefahr zu geraten, fremd-visionären Aufbrüchen hinterdrein wollen: *Komm ins Offene, Freund* etc. ... Eine Musik, die abgeschlossen hat – nicht allein, *comme il faut*, mit der Vergangenheit sondern der Zukunft gleich mit: erledigt, hübsch aber ohne Belang, Punktum. Und wir könnten uns endlich den Konzert-Hauptsachen zuwenden, uns einmütig verständigen, apropos Zukunft zumal, auf deren heftige Optionen, mit denen wir eben in Form der Beethovenschen Musik versorgt worden waren. Besteht deren notorischer Gestus ja gerade darin, keinen Stein auf dem andern zu lassen, hörbar vorzuführen, daß einzugreifen möglich und fortzuschreiten nötig, daß unbeirrbar aufs Ziel, die bessere Zukunft, hinzuarbeiten Pflicht sei. Wenn auch, zugegeben, in Beethovens späteren Werken dem Zukunftsglauben und seinen dynamischen Imperativen der Prozeß gemacht wird ...

Nein, die Sache, wenn sie auch nicht auf der appellativen ›Vorwärts‹-Linie liege, verhalte denn doch sich, auf mysteriöse Weise, geschichtsorientiert; so dic fortgesetzte Philosophen-Einwendung. Schuberts Musik bestimme hörbar die Selbstverwandlung von Zeit in Vergangenheit, in Zeit der Erinnerung. Und Zeit als Erinnerung, als reine

Vergangenheit, wolle erzählt werden. Und erinnerte Zeit, erzählte Vergangenheit baue sich sozusagen von selber in Bilderwelten auf.

Ein »Versteh' kein Wort«-Gemurmel erhob und wandte sich, blieb als Echo zurück. Doch waren wir in Frankfurt, wo, wenn man will, der Geist Adornos noch in der Atmosphäre ist und bei Gelegenheit herbeischwebt. Dieser, könnte man sich vorstellen, hätte, statt sich zu wenden, sich eingemischt, den Faden weiterzuspinnen – mitten hinein in die Schubertschen Bilderwelten samt der in ihnen herrschenden ganz und gar unbeethovenschen Zeit, in die man so unmittelbar hineingeraten war. Unmittelbar, denn der Rhythmus der ersten Violinen sogleich ist der seit jenem Schubert-Lied als »Wanderer«-Rhythmus vertraute. Ein Zeichen, Signal bestimmter Bewegung, war gesetzt – von der *Rosamunden*-Zugabe Anfang an.

Bilderwelt

Des Zeichens Bedeutung bestimmt Adorno in dem mittlerweile fast siebzig Jahre alten, oft denunzierten, doch so nicht wieder erreichten Schubert-Essay, darin er Schuberts »Wanderer« in den Rang einer »Kategorie« erhebt, deren »bestimmende Dignität für die Struktur des Schubertschen Werkes« zu erörtern sei. Zumal sie »um so tiefer in Schuberts mythischen Gehalt Einsicht eröffnet, als sie von der handgreiflichen Symbolik Wagners sich gänzlich fernhält und wahr in sich begreift, was dort scheinhaft zitiert wird. Wenn die Psychoanalyse Reise und Wanderschaft für die objektive Todessymbolik als archaisches Residuum beschlagnahmt, so sind beide in der Landschaft des Todes füglich zu suchen. Der exzentrische Bau jener Landschaft, darin jeder Punkt dem Mittelpunkt gleich nah liegt, offenbart sich dem Wanderer, der sie durchkreist, ohne fortzuschreiten: alle Entwicklung ist ihr vollkommenes Widerspiel, der erste Schritt liegt so nahe beim Tod wie der letzte, und kreisend werden die dissoziierten Punkte der Landschaft abgesucht, nicht sie selber verlassen. Denn Schuberts Themen wandern nicht anders als der Müller oder der, den im Winter die Geliebte verließ. Nicht Geschichte kennen sie, sondern perspektivische Umgehung: aller Wechsel an ihnen ist Wechsel des Lichtes. Es erklärt sich damit Schuberts Neigung, das gleiche Thema zwei-, dreimal in verschiedenen Werken, und verschieden, zu exponieren«, womit Adorno beim *Rosamunden*-Thema angelangt ist, dem der Schauspielmusik, dem Variationen-Thema des a-moll-Streichquartetts und des B-Dur-Klavier-Impromptus.

»... in einem idyllischen Tal«

Die dritte Zwischenaktmusik, schreibt Schubert-Forscher Walther Dürr, scheint »Rosamundes Rückkehr aus den Gefährdungen und Intrigen am Hofe zu Zypern in das Land ihrer Kindheit, in ein Märchenland des Friedens und der Harmonie darzustellen«.

Was vorher geschah, war, solange das Schauspiel-Manuskript als verschollen galt, nicht en détail zu sagen, doch nach Aufführungsberichten immerhin in großen Zügen zu rekonstruieren. Rosamundens Vater, Fürst von Zypern, gab seine Tochter, sterbend, in die Obhut einer »treuen Fischerin«, wo sie – einfach lebend, doch »zu hohen Pflichten sorgsam ausgebildet« – bleiben solle bis zu ihrem achtzehnten Jahr; dann erst möge sie hervortreten und standesgemäß vermählt werden. Tyrannei des Gouverneurs herrscht nach des Fürsten Tod. Zufälle, ein Schiffsbruch darunter, führen zur Enthüllung von Rosamundens Herkunft, zu ihrer Bestätigung als Fürstin. Der Gouverneur liebt Rosamunde, sie verachtet ihn, eine Entführung mißglückt, es kommt zu Rosamundens Gefangennahme. Vom Volk befreit, kehrt sie zurück zur Fischerin mit dem Vorsatz, »nimmer von ihr zu scheiden«. – »Im vierten Akt erscheint Rosamunde in einem idyllischen Tal bei ihren Herden«. Antworten auf die Frage, wie das Idyll beschaffen, von welcher Art es sei? Wären zuvörderst in der zu ihm hinleitenden dritten Zwischenaktmusik zu suchen.

Das dreimal präsentierte Hauptstück, ein zweiteiliges Andantino in B-Dur, exponiert das *Rosamunden*-Thema in den ersten Violinen, vom gleichmäßigen Achtel-Puls der zweiten Violinen und den die Harmonien komplettierenden Violoncelli und Kontrabässen behutsam begleitet. Eine kleine Irritation erfährt das Bewegungs-Gleichmaß im siebenten Takt; die zweiten acht Takte des Themas aber, bestätigt durch die in die Flöten emporgezogene Verstärkung, scheinen wieder im Lot, allein, eine kleine Bewegungsunregelmäßigkeit unterläuft auch hier. Weiterwandert das Thema, in seinem zweiten Teil, in vorbereiteten Dominantregionen. Diesmal gesellt sich die Oboe den ersten Violinen, die Baßregion wird von den Hörnern und Fagotten angereichert. Eine so leicht nicht mehr zu überspielende Krise jetzt, in Takt 22, harmonischer Natur, scheint aufgefangen, durch Stillstellung beschwichtigt zu werden: sie atmet aus in der Fermate. Doch weiterwandert das Thema, in den ersten Violinen alleine wieder, gestützt von den anderen Streichern nur – vier Takte, die harmonisch unklaren, zweideutigen Bereichen sich erst entwinden müssen – Anzeichen, daß die Krise nicht überwunden, nur stehengelassen wurde. »Stimmung ist«, schreibt

Adorno in Anbetracht der Schubertschen Bilderwelt, »was wechselt an dem, was zeitlos sich selber gleichbleibt, ohne daß Wechsel Macht hätte darüber«. –

Zwei Minore-Teile rücken das Thema in den Hintergrund, der erste in ordnungsgemäßer Verwandtschaft, g-moll; in b-moll der zweite, aus harmonisch weiter Entfernung dem Thema naherückend, als B-Dur-Schattenregion. Die (Klarinetten-) Melodie des ersten Minore, die scheinbare Unbefangenheit des Andantinos aufgreifend, will von der Stelle; der Baß, musetteartig, hält sie jedoch in der g-moll-Region, zunächst. Der Eindruck: als würde ein *Bild* der Bewegung gegeben, nicht diese selbst. Entbunden wird, von der Stelle kommt sie erst durch das verstärkende Hinzutreten der übrigen Holzbläser. Minore II, an den bestürzenden Andantino-Moment anknüpfend, verständigt sich überdies, über das Andantino hinweg, mit dem ersten Minore durch den gleichsam komplementären Rhythmus, ergänzt, rundet die Minore-Welt ab zu einem geschlossenen Ganzen. Daß aber die Ursprungs-Regionen kaum verlassen, nur andere Gegenden in ihnen aufgesucht wurden, zeigt sich in den triolischen Anstrengungen, den komplementären rhythmischen Gesten, die eher auf Einheit denn den Kontrast hinauswollen. Eine die Zeit dehnende Veranstaltung im zweiten Minore übrigens: unvermittelte Antwort auf die Krise im Hauptstück und ihre scheinbare Stillstellung?

Märchenland?

Die Philosophen-Anmerkung vom Anfang, daß Schuberts Musik ihre Zukunft schon hinter sich habe (Ulrich Sonnemann), entzündete sich an der aktuellen Gielen-Interpretation des *Rosamunden*-Idylls; spielte an auf die mögliche Lockerung des anständigen Zeitengefüges, auf die Unordnung, in die es geraten kann. Und unüberhörbar eigensinnig scheint ja die Gestaltung der Zeit, welche die Interpretation im Idyll installiert. Sorgt der Wanderer-Rhythmus, Stillstand auf den ersten Blick verhindernd, für Bewegung, so gerät diese allerdings in eine offenkundige Krise im Moment der Fermate im zweiten Andantino-Teil. Die Fermate nämlich wird jedesmal, wenn sie passiert wird, auf das Doppelte des regulären Notenwertes verlängert, wird zur Station. Daß solche Dehnung der Zeit nicht als klassisches »Verweile doch«, als Bild des erfüllten Augenblicks mißzuverstehen, vielmehr als Aufschub, Zurückschrecken vor dem Kommenden, zu nehmen ist, wird deutlich am Thema selbst, welches danach – wiewohl es, seiner Gestalt nach unverändert, weiterwandert – affiziert, fahl, blaß erscheint, wie zurückgenommen in einen Innenraum, aus dem es durch die entschlossene Geste der Interpretation, die es mit Energie versorgt, wieder herausfindet. »Denn Schuberts Themen wandern nicht anders als der Müller oder der, den im Winter die Geliebte verließ. Nicht Geschichte kennen sie, sondern perspektivische Umgehung: aller Wechsel an ihnen ist Wechsel des Lichtes« (Adorno). Aufgeschoben nur, nicht aufgehoben, wird das, was kommt: nichts bestürzend Neues, vielmehr, in geändertem Licht, das, was war. Das Zurückschrecken gilt dem Bekannten, gilt der Tatsache, daß nichts sich geändert hat, alles das unverändert Gleiche ist.

Der – per Fermate verhängte – Verlust der Zeitempfindung indiziert Phantasmagorie: »zum Raum wird hier die Zeit«. Der Wanderer-Rhythmus: ist, als Bewegung, eine auf der Stelle, gleichwie im Traum. Der *Ruck* des Erwachens, der die Zeit ganz und gar wieder in Gang brächte – im Märchen vom Dornröschen zum Beispiel ist die schallende Ohrfeige das Signal –: hier, im Idyll, bleibt er aus.

Aus diesem Grunde erfolgt die Rückkehr ins zwielichte Andantino nach dem ersten Minore nur zögernd; nach dem zweiten Minore mit offenkundigem Widerstreben. Von daher erklärt sich auch die forschere Gangart in den Minore-Teilen selbst, als Versuch einer Flucht nach vorn, wobei, nach allen Regeln der Kunst, das Fliehende gezeichnet bleibt von dem, wovor es flieht.

Das *Rosamunden*-Idyll ein Märchenland? Eines, in dem ›alles gut‹ werden könnte? Oder eher ein dem Märchen konträres, ein mythisches, in dem ›Erlösung‹, Effekt der märchenhaften Zauberformel, nicht stattfindet? Rosamundens Rückkehr – nach Intrige, Staatsstreich, Verwechslungen – in jenes Idyll »einfachen Lebens«, das der Vater sterbend für sie bestimmt hatte: Versuch, das verlorene Paradies der Kinderzeit zurückzugewinnen. Wohl kein der Einübung in ihr späteres Leben günstiger Ort. Einer scheinbar »einfachen« Lebens – ja; eines »richtigen« Lebens – kaum. Das verlorene Paradies: ein, mit Hermann Schweppenhäuser zu sprechen, »phantasmagorischer Spuk verklärender Erinnerung«, der die Zukunft verstellt.

Vorgeschichte I: Von der Geschichte der Themen und der Geschichte als Thema

Eine übertriebene Deutung zarter Befunde? So mag der Zugaben-*Rosamunde* ihre Vorgeschichte nachgeliefert, ihre Geschichte rückwärts durchgespielt werden, wie Michael Gielen sie in Form der Montage von Weberns Orchesterstücken opus 6 und Teilen der *Rosamunden*-Schauspielmusik ausgeführt hat.

Gielen, in seinem Text über die »Idee des Montage-Konzerts«, spricht von der »inhaltlichen Verwandtschaft« der Schubert/Webern-Stücke. »Inhalt«, ein in Sachen Musik freilich kompromittierter und kompromittierender Begriff, im Sinne Schönbergs zu verstehen, als »Geschichte der Themen«? Die Frage dann, Adornos Satz im Hinterkopf, daß Schuberts Themen »nicht Geschichte kennen«, »sondern perspektivische Umgehung«: Wie durch diese Montage Geschichte erscheint und welche.

Die Antwort liegt auf der Hand: Die Montage zerstört nicht die Werke – weder opus 6 noch die *Rosamunden*-Musik, schreibt Gielen, seien »geschlossene Werke« –, sondern greift ein in das Kontinuum der Zeit, welches beide auseinanderhält, in gehörigem Abstand präsentiert. Die »inhaltliche Verwandtschaft« wird zum Indiz für die Diskontinuität der Geschichte; dafür, daß bei Schubert anklingt, was Webern nicht fremd ist. War das Montageprinzip, so wieder Adorno, »als Aktion gegen die erschlichene organische Einheit, auf den Schock angelegt«, so ist paradox schockierend bei dieser Montage, daß scheinbar Unverbundenes, idiomatisch Getrenntes, nebeneinandergestellt, zur Einheit zusammenwuchern will.

Nachzutragen ist die Geschichte der Webernschen Orchesterstücke. Deren biographischen Untergrund, den Tod seiner Mutter, entdeckt der Komponist in einem Brief an Arnold Schönberg vom 13. Januar 1913. Webern spricht von dem Widerstreit zwischen Angst und Hoffnung; vom Tod der Mutter, ihrem Begräbnis: »Noch heute verstehe ich nicht meine Empfindung, als ich hinter dem Sarge zum Friedhof ging. Ich weiß nur, daß ich den ganzen Weg hoch aufgerichtet ging, vielleicht um in weitem Umkreis alles Niedrige zurückzubannen. Ich bitte Dich, verstehe mich recht, ich versuche mir klar zu werden über diesen eigentümlichen Zustand.« Webern schreibt von einer »seligen Empfindung« schließlich, als wäre die Mutter ihm körperlich nahe gewesen.

Eine andere Beschreibung, zwanzig Jahre später – das Biographische hat sich verflüchtigt, oder niedergeschlagen in die musikalische Essenz: Die Stücke opus 6 »stellen kurze Liedformen dar, meist im dreiteiligen Sinne. Ein thematischer Zusammenhang besteht nicht, auch nicht innerhalb der einzelnen Stücke. Diesen nicht zu geben, war sogar bewußt angestrebt: in dem Bemühen nach immerfort verändertem Ausdruck. Um den Charakter der Stücke – sie sind rein lyrischer Natur – kurz zu beschreiben: das erste drückt die Erwartung eines Unheils aus, das zweite die Gewißheit von dessen Erfüllung; das dritte die zarteste Gegensätzlichkeit; es ist gewissermaßen die Einleitung zum vierten, einem Trauermarsche, fünf und sechs sind ein Epilog: Erinnerung und Ergebung.«

Vorgeschichte II: Montage

Mit dem großdimensionierten ersten Entr'acte der *Rosamunden*-Schauspielmusik beginnt es. Der h-moll-Tonraum wird in gemeinsamem, kräfteaufladendem Mehrfach-Ansturm eröffnet, das markante, kaum entwicklungssüchtige, auf ein Zweitakt-Motiv reduzierbare Thema exponiert. Seine Geschichte? Es weckt Echos, versucht es, als Impuls, mit wechselnden Tonarten, schließt, Fermate, vorläufig ab; erscheint wieder, kammermusikalisch zurückgenommen, im lyrisch nach Dur aufgehellten Gewand. Fragende Gesten; eine Beschleunigung, die erneut das ganze Orchester auf den Plan ruft; das allerdings wieder zurückgenommen wird in ein Streichertremolo als gleichsam amorpher Anfangsstimmung. Ihr entsteigt ein Streicher-Motiv, dem die Bläser, als Echo, ein bereits wohlbekanntes Motiv-Fragment nachtragen. Eher eine Facette des Gewesenen also, denn ein Anderes, Neues.

Daß es weitergeht, verdankt sich der aufgespeicherten Energien des Vorangegangenen. Als Kraftquelle sorgen sie nicht für Entwicklung, sondern dafür, daß das Bekannte kaleidoskopartig hin- und hergewendet, aufgetürmt wird etc. Selbst eine Fermate, Besinnungspause, Energiespeicher-Station bisher, ist vorläufig nicht mehr nötig. Bis auf einmal wieder. Kam bislang nach der Fermate etwas, scheinbar, anderes, das allerdings bald schon als motivisch verwandt sich herausstellte, so folgt diesmal, wie ein von vornherein Verwandtes, das auf die Motiv-Tarnungen Schuberts verzichten kann: das erste der Webernschen Orchesterstücke – als würde der prächtige Mantel aufgeschlagen, sein Innenfutter nun ans Licht kommen. Im Charakter, wie zitiert, der »Erwartung eines Unheils«: aus dem Flötenmotiv sich entbindend, nach allen Seiten sich ausbreitend, anschwellend, nach und nach ins *pp* zurücksinkend.

Das Ganzton-Harfen-Glissando gegen Schluß von opus 6 Nummer 1, den Anfang der folgenden ersten *Rosamunden*-Ballettmusik wie antezipierend, hat zur Folge, daß diese um ihre ersten sechs Takte verkürzt werden kann, um die wörtliche Wiederholung des Anfangs nämlich der ersten Zwischenaktmusik, als wären deren Bezirke nicht verlassen worden; ein kleiner Schritt allenfalls ab vom Wege. Weiterarbeit mit dem gleichen Motiv (-Material), Veränderungen wie gehabt. Angehängt allerdings ist ein neuer Abschnitt: ein bukolisches *Andante un poco assai*. Die sinfonisch festlichen Bezirke des Anfangs scheinen hinter uns. Aber auch dieses Bukolikon ist nicht, was es zu sein scheint. Webern Nummer 2 liefert die ›Gewißheit der Erfüllung‹ des, im ersten Webern-Stück erwarteten, ›Unheils‹. Im ersten Webern-Stück? Oder im Schubert-Andante soeben?

An die gleichmäßig wiegende Bewegung des Schubert-Satzes jedenfalls kann Weberns Baßklarinette anschließen, allein: Fagott, Klarinetten und Hörner, Posaunen und Baßtuba schließlich deuten voraus auf das, was kommen wird. Schreckgesten und solche der Drohung. Harter Schluß. Nachträgliches Herstellen einer zarten, doch immer gespannten, prekären Balance durch opus 6 Nummer 3; nicht, daß alles wieder ins Lot käme jetzt, in »gewissermaßen« der »Einleitung« zum Webernschen Trauermarsch, die in der Montage allerdings die zweite Ballettmusik einleitet. Die ihrerseits, als wüßte sie, was ihr bevorsteht, nur schwer zunächst von der Stelle kommt. Ein unbeschwertes Aufunddavontanzen will nicht so recht gelingen.

Dann endlich der Trauermarsch – aus sehr weiter Ferne: *ppp* der großen Trommel, des Tam-Tams, sekundiert von tiefem Glockengeläut. Das »fernste Echo gewisser Typen von Mahler« hat Adorno aus ihm vernommen, im korrespondierenden »Ton des Weltfernen, im Gestus des verlorenen Postens«; »mehr Traumgesicht der Zeit« denn »private Klage« sei dieser Marsch. Das Glockengeläut rückt den Kondukt ins Freie, das sich zum Natur-Szenario konkretisiert in den folgenden »Hirtenmelodien« aus Schuberts *Rosamunde*, einem schlichten, melancholischen Gebilde im Volkston mit leeren Baß-Quinten und Terzen und Sexten darüber. Wie durch die »Hirtenmelodien« der Trauermarsch nachträglich in die Perspektive eines apokalyptischen Almauftriebs gerückt wird, so werden die »Melodien« ihrerseits durch das folgende fünfte der Webernschen Orchesterstücke in eine Art Echoloch hineingesogen; ein Sog, der nicht dem Kommenden gilt, vielmehr dem Vergangenen. Bei Webern nun: für zwei Takte Phantasmagorisches – mechanische Triolen in Trompeten, Celesta und Harfe; Glockenspiel mit defekter Melodik – Kindheitstraum-Sphäre. »Erinnerung« lautet ja die Webernsche Charakterbezeichnung. Und »Ergebung« die des anschließenden, letzten Orchesterstückes. Sein letzter Akkord: Vorhalt gleichsam zum letzten Schubert-Stück der Montage, der dritten Zwischenaktmusik mit dem *Rosamunden*-Thema. Wie die letzten beiden Webern-Stücke ›epilogisch‹ sind, so ist es dies letzte von Schubert gleich in mehrfacher Hinsicht. Sein Impuls ist der des ›Danach‹ – vom vorbereiteten »verlorenen Posten« aus weiß es die Zukunft hinter sich. Der wechselseitige Schattenwurf: *So* könnte Webern klingen, hätte er Schuberts Vergangenheit.

NB: Die Geschichte, die die montierten Stücke erzählen, wird zur Vorgeschichte der letzten Zwischenaktmusik erst, indem Michael Gielen, montierend, die Abfolge der Schubert-Stücke verändert – die letzte Musik, auf die die Montage hinzielt, das *Rosamunden*-Idyll, ist die letzte in Schuberts Anordnung nicht.

Der Dirigent als Physiognomiker

In einer seiner Kultur-Anamnesen konstatiert Peter Sloterdijk: »Unsere Kultur, die uns mit Zeichen überschwemmt, erzieht uns im Gebiet der physiognomischen Erkenntnis zu Legasthenikern«. Nach Absolvierung des Legasthenie-Programms sind »unsere Köpfe [...] dazu trainiert, eine enzyklopädisch breite Skala von Gleichgültigkeiten zu überblicken«. Heißt, im ›Ohrenfall‹, in dem die Sprache die Kritik gleich mitliefert: ›... zu überhören‹. Die Unterscheidungshilfen der Kulturkonfektion sind dieser gemäß: (große) Namen stehen für die Sache, die weithin sichtbaren Markenzeichen camouflieren den Etikettenschwindel.

Derlei Verhältnisse sabotiert die Schubert/Webern-Montage. Auf den »Segen der Sauce«, wie Schönberg wider die Einheits-Kultur höhnte, verzichtend, setzt sie auf die Individualisierung der einzelnen Stücke. Statt sie zu uniformieren, verhilft sie ihren Charakteren deutlich zu ihrem Recht. Paradoxer Effekt, daß ohne Zwang sie sich zu einem Ganzen ordnen, welches freilich nicht zu verwechseln ist mit jener fiktiven »organischen Einheit« aus uneigensinnig funktionierenden Einzelteilen. Vielmehr ist es von einer Art, darin die einzelnen Teile ihren Eigensinn bewahren können. In Walter Benjamins Werkstatt für dialektische Bilder, einem konspirativen Ort vergleichbarer Ordnung, hat Hermann Schweppenhäuser sich umgeschaut: »Entscheidend für die Betrachtung werden die Grenzlinien, auf denen [...] jedes im andern innesteht. [...] Dies macht seine Erforschung zur Physiognomik: zur Spurenlehre von den Wirkungen [...] – wie etwa die Züge im Gesicht eines Menschen, die Umrisse seines Schädels immer zugleich seinen Charakter und die prägenden Kräfte natürlicher und gesellschaftlicher Physik ausdrücken«. Demonstration, im Schubert/Webern-Montage-Fall, wie eines im andern ›innezustehen‹ vermag, statt, in gegenseitiger Aufhebung sich vernichtend, ›umzuschlagen‹: die erste Zwischenaktmusik in Zusammenhang mit dem ersten der Webern-Stücke und der verkürzten ersten Ballettmusik. Unüberhörbar, wie im anschaulichen Vergleichsfall nicht zu übersehen, wird die Verwandtschaft; unbekümmert ist sie um die historische Klassifikation, die Welten zwischen Schubert und Webern legt. Das Kontinuum der Zeit wird, durch den Eingriff, suspendiert. Benjamin, berichtet Schweppenhäuser, »depotenziert den Daseinsschwall, das temporale Spektakel auf seine eigentliche Radix herunter [...]. Dergestalt schreitet der [...] Gedanke zurück, wenn er fortschreitet«. Was offenkundig der Fall in der Abfolge: Webern Trauermarsch, Schubert Hirtenmelodien, Webern Erinnerung; und insgeheim das Programm ist der gesamten Montage.

»Die fließende Zeit«, so Schweppenhäuser, gleichsam einen Schritt zurücktretend und das Groß-Panorama der Benjaminschen Bilder in den Blick nehmend, »wird im Enteilen mit festem Zugriff gestellt, bei ihren wehenden Schleiern ergriffen und zu dem Geständnis gezwungen, daß sie der Raum ist, der über sich weglügen wollte [...]. Mag an diesem zerklüfteten Kontinuum (was immer) abgelesen werden« – »die Spur emphatischen Fortschreitens [...] nicht«. Auf die *Rosamunden*-Musik, die durch die Gielensche Interpretation ihrer phantasmagorischen Zeitgestalt überführt wird, zielt alles ab: die Anordnung wurde geändert; Webern erscheint als Schuberts Vorgeschichte. Welche insgesamt mythisch, verfallen wäre? »An der raumhaft erstarrten Zeit indiziert sich Geschichte als der lastende Block einer ungeschichtlichen Vorwelt – der immer noch mythischen. Aber was räumlich ist, rückt in die Perspektive – eine verläßlichere als die, welche die unräumliche Zeit mit der Abfolge der Moden vorspiegelt. Die geronnene Zeit, der lastende gefangennehmende Block, gibt sich selber gefangen. Als Raumzeit enteilt sie nicht mehr. Kleiner und kleiner wird sie, aus der Entfernung betrachtet; die Perspektive gibt Macht über sie.« Und die Perspektive, die Michael Gielen montierend einstellt: sie legt die Spuren, welche die historische Klassifikation verdeckte, frei und ermöglicht den Stücken zu werden, was ihnen ihre ›Internierung in fensterlose Einzelzellen‹ der Musikgeschichte verwehrte zu sein. Das dem dritten *Rosamunden*-Zwischenakt vorläufige sechste Webern-Stück deutet symptomatisch die Flugbahn an, in die Schubert einschwenkt: »Ergebung« signalisiert es, nicht Emanzipation.

Und so wird *Rosamunde*, wenn sie auf sich gestellt, als Konzert-Dreingabe in die Welt geschickt wird, außerhalb der Montage-Konstellation die Erinnerung an diese nicht los. Die Geschichte, die in ihr aktiviert wurde, bleibt als ihre Zukunft im Idyll aufgehoben.

»Schockiert die einen, die andern überrascht«
Postscriptum des Herausgebers

»Plötzlich — obwohl ich sorgsam vermieden hatte, auch nur *einen* (der extremen Modernisten wie) Stockhausen, Berio oder Nono aufs Programm zu setzen — stand ich da und wurde vom Publikum beschimpft, als hätte ich ihm seinen Schubert wegnehmen wollen.« Michael Gielen im Gespräch mit Nancy Malitz, der Musikkritikerin des *Cincinnati Enquirer*, im April 1981. Was war geschehen?

Gielen hatte, auf unvorhergesehen »einnehmende Art und Weise«, wie die Kritikerin zugestand, »die zarte, gefühlvolle, so ungemein wienerische Musik von Schuberts *Rosamunde*« dirigiert, sich nur leider den Fauxpas dabei erlaubt, sie »mit Musik des Schönberg-Schülers Anton Webern zu durchsetzen«. »Wenn Schubert und Beethoven zwei der Lieblinge der Konzertgänger des *Cincinnati Symphony Orchestra* sind, dann sind Schönberg und Webern für sie die beiden hassenswertesten Komponisten.« Immerhin: »Nicht alle waren aufgebracht. Einige im Publikum fanden Gielens Methode stimulierend: sie rege das Denken an. Viele aber brachten ihre Überzeugung zum Ausdruck, Gielen habe ihnen Rizinusöl in den Orangensaft gekippt«. Woraufhin Gielen nicht klein beigab, sich vielmehr zur Geduld ermahnte: »Man muß zwischen *auf lange* und *auf kurze Sicht* unterscheiden. Was in drei Jahren klappt, muß deshalb nicht heute schon klappen.«

Andere Erdteile, andere Reaktionen? Nachdem Gielen knapp drei Jahre zuvor in Frankfurt seine Schönberg/Beethoven-Montage aufs Programm gesetzt hatte, vermutete Hans-Klaus Jungheinrich in der *Frankfurter Rundschau*, es werde »bei einem nicht nur musikalisch konservativen Publikum Widerstände und Sperren« geben. Und Dietmar Polaczek sah sich, wie erwähnt, in der *Frankfurter Allgemeinen* dazu gedrängt, den neuen Zusammenhang in den Rang einer »schlechten Nachricht« zu erheben: für derlei sei man früher geköpft worden; »Gielen kam mit einem kühlen Applaus davon«. F. K. Müller blieb es vorbehalten, in der Frankfurter *Nachtausgabe* aus der Vermutung eine Tatsache zu machen und den Kriminalfall gewissermaßen auf den Tisch zu knallen: er sprach vom »Tatort Frankfurt«, sah in Gielens Unternehmung eine »Vergewaltigung der Neunten Sinfonie« und hielt mit dem Rat nicht zurück, Gielen »möge sich in Zukunft genauer und intensiver mit der Partitur befassen, anstatt philosophisch-weltanschauliche Überlegungen darüber anzustellen, wie man Beethoven mit

Schönberg vermanschen kann« – »kaum noch akzeptabel« nämlich sei die gebotene Interpretation gewesen.

Fünfzehn Jahre später erwartet Michael Gielen ungeteilten Beifall für sein mit ›Annäherung durch Entfernung‹ umschreibbares Verfahren nach wie vor nicht. Wie er, als Bearbeiter jetzt, mit Beethovens »härtestem Brocken«, der *Großen Fuge* umgegangen sei, das werde »die Leute schockieren«, es »wird ihnen rätselhaft sein«. »Viele Aspekte der Musik« habe Beethoven da »auf die Spitze getrieben, radikalisiert«; einen allerdings »überhaupt nicht beachtet: die Klangfarbe«. Ausgehend von den Erfahrungen der letzten neunzig Jahre nun sei es durchaus möglich gewesen, der Fuge in diesem Betracht aufzuhelfen: durch *ponticello*-Spiel (am Steg) und Bartók-*pizzicati* (»bei denen man die Saite anhebt, so daß sie auf das Griffbrett schnalzt, was einen Schlagzeug-Effekt ergibt«) – wodurch sie »noch viel fremder«, zugleich aber eben ›überschaubarer‹ geworden sei. Ihn, Gielen, habe der Wunsch geleitet, »das Hören des avanciertesten Beethoven-Stückes zu erleichtern«.

Dem gleichen Zweck diene »das andere Prinzip der Beethoven-Bearbeitung, die Verräumlichung« — mittels »Aufteilen der Streichergruppen in jeweils zwei Hälften, eine vorn und eine hinten sitzende«; das »Aufbrechen der langen Vorgänge in räumliche Einheiten also, die sich gegenseitig antworten und die immer auch mit dem motivischen, dem Perioden-Bau zu tun haben«. Beim Schubert-Quartett *Der Tod und das Mädchen* allerdings, das Gielen in ähnlicher Weise bearbeitet, klanglich verräumlicht hat, sei als Zuhör-Ergebnis »nicht so sehr das ›leichter‹ als ein ›amüsanter‹« beabsichtigt gewesen.

Toscanini, der gern einzelne Beethoven-Quartettsätze aufgeführt, sie dafür freilich nicht bearbeitet, lediglich größer besetzt habe, sei gelegentlich gefragt worden, warum er das mache. »Ich liebe diese Musik«, habe er geantwortet und hinzugefügt: »Anders komme ich nicht dazu, sie zu hören.« Das, meint Gielen, »darf ich für mich auch in Anspruch nehmen«.

Michael Gielen

Die bessere Werktreue
Über Instrumentations-Retuschen an Beispielen aus Robert Schumanns Sinfonik (1985)

Es gibt keine objektiv richtigen Aufführungen, und es ist eine Binsenweisheit, daß jedes aufzuführende Werk durch die Person des Interpreten, bei Orchestermusik durch den Dirigenten, gefiltert wird und daß dieser nach seinem Verständnis den Text interpretiert. Diese Subjektivität ist nicht nur unausweichlich, sondern auch notwendig, weil die Werke ihren Sinn nicht von selber hergeben.

Das erste Gesetz jeder Darstellung ist die Deutlichkeit. Die klassischen und romantischen Komponisten haben aber nicht immer so notiert, daß der Sinn eines Stückes deutlich würde, wenn es ›blind‹ (oder taub) so gespielt wird, wie es dasteht. Wenn bei Beethoven oder Schubert alle *ff* spielen, weil es dasteht, kommt Unsinn heraus. Es gibt keine sinnvolle Aufführung eines Orchesterwerks, in der nicht zumindest die Dynamik adaptiert wird. Jeder Dirigent ändert in jeder Aufführung jedes Stück je nach Orchester und Saal. Heute habe ich einen Trompeter mit einem Riesenton, dem muß ich sagen: Spiel leiser! Und morgen hat einer weniger Ton, dem muß ich sagen: Spiel lauter! Heute ist viel Hall, da muß ich sagen: Spielt bloß kurz! Und morgen ist wenig Hall, da sage ich: Vibriert länger und haltet die Noten! Also: Stücke sind nicht abstrakt; und eine jede derartige Änderung ist eine Retusche.

Ein typisches Beispiel ist die Stelle Takt 93ff im Scherzo der 9. Sinfonie von Beethoven. Wenn man spielt, wie es dasteht, wird das Wichtigste, die neu hinzugekommene thematische Substanz in den Holzbläsern, verdeckt von der rabiaten Begleitung der Streicher, die immer wieder den ersten Takt des Scherzos wiederholen. Ich glaube, man kann wirklich sagen, solch eine Aufführung wäre sinnlos – wiewohl denkbar wäre, daß Beethoven die Substanz durch die ›Begleitung‹ verschleiern wollte. Es müssen wohl beide Ereignisse gleichwertig zu hören sein.

Bei der meist kleinen Streicherbesetzung zu Beethovens Zeit stellte sich das Problem gar nicht. Auch war das Blech schwächer als heute. Heinrich Schenker schlägt in seinem Buch über die 9. Sinfonie vor, daß Streicher und Blech in viertaktigen Wellen *ff-diminuendo* spielen sollen, also den ersten, fünften, neunten Takt *ff* und dann jeweils *diminuendo*. Das ist sicherlich kein geringer Eingriff – aber er macht die Struktur klar. Richard Wagner hatte empfohlen, was dann allgemeine Praxis geworden ist, die Hörner zur Verstärkung der Holzbläser heranzuziehen – und eventuell sogar die Trompeten. Unser Stilgefühl, das auch eine subjektive und geschichtsbedingte Kategorie ist, sagt, daß einerseits die Streicher laut bleiben müssen, weil sonst der Charakter der Stelle – eben das Rabiate – verlorengeht, andererseits die Trompeten zu hell, zu trivial klingen würden. Die Retusche unserer Wahl ist also das Mitspielen der Hörner mit den Oboen, eine Oktave tiefer, und zwar gerade so laut als zur Verdeutlichung nötig.

Bei der Sinfonik Robert Schumanns läßt sich nun eine besondere Beziehung zwischen Aufführungspraxis und Werktreue nachweisen, die zu dem Schluß führt, daß die höhere Werktreue darin besteht, die Partitur zu verändern, um Gestalt und Sinn der Musik zu verdeutlichen. Im Abstand von circa fünfzig Jahren haben Gustav Mahler und George Szell in die Instrumentation eingegriffen im Bestreben, Schumann, den sie liebten, zu dienen. In Schumanns Sinfonik steht Gelungenes neben Stellen, an denen die Ideen nicht deutlich zur Darstellung gelangen. Ganz gelungene Sätze sind zum Beispiel der langsame Satz aus der Zweiten oder der feierliche es-moll-Satz aus der Dritten. Diese Sätze wurden weder von Mahler noch von Szell angerührt.

Beispiel 1 — Sinfonie Nr. 3 Es-Dur, erster Satz, T. 1ff:

In Mahlers Fassung des ersten Satzes von Schumanns Dritter steuern gleich zu Beginn auch die Oboen und die Klarinetten auf das *c*" im dritten Takt zu, das damit als Höhepunkt der Phrase bedeutend verstärkt wird. Auch das erste Horn hilft dazu, und die Flöten spielen durchweg in hoher Lage, bei Schumann werden sie unhörbar. Für die Artikulation wird der Hauptstimme ein *sf* auf der zweiten Note (die schwächer ist) und eine Pause hinzugefügt, die den Ansatz der dritten Note hörbar macht. In der Baßlinie wird entsprechend jedesmal vor dem punktierten Rhythmus die Note verkürzt. Dadurch kommt der thematische Rhythmus unmißverständlich heraus. Die Zeichnung ist deutlicher.

Zweite Violine und Viola läßt Mahler zum Teil, gleich den Flöten, eine Oktave höher spielen, der Klang wird aufgelichtet und das *c* im dritten Takt weiter verstärkt. Schließlich wird, nach nur einem Takt, die Trompeten-und-Pauken-Farbe ausgespart und dadurch der Klang bunter, abwechslungsreicher. Wenn alle immer spielen, tendiert der Klang zum Grau.

Beispiel 2 — Sinfonie Nr. 3 Es-Dur, erster Satz, T.367ff:

Zur Bezeichnung dessen, was hier geschieht, möchte ich den Begriff der poetischen (im Gegensatz zur nur verdeutlichenden) Retusche einführen. Es handelt sich um eine Änderung der Klangfarbe, die zugleich eine Änderung des poetischen Gehalts der Stelle mit sich bringt. Schumann hat gegen Ende der Durchführung eine Scheinreprise komponiert, das heißt, daß vor dem offiziellen Wiedereintritt des ersten Themas dieses schon erscheint, wenn auch auf der Dominante – und das entpuppt sich gleich als falscher Alarm, weil eine neue Steigerung dann zur endgültigen Reprise führt. Bei Schumann spielen die Hörner diese Stelle ›offen‹, stark. Mahler jedoch läßt sie ›gestopft‹ spielen, was der Stelle einen gespenstischen, irrealen Charakter gibt, als hätte er da an die Loreley oder eine andere Phantasmagorie gedacht. Um die Wirkung der gestopften (daher leisen) Hörner zu unterstützen, verdünnt er den ganzen Klang; er reduziert die Geigen auf die Hälfte und läßt Flöten und Oboen überhaupt schweigen. Nachdem die gestopfte Stelle vorbei ist, spielen Hörner, Fagotte und Klarinetten leise weiter, so daß der Effekt der großen Steigerung, die zur Reprise führt, aufgespart wird.

Beispiel 3 — Sinfonie Nr. 4 d-moll, erster Satz, T.214ff (erste Fassung) bzw. T.121ff (zweite Fassung):

Eine andere Situation finden wir bei der 4. Sinfonie vor. Nach einer ersten Fassung, die schon 1841 aufgeführt wurde, hat Schumann selber zehn Jahre später eine zweite erstellt, die neben kompositorischen Änderungen eine weitgehend neue, kräftigere Instrumentation aufweist. (Brahms zog übrigens die erste Fassung vor, wegen ihrer poetischen und lyrischen Qualität.) Gegenüber der ersten haben wir in der zweiten Fassung hier, in der Durchführung, eine verdoppelte Geschwindigkeit der Streicherbewegung, einen prägnanteren Bläsersatz und eine ›dichtere‹ Komposition. Auch das aber schien den Dirigenten nicht eindeutig genug, und Felix Weingartner fügte den Holzbläsern noch die beiden Trompeten hinzu.

Beispiel 4 — Sinfonie Nr. 4 d-moll, erster Satz, T.297ff (erste Fassung) bzw. T.163ff (zweite Fassung):

An dieser Stelle der Durchführung ist in der ersten Fassung der Vierten alles einfach, geradezu volksliedhaft gehalten, die Melodie in den Holzbläsern ist nicht stark instrumentiert und die Begleitung der zweiten Geigen besteht hauptsächlich aus dem ostinaten Motiv des ersten Themas. In der zweiten Fassung ist die Melodie viel stärker instrumentiert, sie wird von beiden Geigengruppen (zusammen mit den Oboen) statt nur von den Holzbläsern gespielt, das Ostinato-Motiv ist verschwunden und stattdessen eine neutrale Begleitfigur aufgetreten, so daß die ganze Aufmerksamkeit auf die Melodik gelenkt wird.

Beispiel 5 — Sinfonie Nr. 2 C-Dur, erster Satz, T. 1ff:

Mahlers Retuschen beziehen sich hier auf die Farbe: während im Original das Hauptthema vom ersten Horn, den beiden Trompeten und der ersten Posaune gespielt wird, läßt Mahler nur die Trompeten das Thema spielen und gibt beiden Hörnern den Pedalton, der im zweiten Horn zu schwach war. Die Streicher läßt er *sul tasto* (am Griffbrett) spielen, was dem Klang Materialität wegnimmt. Ähnlich wie bei den gestopften Hörnern in der Dritten ändert sich die poetische Situation durch die Retusche. Die Stelle klingt bei Mahler zugleich nackter und intimer.

Beispiel 6 — Sinfonie Nr. 2 C-Dur, erster Satz, T. 33ff:

Hier übernimmt Szell, der Fanatiker der Deutlichkeit, erst mal Mahlers Retuschen, geht dann aber weiter: während im Original ein recht globaler Klang stattfindet, in dem sich die Ereignisse gegenseitig totschlagen, werden die wichtigen Ereignisse unterstrichen, und es wird gleichzeitig durch andere Maßnahmen Platz geschaffen, um sie zu Gehör zu bringen. Szell läßt die zweiten Geigen verstärkend mit den ersten spielen, ihr früheres indifferentes Tremolo fällt weg. Hörner und Trompeten erhalten am Ende ihres ersten Motivs ein *fp*, das Platz schafft für eine Phrase der Holzbläser, die im Original ziemlich untergeht. Es handelt sich dabei um eine Permutation des Hauptmotivs der Streicher, die in der Überleitung zum Allegro wenig später dann deutlich in Erscheinung tritt. Diese Retuschen zur Deutlichkeit sind notwendig, gerade weil an dieser Stelle die größte Aufregung herrscht, bei reicher Gestaltung der Komposition.

Beispiel 7 — Sinfonie Nr. 2 C-Dur, erster Satz, T. 50ff:

Beim Hauptthema des ersten Satzes der Zweiten hat man im Original von Beginn an den Eindruck, daß immer alle spielen. Vielleicht gerade, weil das Thema stark von einem einzigen Rhythmus beherrscht ist, fanden Mahler wie Szell, daß die Farbe nicht so lange ein und dieselbe sein dürfe und haben eingegriffen. So haben sie während der ersten acht Takte die Bläser schweigen lassen; diese kommen erst ab

Takt 58 zur Verstärkung hinzu. Die erste Note des Themas in den ersten Geigen, die den Abschluß der Einleitung bildet, also nicht zum Thema gehört, wird weggenommen, zumal sie ohnehin gleichzeitig in den Bratschen erscheint. Sodann lassen beide Dirigenten die Streicher *pp* anfangen, und im Verlauf der Steigerung hat Szell dann auch noch die einzelnen Streicherstimmen geteilt, sie spielen in Oktaven, der Klang wird aufgelichtet und doch zugleich dichter. Der Bläsersatz ab Takt 58 ist bei Mahler und Schumann identisch. Szell fand das nicht deutlich genug und hat deshalb den Klarinetten mehr thematische Noten gegeben und an einer Stelle (Takt 61) die Trompeten die Dominante anstatt der Tonika spielen lassen. Da das g tiefer gelegt ist als das c, wird Platz geschaffen für die Ereignisse, die darüber im Holz stattfinden.

Man darf sich hier fragen, ob das Resultat einen gravierenden Eingriff in die Harmonik rechtfertigt. (Einige von Szells Retuschen gehen übrigens auf Weingartner zurück.) Mahlers Retuschen haben oft einen anderen Charakter als die von Szell. Der große Komponist greift anders ein als ein ›Nur‹-Dirigent. Über die poetischen, also inhaltlichen, und klangfarblichen Veränderungen, die ich erwähnt habe, hinaus, hat Mahler im Scherzo und im Finale der Zweiten gravierende Eingriffe in die kompositorische Substanz vorgenommen. Da präsentiert sich dann die Problematik der Retuschen in einem anderen Licht. In der Rückführung (Takte 290-298) des Scherzos, dieses Perpetuum mobiles, zu seiner Reprise, die bei Schumann in äußerlich ununterbrochener Bewegung abläuft, hat Mahler Kommas und Ritardandi eingefügt, die die Musik erst zum Stocken und dann zum Stillstehen bringen, ehe die Reprise einsetzt. Im Finale ist er noch weiter gegangen: er hat einige Teile (Takte 399-422, 438-441, 492-507, 528-559) ganz gestrichen – sozusagen der Praxis des Opernkapellmeisters folgend – und hat mit der Eliminierung eines einzelnen Taktes (515) auch in die Periodik eingegriffen. Von unserem heutigen Werktreueverständnis her gesehen, sind das barbarische Maßnahmen. (Die von ihm eingeführte Es-Klarinette und die Tuba im Finale der Neunten Beethoven würden wir wohl nicht anders beurteilen.)

Szell hat all seine Retuschen ausschließlich in den Dienst der Deutlichkeit der Zeichnung der Motive und Themen Schumanns gestellt. Aber er ist darin so weit gegangen, daß manchmal die Klanglichkeit der Schumann'schen Sinfonik verlorengeht und die Musik geradezu nach Beethoven klingt. Ich frage: War soviel Zeichnung intendiert bei einem malerischen Entwurf?

Beispiel 8 — Sinfonie Nr. 2 C-Dur, erster Satz, T.114ff:

Die Stelle, kurz nach Beginn der Durchführung, besteht aus zwei Abschnitten. Im ersten hören wir einen Dialog der Geigen mit einem aufsteigenden Motiv. Im *crescendo*, in der Steigerung, gehen die zweiten Geigen verloren, weil sie in einer zu tiefen Lage spielen. Bei Szell verstärken die zweiten Geigen die ersten in der unteren Oktave und die Antwort wird von den Bratschen gebracht, die bisher nur Harmonik gespielt haben.

Im zweiten Abschnitt werden zwei aufsteigende Motive gegenübergestellt: ein kurzes und ein längeres. Das kurze ist von Szell sehr verstärkt worden, indem er es von den zweiten Violinen und den Bratschen mitspielen läßt. Bei der dritten Wiederholung des längeren, wo Schumann nur die ersten Geigen und die Baßinstrumente spielen läßt, so daß eine Art Loch entsteht, spielen bei Szell alle tieferen Streicher, von den zweiten Violinen abwärts. Bei den Bläsern sind die Änderungen vielleicht noch deutlicher. Das kurze Motiv wird von den Oboen verstärkt, in den längeren Motiven schweigen die Oboen, wodurch ein bis jetzt ganz verdecktes Motiv der Klarinetten und Fagotte zum Vorschein kommt, eine Art Ruf. Die Fagotte spielen statt langer, rein harmonischer Noten jetzt pulsierende, ausdrucksvolle Synkopen; die Hörner spielen nicht alles *f*, sondern *p-crescendo-f*. Ohne Zweifel hört man mehr Details.

Über das Maß an anzuwendenden Retuschen wird jeder Dirigent anderer Meinung sein. Ganz ohne zumindest dynamische Retuschen ist für mich keine klassische oder romantische Orchestermusik denkbar – ich meine Haydn, Mozart, Beethoven, Schubert, Schumann, natürlich nicht die instrumentationstechnisch viel raffinierteren Romantiker wie Berlioz oder Liszt zum Beispiel. Den Puristen sei gesagt, daß es ja zum Beispiel am Klavier keinen Akkord gibt, und sei es der unschuldigste Dreiklang, der nicht durch Betonung entweder der Oberstimme, des Basses oder der Mittelstimme ›retuschiert‹ wird ...

Nachbemerkung 1996

Mahler hat zum Beispiel die großen Änderungen in seiner 5. und 6. Sinfonie jeweils auf eine Aufführung hin gemacht; ich nehme also an, daß er einverstanden gewesen wäre, wenn man sagen würde, er hat das und das in der Sechsten herausgenommen, weil das zu dick war in dem Saal, in dem er gerade war, jetzt aber bin ich in einem trockenen Saal, jetzt nehme ich die acht Hörner wieder hinzu. Ich mache das zwar nicht, aber ich kann mir vorstellen, daß es im Sinne des Erfinders wäre, wenn man weiterretuschierte – gut: da muß man schon viel können; aber: daß das nicht unsinnig wäre. Während wir ja alle, ohne Ausnahme, alle meine Kollegen und ich, bei Beethoven von den Retuschen weggehen, und siehe da: wenn man genug Probenzeit hat und nicht zu groß besetzt, geht alles. Sicher, man kann zum Beispiel mal im Finale der Siebenten die Holzbläser nicht hören – dafür haben die den ganzen Seitensatz für sich. Es gibt eben Sachen, die sind nicht zu reparieren, auch mit Retuschen nicht. Andererseits gibt es vorsichtige Retuschen, die bei einem so großen Streicherapparat, wie wir ihn heute haben, helfen. Bei der entwickelten Kunst Mahlers freilich, der ja schon mit den Wiener Philharmonikern und sechzehn ersten Geigen rechnete; oder bei Berlioz bereits: da ist nichts nötig zu retuschieren, das läßt sich alles auf der Probe einrichten.

Bei Schumann allerdings bin ich nach wie vor nicht der Meinung, daß es ohne Eingriffe geht. Ob man retuschieren muß, bezweifle ich inzwischen selber, aber daß man die Dynamik umfangreich adaptieren muß, damit die Gestalten deutlich werden, das finde ich unabdingbar, gerade bei Schumann. (Auch sogar bei Schubert: Wir spielen jetzt zwar so gut wie alles ohne Verdopplungen, aber im Trio des Scherzos der großen C-Dur-Sinfonie müssen die Streicher so leise spielen, damit man die Holzbläser-Melodien hört – da bin ich inzwischen ratlos: ich habe viel probiert und weiß es nicht ...) Die Instrumentation des ersten Satzes von Schumanns dritter, der »Rheinischen« Sinfonie – wenn man da ganz und gar original spielt, dann hört man andauernd die Trompeten und die Pauken. Das ist ja etwas anderes 1840 als jetzt: ich meine, daß man dem Werk nicht schadet, sondern nützt, wenn man davon einiges herausnimmt, damit die Farbe frisch ist, wenn sie dann als wichtige Farbe erscheint; daß sie nicht andauernd mitläuft.

Aber wer bin ich, Schumann zu kritisieren. Nur: Nicht bloß liest jeder Musiker eine Partitur anders als der vorige und als der nächste, sondern auch die Zeiten, in denen man lebt, beeinflussen ja die Rezeption. Ich lese schon 1990 anders als 1950; und um wieviel mehr hat ein Dirigent 1910 anders gelesen, als einer 2010 lesen wird.

(Teils) erstveröffentlicht in:
dissonanz. Die neue Schweizerische Musikzeitschrift, Nr. 6, November 1985 (nach einer SWF-Fernsehsendung)

II

LEBENSARTEN

»Ich fühle mich so stark in der Tradition verhaftet und andererseits in Entwicklung begriffen, daß alles, was ich sage, *cum grano salis* und als Hypothese genommen werden sollte, als Ausdruck meiner *jetzigen* Überzeugung.«

(Michael Gielen)

Michael Gielen
im Gespräch mit Walter Levin

Musik, Musiker, Musikleben
(1980)

Mich würde das Verhältnis von Vermarktung des musikalischen Produktes einerseits, das heißt der immer weitergehenden Anpassung an die Industrie, an deren Arbeitsteilung und Organisation, und künstlerischer Verantwortung andererseits interessieren. Anders gesagt: die Probleme, die dadurch entstehen, daß die Musiker sich immer mehr der Mechanismen der Gewerkschaft bedienen, einer Organisationsform, die an der Industrie orientiert ist, während die Bewegungsfreiheit der musikalisch Verantwortlichen immer mehr eingeengt wird.

Damit sind mehrere Fragen auf einmal angeschnitten. Zum einen, was die Teilung zwischen Vermarktung und Kunstprodukt betrifft, meine ich, daß sich (analog zur Arbeitsteilung) die Vermarktung verselbständigt hat und das Produkt nur noch ein Vorwand ist. Die Künstler sollen das produzieren, was man vermarkten kann bzw. was der Vermarkter für marktgerecht hält, anstatt daß der Vermarkter Anstrengungen unternimmt, das Resultat künstlerischer Bemühungen zu vermarkten; der eigentliche ›Fachmann‹ ist inzwischen der Vermarkter. Zum anderen ist das für mich noch viel tiefergehende Problem angesprochen, welchen Einfluß auf das Kunstprodukt selber die Gewerkschaftsbewegung nimmt.

Die Verdienste der Gewerkschaften sind allzu evident, als daß ich sie aufzählen müßte. Es war die gesellschaftliche Aufgabe der Gewerkschaften in der Geschichte, würdige und gerechte Entlohnung der Arbeit sowie zumutbare Arbeitszeiten für die Arbeitnehmer herbeizuführen. Diese Aufgabe ist im großen und ganzen in den Industrienationen abgeschlossen und die Gewerkschaften sind die sozialen Partner der Arbeitgeber geworden. Ich meine, daß zur Zeit eine Gefahr darin besteht, daß eine eventuelle ›Betriebsblindheit‹ auf seiten der Gewerkschaft diese dazu verführen könnte, die Arbeitszeit soweit zu verkürzen, daß das Herstellen eines qualitätsvollen Produktes unmöglich gemacht wird. Wenn die Probenzeit (in unserem Falle) nicht mehr ausreicht – sei es zur Qualitätsverbesserung des Orchesters, sei es zur Realisierung eines anspruchsvollen Programms –, dann verwandelt sich diese Arbeitszeitverkürzung in einen Bumerang, dann sägen die Gewerkschaften an dem Ast, auf dem sie sitzen. Das wäre der Punkt, an dem ein berechtigtes Anliegen sich in sein Gegenteil verkehrt. Es ist eine Analogie zum Vermarktungsprozeß, daß die Gewerkschaft ein Zweck an und für sich wird – und die Durchsetzung immer weitergehender Prärogative die Existenz der Gewerkschaft rechtfertigen muß, weil ihre eigentliche Existenzberechtigung, das ist, den Schwachen zu schützen und gute Lebensbedingungen für alle zu schaffen, längst erreicht ist.

Das Problem scheint mir, daß hier eine Eigendynamik ins Spiel kommt, welche die Gewerkschaften zwingt, jeden vernünftigen Vertrag, den sie bekommen haben, das nächste Mal à tout prix zu verbessern.

Was, insoweit die Inflation ausgeglichen werden soll, völlig in Ordnung ist. 1980 hatte man in den USA zwölf Prozent oder in England achtzehn Prozent Inflation, dann müssen sie natürlich, soweit sie das nicht als eine Indexierung in die Tarifverträge eingebaut haben, dafür kämpfen, mehr Geld zu bekommen.

Außer in den Gewerkschaften, die sich aller Dinge annehmen, die mit den Tarifverträgen zu tun haben, artikulieren sich die Mitglieder eines Orchesters in den USA für die künstlerischen Belange in einem Orchester-Komitee. Im Opernhaus Frankfurt artikulieren sich alle Mitglieder, das heißt Angehörige der Technik und Werkstätten ebenso wie Chor, Orchester und Solisten, in einem ›künstlerischen Beirat‹, der vom Magistrat der Stadt circa 1970 geschaffen worden ist, im Zusammenhang mit der Diskussion um die Mitbestimmung. Wir haben gerade an unserem Theater einen Prozeß abgeschlossen, der den Anspruch auf *Mitbestimmung* zum Recht auf *Mitwirkung* verändert hat. Die Mitwirkung der Arbeitnehmer an Entscheidungsprozessen kann sehr fruchtbar sein, weil in dieser Zusammenarbeit das Verständnis für Entscheidungen gefördert wird und die Arbeitnehmer zur Mitverantwortung angeregt werden.

Dieser zehnjährige Prozeß fängt in den USA erst an. Im Frühjahr 1981 zum Beispiel verlangte das Orchester-Komitee in Cincinnati sehr weitgehende Mitentscheidung in wichtigen Personalfragen: die Träger des Orchesters (Board und Management) sollten keinen Dirigenten als Musikdirektor oder für eine ständige Position engagieren dürfen, wenn er nicht öfters als Gast dirigiert hat, dem Orchester also bekannt ist und vom Orchester gutgeheißen wird. Ein Vertrag eines ständigen Dirigenten sollte nur verlängert werden dürfen, wenn das Orchester-Komitee zustimmt. Diese Forderungen sind (meines Erachtens zu Recht) abgelehnt worden. Es gibt zu viele Beispiele dafür, daß sich ein Orchester in einen Dirigenten verliebt hat, der dann nicht der richtige Chef war, als daß man die volle Mitbestimmung als gerechtfertigt anerkennen könnte. Andererseits ist es aus Gründen der Menschenwürde keinem Musiker heutzutage mehr zuzumuten, jahrelang mit jemandem zu arbeiten, der entweder nicht gut genug ist oder sich nicht durchsetzen kann, also nicht anerkannt wird.

Es wird oft behauptet, daß der Typ des autoritären Dirigenten, der ja heute durch die gegebenen Umstände gar nicht mehr möglich ist, daß Persönlichkeiten wie Toscanini, Reiner, Klemperer usw. von allen Orchestern durchweg gehaßt wurden. Ist das wahr?

Da bin ich überfragt. Ich weiß aber, daß die Musiker des Teatro Colón in Buenos Aires Erich Kleiber sehr geliebt haben, obwohl er sehr streng war. Er verband seine Strenge immer mit viel Charme und Witz. Offenbar war er in dieser Atmosphäre gelöster als vorher in Berlin; leider habe ich nie mit einem Berliner Musiker aus der Zeit sprechen können. Die Argentinier jedenfalls haben ihn sehr gern gehabt. Sicher nicht die weniger guten Musiker, auf jeden Fall aber die besseren. Und da liegt ja auch das Problem: wer fürchtet sich denn vor dem starken Dirigenten ...

Ich finde, daß die Gewerkschaften in den USA etwas Wichtiges erreicht haben – daß der Chef nicht mehr sagen kann: ›Ihre Nase gefällt mir nicht, und Sie sind hiermit entlassen.‹ Solche Willkür darf nicht sein; selbst wenn es fachlich zu rechtfertigen wäre, ist die Methode falsch. Der Musiker ist ja ins Orchester gekommen, weil er einmal ein Probespiel bestanden hat, selbst wenn dies schon länger zurückliegt.

Wäre ein wie immer geartetes Mitspracherecht des Orchesters in der Wahl des Dirigenten vorstellbar, zum Beispiel so, daß ein oder mehrere Vertreter des Orchesters ein Stimmrecht im Findungs-Komitee (das sich in den USA ja aus Musikern und interessierten Laien zusammensetzt, dem aber bislang keine Mitglieder des Orchesters angehören) ausübten?

Ich glaube, da kommen wir auf den entscheidenden Unterschied. In dem Moment, wo jemand, zum Beispiel der Konzertmeister, das Vertrauen des Orchesters genießt, auf einem gewissen intellektuellen Niveau steht, große musikalische Kultur hat und sein Orchester in der richtigen Perspektive sieht, ist gegen ein Mitspracherecht im Findungs-Komitee absolut nichts einzuwenden. Wir haben vor Ende der Spielzeit

1979/80 in Frankfurt ein ähnliches Modell erreicht, nämlich in der Weise, daß nicht der gesamte künstlerische Beirat sich irgendwie artikuliert, sondern daß ein Mann, der ›Sprecher des Beirats‹, delegiert wird, mit der Leitung zu verhandeln. Man kann schwer mit vielen Menschen gleichzeitig sprechen. Deshalb sind meines Erachtens Mehrheitsbeschlüsse in künstlerischen Fragen irrelevant und können kein ernsthaftes Kriterium für die Auswahl eines Chefdirigenten oder eines Gastes sein, hingegen halte ich die Mitsprache eines Delegierten für notwendig. In einem Auswahlkomitee für einen zukünftigen Musikdirektor darf ein Orchestervertreter, zum Beispiel der Konzertmeister, nicht fehlen.

Kehren wir aber zurück zur ersten Frage: wie sich die Selbstgerechtigkeit des Vermarktungsapparates und der ständig steigende Anspruch der Gewerkschaft auf das Kunstprodukt auswirken. Wenn für uns alle, die wir Musiker sind, die Musik und die Werke, die wir zu realisieren haben, obenan stehen, dann müssen Vermarktungsapparat und Gewerkschaft Instrumente sein, die dazu dienen, diese Musik besser zu verkaufen, besser zu machen, besser zu organisieren.

Aber wenn man »die Musik« sagt, dann hat man ja schon etwas ganz Besonderes im Sinn. Jetzt sollten wir fragen, wer entscheidet und wer sagt, welche Musik gespielt werden soll, denn sehr oft gibt es ein Mitspracherecht der Vermarktungsorganisation, die möchte, daß nur die populären Werke gespielt werden, aber um Gottes willen nichts, was eventuell zu Diskussionen führen könnte oder gar kontrovers ist.

Nun ja, wer das Produkt verkaufen muß, fürchtet – und sicher nicht ganz zu Unrecht –, daß, je mehr unbekannte Werke auf dem Programm stehen, desto weniger Leute kommen werden. Er rechnet also von vornherein damit, daß Passivität und Trägheit des Publikums die Neugierde auf etwas Neues verhindern, obwohl ja gerade die Angst der Veranstalter vor einem Risiko stark mitschuldig ist an diesem Verhalten. Dagegen anzugehen, halte ich für die vornehmste Pflicht meiner Zunft. Es ist den für die Vermarktung der Musiker Verantwortlichen klar zu machen, daß die Aufgabe nicht darin bestehen kann, immer wieder die romantischen Meisterwerke und klassischen Superstars zu bringen, sondern daß der Versuch unternommen werden soll, das Publikum für mehr unbekannte Musik und eine Auseinandersetzung mit der Problematik von Kunst überhaupt empfänglich zu machen.

Die Hörer sollen sich nicht nur gewohnheitsmäßig berieseln lassen, sondern sollen geistig mitarbeiten, sie sollen erkennen, daß Kunst nicht nur Spaß, sondern auch Arbeit bedeutet. Das ist, glaube ich, eine entscheidende Schwierigkeit für alle Laien, die Kunst erleben. Deren Kriterium ist meist: Ich habe einen harten Tag gehabt, und jetzt möchte ich mich entspannen. Der Besuch eines Konzertes, des Theaters, der Oper oder eines Museums aber wird immer auch mit Arbeit verbunden sein müssen. Doch es ist die befriedigendste Arbeit, die es gibt, und es ist ein großes Vergnügen, wenn es einem gelingt, in einen aktiven Kontakt mit der Kunst zu kommen. Doch dies alles ist für einen Marketing-Manager natürlich nur sehr schwer zu verstehen. Leider treffen wir dieselbe Mentalität auch bei einem Teil der Orchestermusiker an, der sich nur zu gern unterschwellig mit dem Publikum identifiziert: ›Jetzt habe ich so viele Jahre damit verbracht, Tschaikowsky, Beethoven und Johann Strauß gut zu lernen, was quält er mich dann mit Schönberg und mit ich weiß nicht wem, die ja sowieso kein Mensch hören will.‹

Dies ist die Verinnerlichung des Marktgedankens und des hedonistischen Vorurteils gegenüber den Anforderungen, die Kultur an den Menschen stellt. Es ist ja nicht nur so, daß der Konsument die Anforderung stellen kann: um 19.30 Uhr habe ich einen gepolsterten Platz, um zu genießen, wofür ich bezahlt habe; sondern es gibt auch eine Anforderung, die Beethoven oder Michelangelo an ihre Konsumenten stellen dürfen. Abgesehen davon, daß er ja nur einen Teil seines Platzes bezahlt hat (in Europa circa zehn Prozent, in den USA circa fünfzig Prozent der Kosten, der Rest sind hier öffentliche Subvention, dort Spenden). Damit ergibt sich ein öffentlicher Auftrag für den künstlerischen Leiter der Veranstaltungen.

Damit haben wir ein wichtiges Problem angeschnitten. Es gilt also, das Publikum zu einer neuen Art Kunstverständnis zu erziehen und sich darüber hinaus vielleicht sogar ein neues Publikum zu erschließen, ein jüngeres Publikum, das möglicherweise bisher gar keinen Zugang zur Kunst hatte und deshalb vorurteilsfrei sein kann.

Kann es aber die Eintrittskarten bezahlen?

Ein Kinoplatz kostet nicht weniger. Für uns bleibt also die Frage: Wie überzeugt man erstens den aufgeschlossenen Teil des älteren Publikums, daß ein Gewinn darin liegt, sich mit neuen Dingen zu beschäftigen? Daß es eine außerordentlich befriedigende und bereichernde Sache ist, sich Neues zu erschließen, statt immer wieder dasselbe gedankenlos anzuhören, was ja bedeutet, daß man nur sehr wenig für sein Geld bekommt? Und zweitens: Welche

Erziehungsarbeit ist zu leisten mit einem neuen Publikum, besonders an Orten, wo das Potential noch gar nicht ausgeschöpft ist?

Welche Erfahrungen hat denn in dieser Beziehung der Quartettspieler Levin gemacht? Das LaSalle-Quartett ist ja nun wirklich für Cincinnati bahnbrechend gewesen.

Unsere Erfahrung ist genau das Gegenteil von dem, was immer wieder behauptet wird. Wir können am Beispiel unserer Heimatstadt Cincinnati zeigen, daß eine Politik der musikalischen Verdummung durch ewiges Wiederholen langweiliger, unstimulierender Programme zum ökonomischen Ruin führt. Die dortigen Kammermusik-Veranstalter haben über Jahrzehnte immer wieder die berühmten Ensembles eingeladen und sie die Rosinen des Repertoires spielen lassen, also Programme, die überwiegend aus den berühmten XYs, wie zum Beispiel aus einem Haydn, einem Dvorák und einem mittleren Beethoven bestanden ...

... und Bartók einmal in drei Jahren!

Genau! Dazu kamen häufig noch andere Rituale: Wenn einer aus der Tschechoslowakei kam, mußte er natürlich Janáček spielen, kam er aus Rußland, zumindest Borodin. Was ist passiert? Die Leute sind nicht mehr in die Konzerte gegangen. Und weil immer weniger kamen, mußten die Eintrittspreise erhöht werden. Darauf kamen natürlich noch weniger und besonders junge Leute konnten es sich nicht mehr leisten.

Das LaSalle-Quartett hat es anders versucht. Anfangs hat man uns gesagt: Wenn ihr Programme mit zeitgenössischen oder ausgefallenen Werken bringt, wird kein Mensch kommen. Aber wir haben es darauf ankommen lassen: jedes Programm brachte neben dem klassischen und romantischen Repertoire ein Werk des 20. Jahrhunderts, oft eine Erstaufführung oder ein Auftragswerk. Allerdings hielten wir jeweils zwei Tage vor dem Konzert Einführungsvorträge über das neue Stück. Sehr schnell fand sich dann eine Gruppe von Zuhörern, die bis heute diese Einführungen besucht. Inzwischen ist es bekannt, daß wir provokative Programme spielen, und es hat sich ein Publikum gebildet, das besonders interessiert und aufgeschlossen ist, vergleichbar vielleicht dem »Verein für musikalische Privataufführungen« in Wien in den zwanziger Jahren, ein Publikum, das das Neue anregend findet, mit sehr vielen jungen Leuten, für die anscheinend unsere Konzerte interessant und lebendig und deshalb lohnend sind. Wir haben inzwischen einen festen Besucherstamm, und der Saal – etwa siebenhundertfünfzig Plätze – ist regelmäßig voll. Es zeigt sich also, daß man durch interessante Programme ein aufgeschlossenes Publikum gewinnen kann. In den letzten Jahren hat auch die Kammermusikgesellschaft in Cincinnati dieses Prinzip ausprobiert und mit wachsendem Erfolg, was die Anzahl der Zuhörer betrifft.

Für Orchesterkonzerte stellen sich die Dinge aber doch etwas anders dar. Bei Sälen mit zwischen zwei- und dreitausend Plätzen ist mit siebenhundertfünfzig Interessenten nicht viel getan.

Das ist richtig. Dafür haben Orchesterkonzerte aber auch grundsätzlich ein größeres Publikum. Ein Sinfonieorchester fängt schon mit einem anderen Prestige und in einem anderen Rahmen an. Aber auch hier finde ich die meist praktizierte Programmpolitik falsch. Das Publikum ist in den letzten Jahrzehnten kaum gefordert worden. Meiner Ansicht nach ist es ein grundlegender Irrtum zu glauben, die Leute würden es einem danken, wenn man es ihnen besonders bequem macht. Wenn sie etwas Selbstrespekt haben, verachten sie das.

Der Meinung bin ich auch. Es ist sicher kein Zufall, daß man gerade mich nach Frankfurt und Cincinnati geholt hat, sondern es steckt eine ganz bestimmte Absicht der Verantwortlichen dieser Städte dahinter. Ich bin überzeugt, daß man ganz bewußt das Risiko eingeht, mit meiner Verpflichtung erst einmal einen Teil des Publikums zu irritieren, vor den Kopf zu stoßen oder vielleicht sogar zu verlieren. Aber um der Stagnation des geistigen Lebens eines Orchesters und eines großen Publikums entgegenzuwirken, muß man schon einmal etwas aufs Spiel setzen.

Gibt es irgendwelche Ideen, um dem Publikum diese Absichten nahezubringen?

Vorläufig sehe ich keinen anderen Weg, als etwas ins Programmheft zu schreiben oder auch einmal zum Publikum zu sprechen. Ich meine, daß in erster Linie die Programme für sich selber sprechen müssen.

Ich bin doch der Meinung, daß leicht unterschätzt wird, wie willig ein Teil des Publikums zuhört, wenn man versucht, ihm etwas zu erklären, an das man selber glaubt. Natürlich gibt es gewisse Stücke, zu denen man am besten gar nichts sagt. Aber es gibt auch Werke, zu denen eine Einführung sehr nützlich ist. Man kann nicht voraussetzen, daß zum Beispiel das amerikanische Publikum von Sinfoniekonzerten Zugang hat zu Werken, die in Europa vielleicht schon gang und gäbe sind; ein Stück von Anton Webern ist für Cincinnati immer noch ein Novum.

Ich versuche, die Musik durch Musik zu erklären, und ich mache deshalb manchmal Montagen, in denen sich das moderne Stück durch Analogien zum klassischen erschließt. Ich denke zum Beispiel an das Programm, in dem ich Stücke aus Schuberts *Rosamunde* mit Weberns opus 6 abwechseln lasse. Der Hörer braucht nicht sehr viel spezialisierte Bildung, um zu hören, daß hier eine verwandte Sensibilität am Werke ist. Die Musik aus *Rosamunde* hat eine Webern verwandte Art der Introversion. Schubert ist ein stark introvertierter, also ein der Welt abgewandter Künstler, ähnlich wie es Webern war. Er hat sich auch aus politischen Gründen von der politischen Konstellation seiner Zeit abgewandt, abgewandt von dem Beethovenschen politischen Ideal, und nach innen gelebt, und das ist eine starke Analogie zu Webern, die gerade dem nur allgemein Gebildeten, aber nicht speziell musikalisch Gebildeten den Zugang zu Webern erleichtern müßte, wie er sicher mit Hilfe dieser Werkmontage auch Schubert neu entdecken wird. In ungewohnter Umgebung wird Schuberts Aura potenziert.

Wenn dem Zuhörer diese Zusammenhänge vor dem Konzert erklärt werden, ist er mit Sicherheit von vornherein positiv gestimmt. Das ›Hörenwollen‹ ist meiner Ansicht nach überhaupt das Wichtigste. Wenn das Publikum erst einmal Vertrauen gefaßt hat, wenn es einem glaubt, daß man es nicht übertölpeln will, dann braucht man auch nicht mehr über die Programme zu reden. Aber vorher ist es sicher nützlich, einige dieser grundlegenden und einfachen Gedankengänge darzulegen. Ich halte das für außerordentlich wichtig.

Ja, es könnte sein, daß gerade durch die Kontroverse, die meine Programme auslösen und meine Art, die Klassiker zu spielen, ein Teil des Publikums anfängt, anders an Musik teilzuhaben. Als ich in Frankfurt das Beethoven-Schönberg-Montage-Programm machte, hat sich ein Teil der Hörer mehr darüber aufgeregt, wie meine Beethoven-Interpretation die Gewohnheiten verletzt, als daß ich ihn mit Schönberg koppelte oder gar montierte. Man fand: dieser Beethoven ist häßlich, das ist nicht ›schön‹. ›Schön‹ ist zum Beispiel das Klangbild der erfolgreichsten Schallplatten. Ich bewundere das, aber es ist nicht meines. Ich stelle mir, besonders im Finale von Beethovens Neunter, etwas anderes vor, und zwar aus bestimmten Gründen, nämlich aus dem unendlichen Gegensatz zwischen der Ideologie des Gedichtes von Schiller und der Protesthaltung der Musik, die sich mir aufdrängt, wenn ich diesen

Notentext lese mit seinen Metronomangaben. Sie geben eine Richtung an, und es entsteht dann eine Musik, die sich durchaus nicht mit der Ideologie des Gedichtes deckt. Im Gegenteil, da ist eine Gewaltsamkeit, ein erschreckender Zwang: »Über Sternen *muß* er wohnen«, sozusagen ein Glaube wider besseres Wissen. Und das ist ganz fern dem gelungenen, abgeklärten harmonischen Meisterwerk. Aber wenn ich das so spiele, sind einige Leute entsetzt. Das ist doch nicht die schöne Neunte, die sie sonst immer gehört haben mit dem *Song of Joy*.

Gerade deshalb halte ich es nicht für falsch, wenn man diese Provokation, die so offenkundig in der Musik liegt, bis zu einem gewissen Punkt zu verbalisieren versucht und sagt, warum das so sein muß und daß keine Willkür vorliegt, die den Leuten etwas nehmen will, sondern im Gegenteil eine Wahrheit vermittelt werden soll, die durch falsches Bewußtsein übertüncht worden ist.

Ich meine, daß das, was allgemein für die Aura des Meisterwerks gehalten wird, sich bei der Neunten völlig mit Ideologie deckt, mit falschem Bewußtsein.

Neben den Montage-Ideen halte ich es für besonders wichtig, in großem Umfang Musik des Übergangs vom 19. zum 20. Jahrhundert zu spielen, um dem Publikum diesen Übergang nachvollziehbar zu machen. Ich meine Busoni, Zemlinsky, Schreker, auch Reger und den frühen Schönberg, das *missing link*, das noch tonal, aber doch schon modern ist. Es ist wichtig, daß die Leute die Entwicklung der Harmonie Regers über Zemlinsky bis zu Busoni, der schon eine manchmal nicht mehr tonal zu deutende Harmonik entwickelt hat, oft hören, damit sie dann die persönliche harmonische Sprache Schönbergs in opus 10 (dem fis-moll-Quartett) oder opus 11 (den Drei Klavierstücken) aufnehmen können und nicht mehr nur als Dissonanz hören, sondern als entwickelt aus der Vergangenheit.

Ein anderes Thema, das mich sehr interessiert, ist dieses: Es werden oft Polaritäten hergestellt zwischen dem Interpretentypus, der durch Furtwängler als ›subjektivistisches Extrem‹ dargestellt wird, und auf der anderen Seite den verteufelten Typus, der den Text ohne Zutaten, durch Effizienz des Orchesterspiels realisiert, und dem deshalb Mangel an Phantasie vorgeworfen wird. Das extreme Beispiel für den letzteren ist meist Toscanini. Wie stehen Sie zu solcher Polarisierung?

Meiner Meinung nach ist die Einschätzung Furtwänglers als ›subjektivistisches Extrem‹ nur aus dem Vergleich mit Toscanini zu verstehen. Ich glaube, erst heute ist es möglich, die Genialität beider Dirigenten richtig einzuschätzen: der dichterische Nachvollzug aus dem Subjekt bei Furtwängler, der Versuch einer Objektivierung des Textes bei Toscanini. Vor Toscanini ist es keinem Menschen eingefallen, den Dichterdirigenten zu verteufeln oder vice versa. Erst aus der Sklaverei dem Notentext gegenüber, als man ein phantasieloses *a tempo*-Spielen über Stock und Stein für das einzig Wahre hielt, also der *Perversion* von Toscaninis Praxis, ist die Überschätzung Furtwänglers auf der anderen Seite entstanden. Und aus der Zerdehnung und Sentimentalisierung der Musik durch Furtwänglers Nachfolger wiederum die Überschätzung Toscaninis.

Mir scheint die Wahrheit in der Mitte zu liegen. Ähnlich wie sich der historische Gegensatz Brahms-Wagner in der Synthese Schönberg aufgelöst hat, wäre ich, der ich mich zur Toscanini-Schule rechne, gerne eine Synthese aus beiden Typen; das wäre meines Erachtens der ideale Dirigent. Ebenso wie die Musik nicht stehen bleibt, ist auch die Interpretation keine statische Kategorie. Jede Interpretation und jede Entscheidung ist subjektiv, es besteht also kein Anlaß zur Furcht vor einer allzu objektiven Interpretation. Bei Nottebohm (in den *Beethoveniana* von 1872) steht der schöne Satz: »Der Metronom hat es nicht mit dem Gefühl zu tun.«

Für mich stellt sich das Problem heute nicht in dem Konflikt zwischen Poesie und Texttreue dar, sondern nur als Frage der Texttreue. Es gibt bei Beethoven Metronombezeichnungen, die von vielen noch völlig beiseitegeschoben werden, weil sein Metronom angeblich kaputt war. Wenn ich die Musik aber nachvollziehe, sind die Metronombezeichnungen, die ich kenne, meiner Meinung nach völlig richtig. Ob sie immer zu realisieren sind, ist eine andere Frage. Da wird man vielleicht nachgeben müssen, wenn es die Instrumente verlangen oder soweit es das Gehirn zum Denken eines Rhythmus oder einer Tonrepetition erfordert. Übrigens gibt es in jeder Beethoven-Sinfonie mindestens einen Satz, bei dem alle Dirigenten in etwa die Metronomangaben respektieren: zum Beispiel in der *Eroica* das Scherzo oder in der 8. Sinfonie das Allegretto. Warum aber dann nicht in der *Eroica* auch beim ersten und letzten Satz und in der 8. Sinfonie bei den Ecksätzen das vorgeschriebene Tempo beachten?

Man kann in dieser Beziehung wohl nicht mit jedem Orchester dasselbe realisieren. Und auch die Säle sind verschieden, der eine verträgt ein schnelles Tempo, der andere nicht, je nach der Nachhallzeit.

Nochmal zurück zur 8. Sinfonie. Die Achtel = 92 im zweiten Satz sind völlig richtig, aber man meint, die Ganzen = 69 im ersten Satz, das sei undenkbar, unsinnig. Doch ist es selbstverständlich denkbar, man muß nur sehen, wie man die Vorurteile, die einem von Jugend an eingeimpft worden sind, wegschafft, und wie man sich an das offenbar richtige Tempo gewöhnt und es fertigbringt, es mit der nötigen Modifikation zu realisieren. Und das gilt für den ersten Satz der *Eroica* genauso. Niemand zweifelt am Metronom des Scherzos, aber beim ersten Satz ganze Takte = 60, um Gottes willen, das ist ja furchtbar, wo bleibt denn da das Gefühl!

Richtig müßte man sich sagen: Wir spielen es so, wie es dasteht, und dann stellt sich sicherlich eine Empfindung oder ein Gefühl her. Wir wollen einmal sehen, was das für ein Gefühl sein wird. Ich kann doch nicht davon ausgehen zu sagen: hier soll sich ein bestimmtes Gefühl einstellen, deshalb muß ich den Text und das Tempo so anpassen, daß dieses Gefühlsvorurteil bestätigt wird. Ich habe auch manchmal versucht, an einigen Stellen ›Atemlosigkeit‹ in der Musik herzustellen. Die Kritik hat mir dann vorgeworfen, meine Darstellung sei atemlos gewesen.

Ich möchte in diesem Zusammenhang vor dem ›gesunden Gefühl‹ warnen, das sich nicht weit vom ›gesunden Volksempfinden‹ befindet. Vom gesunden Gefühl kommt das musikantische, das heißt hirnlose Musizieren, und das ist einfach das Banausentum. Der Instinkt soll der Ernährung und der Fortpflanzung dienen. Für die Kunst darf man auch das Gehirn bemühen.

Die verzerrende Verlangsamung der meisten Tempi in Beethovens 9. Sinfonie zum Beispiel dient zur Erzeugung einer a priori vorausgesetzten Aura der Feierstunde, zur Beseitigung jedes Realitätsbezugs dieses Kunstwerks. Das Stück, das sich herstellt, diese sentimentale Feier-Lüge (›Helm ab zum Gebet!‹) ist voll kongruent mit dem zu Ideologie erstarrten Gedicht. Was diese Musik meint, wie sie sich zum Gedicht verhält, zu Schillers Regression von ›Freiheit‹ auf ›Freude‹, hört man erst, wenn ›treue‹, metronom-angenäherte Tempi genommen werden.

Aber jetzt etwas ganz anderes: Soll man, um Details der Partitur hörbar zu machen, in Ausnahmefällen die Instrumentation retuschieren?

Obwohl einige meiner Freunde mich deshalb heftig angreifen, retuschiere ich ziemlich stark. Ich finde, daß die thematische Substanz oft nicht deutlich genug wird. Es gibt Stellen, zum Beispiel den Seitensatz im ersten Satz der Neunten von Beethoven, die man als absichtliche

Verwischung lesen kann, als Verdunkelung, als Vernebelungsaktion, um nicht durch Eindeutigkeiten und Wiederholungen Gefahr zu laufen, penetrant zu wirken. Darüber schreibt Heinrich Schenker in seiner Analyse (*Beethoven – Neunte Symphonie*, Wien 1912). Aber ich glaube, daß nur wenige Leute das Werk so kennen, daß sie diese Nuance wahrnehmen, sondern eher den Faden verlieren. Darum finde ich, daß Wagner mit seinen Retuschen nicht so ganz unrecht hat. Ich übernehme nicht alles, aber einiges. Beizubehalten, daß in der Flöte die höhere Oktave *a* oder *h* oder sogar *c* nie vorkommt, finde ich bei unserem riesigen Orchesterapparat, in dem die Flöten sowieso kaum zu hören sind, übertrieben puristisch. In der Fanfare am Anfang des Finales der Neunten, wo die Hauptstimme in den Holzbläsern meist untergeht, habe ich George Szells Lösung dankbar übernommen, daß nämlich zwei Trompeten den originalen Notentext spielen und zwei andere piano die Retusche mit der Chromatik der Holzbläser. Szell läßt auch, ebenso wie Bruno Walter, am Ende der Coda des ersten Satzes der großen C-Dur-Sinfonie von Schubert die Trompeten das Thema mitspielen.

Dagegen finde ich, daß Felix Weingartners ständige Oktavierung des zweiten Hornes und der zweiten Trompete das Klangbild zu sehr glättet. Grundsätzlich müssen wir vom heutigen Stand der Orchesterentwicklung und unseren heutigen Hörgewohnheiten ausgehen. Deshalb bin ich der Meinung, daß es unsinnig ist, bei dieser Musik historische Aufführungen zu versuchen, es sei denn als Experiment, um einmal zu zeigen, wie es damals klang. Also zum Beispiel die *Eroica* mit drei oder vier ersten Violinen!

Wie steht es mit dem Seitenthema im ersten Satz der 5. Sinfonie von Beethoven, wo in der Reprise statt der Hörner nur die Fagotte spielen? Da lassen viele Dirigenten die Fagottstimme durch Hörner verdoppeln.

Das lasse ich im Original spielen, denn ich halte die Fagottfarbe für eine sinnvolle Variation. Da ist nichts verdeckt, und deshalb ist die Horn-Retusche überflüssig. Wenn man beim ersten Mal mit der Faust auf den Tisch gehauen hat, genügt zur Erinnerung ein Klopfen mit dem Finger. Dagegen ist für mich im Scherzo der 9. Sinfonie die Stelle ab Takt 93 (mit der insistierenden Figur im ganzen Streicherapparat und dem Thema nur in den Holzbläsern) ungelöst. Ich möchte die Streicher nicht piano spielen lassen. Erich Leinsdorf ist zum Beispiel (in seinem Buch *Lesen Sie Musik?*) ganz gegen die Retusche mit den Hörnern; er ist der Meinung, daß die Dynamik adaptiert werden soll. Ich finde, daß es besser ist, wenn die Streicher laut bleiben, weil sich sonst der

Charakter der Stelle verändert, und man mit den Hörnern nur gerade soviel verstärkt, daß die Holzbläser deutlich hörbar werden. Ich empfehle die Lektüre von Schenker:

»Niemals waren zu Beethovens Zeiten die Streicher so stark, daß ihnen die Bläser dynamisch nicht hätten standhalten können, sei es nun wirklich al pari oder mit günstigem Ersatz durch den Farbenkontrast. Seit jener Zeit hat sich aber dieses Verhältnis sehr zuungunsten der Bläser verändert ... Man pflegte einseitig die Zahl der Auszuführenden als solche und vergaß darüber den Inhalt. Die böse Folge konnte nun nicht ausbleiben: denn je weniger die Zahl der Orchestermitglieder über die letzten Fragen des Inhaltes selbst entscheidet, desto mehr stellte sie sich einer inhaltsgerechten Darstellung in den Weg, dort, wo nicht die Zahl, sondern eben nur der Inhalt dringend zu Worte zu kommen hat. Von solcher Art ist in der Tat denn auch die hier in Frage kommende Stelle: Die Fabel ist bei den Holzbläsern; dem Vortrage derselben steht aber heute das allzu krasse Mißverhältnis zwischen Bläsern und Streichern im Wege, das wir selbst in der oben angedeuteten Weise wohlgemerkt eben erst in der Zeit nach Beethoven geschaffen haben. Das Dilemma ist ohne Zweifel sehr schwierig, denn es gilt hier, einem äußerlichen Umstand Rechnung zu tragen, der zur Zeit der Entstehung des Inhaltes als dessen Komponent noch gar nicht in Frage kam. Wie sollen wir nun diese nachträglich entstandene Forderung erfüllen? Sie einfach aus der Welt zu schaffen, wäre freilich das beste Auskunftsmittel, da doch die größtmöglichste Vertiefung der Inhaltsdarstellung wieder nur bei kleinem Orchester wohl sicher zum Ziele führen würde».

Schenker schlägt dann eine dynamische Retusche vor. Auf Wagners Ausführungen über Retuschen in *Zum Vortrag der neunten Symphonie Beethovens* antwortet er:

»Darauf ist zu erwidern, daß es Beethovens gutes Recht war, die normalen Verhältnisse seines Orchesters unter Umständen dahin auszunützen, daß die Streicher und Bläser als ebenbürtige Faktoren gegeneinander ausgespielt werden. Stand doch die Verwendung der Hörner, wie ich schon oben andeutete, lediglich unter dem Gesichtspunkte des symphonischen Stils, hing aber nicht, wie Wagner meint, durchaus nur von der Beschaffenheit des Instrumentes allein ab. Zwar ist es richtig, daß gegenüber den Naturhörnern unsere Ventilhörner einen etwas erweiterten Inhalt aufweisen, doch was will dieser minimale Unterschied in einer Frage bedeuten, die lediglich eine des Stiles und nicht des Tonumfanges gewesen?«

Weiter dann zum vierten Satz:

»Dazu kommt aber noch, daß Beethoven wahrlich nichts so leicht gehabt hätte, als die von Wagner vorgeschlagenen Töne den Hörnern in den Mund zu legen: gehörten doch gerade diese Töne zu den allergebräuchlichsten des gesamten Umfanges! Wenn nun so Beethoven hier beim zweiten Gedanken Töne zu setzen versäumt hat, die er sonst in allen Orchesterwerken jederzeit wohl ohne weiteres zu setzen gewohnt war, wie kann man da noch ernstlich behaupten, daß nur die so kläglich ›beschränkte‹ Beschaffenheit der Naturhörner davon die Ursache gewesen?!«

Inwieweit wird nun die Tätigkeit und Arbeit als Konzertdirigent von der Kenntnis und der Beschäftigung im Bereich der Oper beeinflußt? Ich komme deshalb auf diese Frage, weil ja sehr viele gerade der größten Dirigenten der vorigen Generation direkt von der Opernpraxis herkamen, wie Toscanini zum Beispiel. Früher hat es die Teilung in Konzertdirigenten, die nur ab und zu einmal eine Oper dirigieren, und die reinen Opernkapellmeister, wie man sie auch heute noch in Italien findet, nicht gegeben. Als Idealtyp eines Dirigenten schwebt mir immer Mahler vor, der Oper und Konzert verbunden hat und darüber hinaus noch Komponist war. Mich interessiert auch, ob die Tätigkeit als Komponist für einen Dirigenten wichtig ist. Es hat ja auch Instrumentalisten gegeben, die komponiert haben, Artur Schnabel zum Beispiel, was aber kein Mensch wußte. Als Schubert- und Beethoven-Interpret war er weltberühmt; wenn die Leute gewußt hätten, wie modern er komponierte, würde sich das Bild von ihm vielleicht etwas verschoben haben.

Im 18., vor allem aber in der zweiten Hälfte des 19. Jahrhunderts hat die Opernmusik einen großen Anteil an der relevanten Musik überhaupt. Nur ganz wenige bedeutende Komponisten haben keine Opern geschrieben: Bach, Brahms, Webern. Aber zwei der bedeutendsten schrieben fast ausschließlich Opern, nämlich Verdi und Wagner. Damit ist die Frage nach Konzert- und Operndirigent eigentlich schon beantwortet. Die Musik, die unserer Zeit vorausgeht, die der zweiten Hälfte des 19. Jahrhunderts, wird ganz wesentlich durch Verdi und Wagner repräsentiert; sie waren wichtigste Exponenten einer Epoche, in der die Oper größte gesellschaftliche Gültigkeit hatte. Ein Dirigent, der keine Oper dirigiert, beraubt sich eines großen Teils seiner Möglichkeiten, er amputiert sich mutwillig selbst. Zudem lernt man in der Oper sehr gut das Begleiten und erwirbt die Fähigkeit, einen großen Apparat in der Hand zu haben. Was aber noch wichtiger ist: durch die Praxis von Opernaufführungen lernt man Flexibilität der Gestaltung. Manuell und technisch lernt man viel an der Operette; es ist zum Beispiel sehr schwer, eine mäßig instrumentierte Operette mit einem mittleren Orchester zum Klingen zu bringen. Das verlangt wirklich professionelles Können. Die schwankenden Tempi der leichteren Musik zu beherrschen ist die technische Voraussetzung, um fließende, wogende Musik, wie es die von Wagner weitgehend ist, gestalten zu können. Die kompositionstechnische Grundregel in der tonalen Musik: zu unterscheiden, was ›steht‹ und was ›geht‹, also was den Charakter eines Themas, was den Charakter eines Übergangs hat, muß auch der Dirigent erkennen und gestalten. Wenn ihm Wagner gelingt, hat er das Rüstzeug, um die viel diffizileren Temponuancen in der sogenannten klassischen Musik zu realisieren.

Weiter: Große Formvolumen, wie sie in Wagnerschen Akten zu bewältigen sind, gibt es sonst nicht. Es werden da die allergrößten Anforderungen an das Formgefühl des Dirigenten gestellt. Solche Formen sind ohne große Flexibilität der Tempi, also ohne Wissen, wo man raffen muß und wo dehnen und in welchem Verhältnis das zu geschehen hat, nicht zum Verständnis zu bringen. Erschwert wird diese Aufgabe dadurch, daß es ja noch keine sinnvolle Analyse von Wagners Musik gibt. Die Analyse ist das Instrument, mit dessen Hilfe man erkennt, was denn eigentlich zu gestalten ist. Bei meinem Dirigierkurs in Basel beklagten sich die Teilnehmer, daß ich in der dritten Stunde immer noch ein Mozart-Werk analysierte, statt zu sagen, wie man dirigiert. Meine Gegenfrage war: ›Was wollen Sie denn dirigieren, wenn Sie nicht wissen, was dasteht, wie die Themen gebaut sind, wo genau sich die Musik in Bewegung setzt, wo moduliert wird, was für ein Plan in der Durchführung waltet, wie sich die Reprise von der Exposition unterscheidet?‹

Und damit komme ich auf die zweite Frage: wie das mit dem Komponieren ist. Ich behaupte, daß man Musik überhaupt nur durch das Komponieren lernen kann, dadurch, daß man selber produziert, Musik macht. Jeder – auch der Interpret natürlich – sollte beim Studium der Formenlehre angehalten werden, Formen, die es schon gibt, zu schreiben und dann zu versuchen, selber Formverläufe zu erfinden. Man erlangt durch die Praxis ein ganz anderes Verständnis der Tradition als durch Theorie, und das sogenannte Formgefühl entwickelt sich durch eigene Kompositionsversuche sehr viel stärker als durch Partiturstudium. Ich behaupte, daß man hören kann, welcher Dirigent komponiert oder wenigstens in seiner Jugend einmal komponiert hat.

Ich möchte eine allgemeine, vielleicht lapidare Frage an den Schluß stellen: Worin besteht für Sie der Sinn, überhaupt Konzerte zu veranstalten?

Der Sinn des Konzerte-Gebens besteht darin, ein Stück Geschichte durch seine Musik lebendig zu machen, den Bezug auf uns selber herzustellen: Vergangenheit in Beziehung zu setzen zur Gegenwart. Deshalb ist der Bezugspunkt die Musik unserer Zeit, deshalb sollte jedes Konzertprogramm neuere Musik enthalten.

Welche unserer Erfahrungen ist lebendig in der Vergangenheit? Wie bedeutsam für uns sind die Inhalte der Vergangenheit? Inwieweit sind es dieselben Inhalte? Ist die Musik eine einzige in ihren verschiedenen Sprachen und Dialekten? Wie ist eine Antwort zu beweisen? Diese vielfältigen Beziehungen lassen sich ebenso durch Analogien wie durch Kontraste herstellen. Die Kontinuität der Tradition am Hauptstrang der Geschichte der Musik im Westen (von Bach bis Webern oder Boulez) ist so stark, daß sich die Verwandtschaften feststellen, herstellen oder auch behaupten lassen.

Der Frage nach sinnvoller Programmgestaltung wie der nach sinnvollen Tempi übergeordnet ist die Frage nach dem Zusammenhang, sowohl zwischen den Werken wie innerhalb eines Werkes oder eines Satzes. Das vereinzelte Phänomen ist unverständlich: es geht darum, Zusammenhänge zu verstehen und zu schaffen. Die Beziehung der Note zum Intervall, des Intervalls zur Phrase, der Phrase zum Thema, des Themas zum Satz ist zu artikulieren, das heißt zu verstehen und verständlich zu machen. Dasselbe gilt zwischen den Werken eines Programms, den Programmen einer Spielzeit etc.

Erstveröffentlicht in:
Musiker im Gespräch. Michael Gielen, Frankfurt/New York/London 1982

»Der Mensch, der diesem Institut der Innovationen [der Oper Frankfurt] vorsteht, Michael Gielen, muß einen aberwitzigen Mut, eine David-Kraft und eine listige Vernunft haben, um einer Gesellschaft, der in dieser Dekade nichts zu sich einfällt, als sich in Argumenten eloquentesten Verschubs kalkulierter Katastrophen kolossal plausibel zu verscherbeln, einen derartigen Ort geheimster, weil unmittelbarster Bedürfnisse abzutrotzen.

Ich sage bewußt ›der Mensch‹, und ich sage ›muß‹, denn die Freundschaft dieses Mannes ist zu kompliziert, zu spiralig, als daß ich sagen könnte, ich besäße sie.

Kompliziert, denn unvorstellbar muß für mich sein, was für ihn, den österreichischen Juden, die Emigration bedeutet hat, und das Schicksal seines Volkes, das wirklich zu begreifen wir Nachgeborenen nie verstehen können und dürfen.

Das letztere meine ich so: Einmal dachte ich, sehr kurz, sehr hilflos, daß für den Musiker das Leben in der fremden Sprache leichter sein könnte, und ich äußere diesen Gedanken hier laut, um mich und alle anderen vor einem solchen oder ähnlichen Komparativ zu warnen, der das unvorstellbar Grausame einzuspeicheln versucht.«

(Hans Neuenfels)

Michael Gielen

Autobiographische Notizen (1984 ...)

> Einerseits bin ich österreichischer Staatsbürger, ganz bewußt Österreicher: Erbe einer kulturellen Tradition von der ersten zur zweiten Wiener Schule; auf der anderen Seite bin ich so jüdisch wie deutsch – das ist die Mischung, die mich ausmacht.

Die Familie meines Vaters hatte, ehe sie sich in Köln niederließ, nahe der belgischen Grenze gelebt. Mein Großvater war Schlosser und Sozialdemokrat, meine Großmutter strenggläubige Katholikin. Die beiden hatten neun Kinder, Josef Gielen, mein Vater, war das fünfte; er wurde 1890 geboren. Damit die Brüder studieren konnten, wuschen die Schwestern die Wäsche anderer Leute. Eines Tages fragte mein Vater einen Regisseur in Köln: Ich möchte Regisseur werden; was ist das? Er studierte Kunstgeschichte in Bonn, freundete sich mit Max Ernst an, beschäftigte sich mit Literatur, brachte sich selber die Schauspielerei bei. Er war ein ganz intellektueller junger Mann, der einzige Künstler in seiner Familie (durch ihn lernte ich später, in Argentinien, den europäischen Kulturkreis kennen, von der Literatur bis zur Kunstgeschichte). Seine erste Rolle am Theater, in Bernburg an der Saale, war ein steppender Neger, wiewohl er überhaupt nicht tanzen konnte. Die Musik liebte er, gewissermaßen, aus der Ferne. Im Ersten Weltkrieg hatte er vier Jahre damit zu tun, in Rußland und Frankreich Gräben auszuheben. Für seinen Mut bekam er das Eiserne Kreuz zweiter Klasse – er, der sein Leben lang Pazifist war.

Nach dem Krieg ging er ans Theater zurück und führte in Darmstadt, an einem der damals avantgardistischsten Theater, erstmals Regie, 1923, in Shakespeares *Maß für Maß*. In Darmstadt lernte er die Schauspielerin Rose Steuermann kennen, die zuvor in Königsberg und Berlin engagiert war. Die beiden heirateten 1922.

Die Steuermanns aus Galizien, die Familie meiner Mutter – eine andere Welt: polnische Juden. Der Großvater war Rechtsanwalt und wurde – geradezu ein Bravourstück dort und damals, in der polnischen, von den Österreichern beherrschten Ukraine – Bürgermeister von

Sambor, und blieb es neunzehn Jahre lang; seine Ehrenhaftigkeit war stadtbekannt. Meine Großmutter mütterlicherseits stammte aus Podolia in Südrußland. Sie spielte Klavier und wurde zur Gesangsausbildung nach Wien geschickt, nach einem Jahr aber wieder zurückbeordert, weil zuhause die Geschäfte nicht gut genug gingen. Ihre Heirat wurde von einem *Schatjen* organisiert, einem professionellen Heiratsvermittler, sie sah ihren künftigen Mann bei der Verlobung zum erstenmal. Das war normal in der jüdischen Mittelschicht zu dieser Zeit, in den 1880er Jahren; heute macht man das wohl per Zeitungsannonce.

Die beiden hatten vier Kinder, und alle vier sangen, spielten Klavier und waren weißgott interessante Leute: Salome, genannt Salka – Schauspielerin und Schriftstellerin; Rosa, meine Mutter, 1891 geboren – Schauspielerin auch sie; Eduard – Pianist und Komponist; und Siegmund – Fußballer.

Salome Steuermann, Schauspielerin deutscher Sprache wie meine Mutter, spielte am Reinhardt-Theater in Berlin, lernte im Ersten Weltkrieg den Wiener Dichter Berthold Viertel kennen und heiratete ihn. Er war Regisseur in Dresden, ehe die beiden ans Düsseldorfer Theater und 1926 nach Hollywood gingen, als Drehbuchschreiber. Als für ihn der Erfolg ausblieb, ging er nach New York, später nach London. Sie aber reüssierte schließlich in Hollywood als Drehbuchautorin, freundete sich mit Greta Garbo an, paukte ihre Rollen mit ihr und schrieb die Scripts zu vielen der besten Garbo-Filme: *Königin Christine*, *Anna Karenina*, *Maria Walewska*.

In den Jahren des Zweiten Weltkriegs versammelte sich in Hollywood in Salka Viertels Haus alles, was in der deutschen Kultur Rang und Namen hatte: Arnold Schönberg und Thomas Mann, Bert Brecht und Hanns Eisler, Lion Feuchtwanger und Heinrich Mann. In der McCarthy-Ära verlor Salka ihre Arbeit in den MGM-Filmstudios, ihre Freundschaften waren zu linkslastig; also ging sie in die Schweiz. Nachdem sie stets ihr ganzes Geld an bedürftige Freunde weggegeben hatte, lebte sie nun von der Sozialhilfe (sie hatte umgerechnet vielleicht 100 Mark im Monat) und von der Mildtätigkeit eines ihrer drei Söhne.

Eduard Steuermann, der begabteste Klavierspieler von den vieren (Großmama sang oft noch Lieder mit ihm am Klavier, Musik war ein wesentlicher Teil ihres Lebens geblieben), war in Berlin um 1910 Schüler von Ferruccio Busoni (Klavier) und Arnold Schönberg (Komposition). Die meisten Schönberg-Klavierwerke hat er uraufgeführt. Er ging 1936 in die USA, unterrichtete an der *Juilliard School* und am *Curtis Institute* und hatte großen Einfluß auf eine ganze Musikergeneration (mich eingeschlossen). Seine Einsichten in die Bedeutung und die Struktur der Musik waren außergewöhnlich.

Siegmund Steuermann, der Fußball-Star, der sich für Fußball und sonst nichts auf der Welt interessierte, fiel im Zweiten Weltkrieg als polnischer Untergrundkämpfer.

Josef Gielen wurde in Dresden als Regisseur Nachfolger von Berthold Viertel. Dort wurden 1925 meine Schwester und 1927 ich geboren. Wir wuchsen in einem ehemaligen Schloß der Könige von Sachsen auf und hatten einen riesigen, wildwuchernden Park ganz für uns. Als meine Eltern mich mit vier zum erstenmal in die Oper mitnahmen, in »Hänsel und Gretel«, fragte ich nach vielleicht zehn Minuten meine Mutter – in sächsischem Dialekt, etwas anderes konnte ich damals nicht: »Wann hören die endlich mit dem Singen auf?« Das war die Zeit, da meine Mutter in Dresden bei einer Aufführung des *Pierrot lunaire* als Sprecherin mitwirkte, der Name Schönberg also durchaus im Gespräch bei uns war.

Wir Kinder waren vollkommen glücklich und merkten nichts davon, daß 1933 unsere Eltern in Gefahr gerieten: meine Mutter, weil sie Jüdin, und mein Vater, weil er mit ihr verheiratet und ein wohlbekannter Anti-Nazi war. Zwar war er als Anti-Nazi nicht aktiv, aber doch exponiert als Liberaler, ›leicht rosa‹. Jedenfalls wurde er gleich denunziert, die Gestapo war bei uns zuhause und es war alles andere als lustig.

Von Fritz Busch in Dresden an die Oper geholt, inszenierte mein Vater dort die *opéras minutes* von Darius Milhaud, das war, soweit ich weiß, seine erste Arbeit. Dann wurde er von Busch gebeten, den *Don Giovanni* zu betreuen, eine ganz wichtige Erfahrung für ihn, die Inszenierung eines großen Meisterwerks. Danach kam die Uraufführung des *Protagonisten* von Kurt Weill. Und schließlich verlangte Richard Strauss, er solle bei den Uraufführungen der *Arabella* und der *Schweigsamen Frau*, 1933 und 35, Regie führen. So einfach war das aber nicht, weil Fritz Busch, der Freund, inzwischen von den Nazis hinausgeworfen worden und mein Vater ja selber gefährdet war. Als dann jedoch auch noch Karl Böhm für ihn Partei ergriff, konnte mein Vater nicht mehr nein sagen, die Angelegenheit war zu einer Überlebens-Frage geworden. Richard Strauss war sehr loyal zu ihm, das muß man sagen, auch Böhm. Viele Leute, die jetzt pauschal als Nazis gezeichnet werden, hatten weißgott ihre guten Seiten, sie benahmen sich Freunden gegenüber durchaus loyal.

Lang war mein Vater in Dresden nicht zu halten, und da rief Clemens Krauss ihn an die Berliner Staatsoper, die ein preußisches Staatstheater in der Zuständigkeit des preußischen Ministerpräsidenten

Göring war, kein dem Propagandaminister Goebbels unterstelltes Staatstheater wie Dresden, was damals einen entscheidenden Unterschied bedeutete. Göring war mit einer Schauspielerin verheiratet, mit der zusammen meine Eltern aufgetreten waren und die eine Zeit lang ihre Hand über viele Schützlinge hielt. Für mich ging es unterdessen in den ersten zwei Klassen des Gymnasiums noch gut. Das Nazitum war zwar schon vier Jahre alt, als wir nach Berlin kamen, die Jungs aber scherten sich nicht sonderlich darum, in der Klasse hatte ich keine Probleme. Meinen Vater allerdings zwang bald eine neuerliche Denunziation, Deutschland zu verlassen; er fand auf Vermittlung des Berliner Generalintendanten Heinz Tietjen Arbeit am Wiener Burgtheater (dessen künstlerischer Direktor er nach dem Krieg wurde).

Wir Kinder mußten mit der Mutter in Berlin bleiben, erst nach dem Anschluß Österreichs war es uns erlaubt, nach Wien zu übersiedeln. In Wien aber war mein Vater erneut in Bedrängnis geraten, es hatte wieder Durchsuchungen durch die Gestapo gegeben, er konnte nicht bleiben. Da bot sich ihm die Gelegenheit, am Teatro Colón in Buenos Aires zu gastieren, in den Sommermonaten 1938 und 39, und ganz dort zu bleiben, nachdem der Zweite Weltkrieg ausgebrochen war.

Klavierunterricht in Wien hatte ich bei Olga Novakovicz, einer Steuermann-Schülerin, die Berg und Webern gekannt hatte (und während des Krieges dann an Skorbut starb). Ich glaube, daß meine Veranlagung, aber eben auch die Verwandtschaft mit Steuermann mich recht früh und zwingend zum Schönberg-Kreis geführt haben. Kein Wunder, daß ich mir bereits als Elfjähriger Schönbergs Kleine Stücke opus 19 auf dem Klavier zurechtsuchte.

Das letzte Jahr in Wien war für mich die schlimmste Zeit meines Lebens. Von meinen Klassenkameraden ausgesondert und geschlagen, war ich, als Elf-, Zwölfjähriger, unfähig zu verstehen, was da vor sich ging. Das einzig Positive: daß die Idee der Gerechtigkeit sich unverlierbar in meinem Kopf festsetzte.

Exkurs 1
Nachdenken im Herbst 92

Im Herbst 38 warfen meine ›Klassenkameraden‹ in Wien mit Steinen nach mir, weil meine Mutter Jüdin war. Zu Anfang des Zweiten Weltkrieges emigrierten wir nach Argentinien und wurden tolerant aufgenommen. Das Militärregime nach dem Putsch 1943 setzte allmählich die Verfassung aus. Das war der Anfang eines Niedergangs des Landes, der Folgen bis heute hat, fünfzig Jahre danach.

Ich will sagen, daß eine vernünftige Verfassung und die Geltung des Rechts unverzichtbar sind für ein Gemeinwesen. Gleichheit vor dem Gesetz, vor allem für die Minderheiten, Respekt vor jedem Menschen und Toleranz gegenüber all jenen, die anders sind oder anders denken, das sind die Grundpfeiler, ohne die ein Staat nicht zivilisiert ist. Und es ist seine Pflicht, diese Grundrechte durchzusetzen, nicht sie zu suspendieren, um eventuell ein paar Wähler einzufangen.

Ob man gegen Fremde oder gegen Juden demonstriert oder sogar gewalttätig wird, oder ob man ein Grundrecht der Verfassung abschaffen will, das unterscheidet sich dem Wesen nach wenig.

Wenn sich die Polizei in Rostock zurückzieht, gerade wenn Brandsätze geworfen werden, also wenn Mord versucht wird, dann macht sie sich mitschuldig. Es ist anzunehmen, daß es Elemente in der Polizeiführung gibt, die mit den Neonazis sympathisieren. Wenn die Polizei in Berlin sich so dilettantisch verhält wie am 8. November 1992, ist anzunehmen, daß es da Leute gibt, denen eine große Kundgebung gegen Intoleranz nicht paßt.

Im Moment habe ich mindestens ebenso viel Angst vor dem Abdriften der Bundesrepublik nach rechts, weil die Regierung hilflos ist gegenüber den Problemen, die sich stellen, wie ich Angst habe vor den Rabauken von rechts außen oder den sogenannten Autonomen, ebensolchen Rabauken, die man ja wohl kaum Linke nennen kann.

Ich bin Deutscher und Jude, nach meiner Muttersprache und meiner Bildung, wenn auch österreichischer Staatsbürger. Ich verlange vom deutschen Staat, dem ich Steuern zahle, daß er meine Rechte verteidigt. Wenn er die Verfassung verteidigt, mit den bestehenden Gesetzen, dann geschieht das. Und dann wird auch gerecht umgegangen mit den vielen notleidenden Ausländern, die hier Schutz oder nur ein besseres Leben suchen. Die entscheidende Frage ist, wie gesetzestreu, liberal und tolerant sind dieser Staat und diese Regierung.

Das ist natürlich eine naive Haltung von mir. Im Verlauf der Regression des Weltgeistes hat nicht nur der Sozialismus den Geist aufgegeben (zumindest der real existierende), sondern wir wohnen einem Prozeß bei, in dem alle Errungenschaften der Zivilisation und der Humanität über Bord geworfen werden in einem

Krieg aller gegen alle, wie bei Hobbes. Der Mensch des Menschen Wolf, das kommt heraus nach zweitausend Jahren Christentum. Es hat viel mehr versagt als der Sozialismus. Demokratische Regierungen sind Spielbälle im Sog der Märkte. Christentum oder ›Aufklärung‹, es ist dieselbe Illusion.

Und wenn im Westen das höchste Gut die Einschaltquote bzw. die Laune des Wählers ist, das heißt wenn die Programme (des Fernsehens oder der Parteien) sich nur nach dem geringsten Widerstand richten, dann sind die Schleusen offen, die bald auch die Fassade wegspülen werden.

Gegenüber dem zu erwartenden Ansturm von Millionen Menschen aus dem Osten und dem Süden ist der Westen und ist insbesondere Deutschland wehrlos. Wenn nicht die ganze Welt in einem riesigen Bürger- und Verteilungskrieg zerstört werden soll, wird der Westen teilen müssen. — Besser heute als zu spät.

Auch so zu reden ist naiv. Auf der einen Seite Hunger und Elend, auf der anderen Gier, Egoismus und ungeheurer Reichtum. Und keine Verteilung. Was können wir erwarten?

Und die Kunst? Vielleicht war die alte Widerspiegelungstheorie gar nicht so falsch. Dann wäre die extremste Verneinung und Verweigerung die einzige Möglichkeit, sich zu äußern. Bloß keine Identifikation mit dem Feind!

James Joyce hat die Geschichte als einen Alptraum bezeichnet, aus dem zu erwachen uns nicht gelänge. Geschichte: nicht aufhörende Kriege, Verfolgungen, Ausrottungen *und* wunderbare Ideen, große Kunst, brüderliches Verhalten; Konzentrationslager, Atombombe, Evangelien, amerikanische Verfassung — alles gleichzeitig und in heftigstem Widerspruch miteinander.

Nachdem meine Mutter sich vier lange Monate vergeblich um die Emigration bemüht hatte, waren wir eines Tages, im Januar 1940, tatsächlich und wunderbarerweise in der Lage, mit einem italienischen Schiff von Triest aus ins Paradies zu fahren. Und da, in Argentinien, lernte ich endlich auch meinen Vater näher kennen. Er war offensichtlich ein Mensch, der mit Kindern wenig anfangen konnte, zumal er immer in seinem Theater steckte. Als ich aus der Pubertät herauskam, beschäftigte er sich sehr viel mit mir.

Ich hatte Glück. Andere mußten in Deutschland zum Volkssturm oder kamen ins KZ und wurden umgebracht oder waren nach dem Krieg, wie ein Freund aus Berliner Tagen, auch ein Halbjude, jahrelang als Kriegsgefangene in Sibirien. Diese Gefahren gingen an mir vorüber, das Klima in Argentinien war ideal. Buenos Aires war damals ein guter Platz zum Leben. Die Regierungspolitik war noch sehr liberal. Es gab Tausende von Flüchtlingen, viele europäische Intellektuelle und Künstler waren nach Argentinien gegangen. Ich trat, nach sechs Monaten in Buenos Aires, in die spanische Schule ein, übersprang zwei Klassen und hatte mit siebzehn mein *bachillerato* in der Tasche, studierte dann drei Semester Philosophie an der Universität und wurde mit neunzehn Korrepetitor am Teatro Colón.

Musik studieren konnte ich in Argentinien in aller Ruhe, bei wunderbaren Lehrern. Klavierunterricht hatte ich zuerst bei Rita Kurzmann-Leuchter, die in Wien mit Alban Berg befreundet gewesen war und den Klavierauszug zu dessen Violinkonzert hergestellt hatte. Leider starb sie bereits 1942 und ich ging zu ihrem Mann, Dr. Erwin Leuchter, als Theorielehrer, der nicht nur für mich, sondern für eine ganze Generation von jungen Musikern in Argentinien entscheidend war. Bei ihm wurde man ganz im Sinne Schönbergs klassisch unterrichtet, hat traditionell Harmonielehre und Kontrapunkt gelernt; über neue Musik wurde im Unterricht kein Wort verloren.

Der Guido Adler-Schüler Leuchter hatte in Wien bei den Arbeiter-Sinfoniekonzerten von Dr. David Bach und Anton Webern mitgearbeitet, bis zum 1934er Bürgerkrieg in Österreich, danach wurde ja die Sozialistische Partei aufgelöst und damit gab es auch die Dienststelle von Bach und die ganze Arbeiter-Musik-Bewegung nicht mehr. Bach mußte emigrieren und er und Leuchter gingen nach Argentinien. Klavierunterricht hatte ich dann bei einem Deutschen und einem Russen, aber es war nie ganz das Richtige. Wenn ich meinte, ein Stück halbwegs zu können, spielte ich es meinem Theorielehrer vor und der half mir dann weiter. Die Musik des Schönberg-Kreises war inzwischen ganz und gar in den Mittelpunkt meines Interesses gerückt. Bergs Klaviersonate und Schönbergs Klavierwerke gehörten zu den wichtigsten, aber auch frühesten Aufgaben, die ich mir im Rahmen meiner pianistischen Ausbildung stellte. Schönberg war das Um und Auf.

Mit etwa achtzehn Jahren begann ich, als Pianist in der argentinischen Gesellschaft für Neue Musik, der *agrupación nueva música*, mitzuspielen. Leiter und Mentor der Gruppe war der Komponist Juan Carlos Paz. Er war dreißig Jahre älter und als Zwölftöner in Argentinien ein vollkommener Außenseiter. Eine verehrungswürdige

Persönlichkeit, die die Gruppe gegen alle Widerstände erhielt, von Erfolg oder Mißerfolg ließ er sich nicht beirren. Jeder wußte, daß Paz Nacht für Nacht bis ein Uhr im Palacio del café auf der Avenida Corrientes saß. Wer Zeit und Lust hatte, ging hin und redete mit ihm über alles mögliche.

Nach und nach wurde mir klar – indem ich die Dirigenten beobachtete und bewunderte, die während des Krieges nach Buenos Aires kamen –, daß ich nicht Pianist werden wollte. Immerhin spielte ich noch am 26. September 1949 zu Arnold Schönbergs fünfundsiebzigstem Geburtstag ein Recital, mit Schönbergs sämtlichen Klavierwerken, kommentiert von Juan Carlos Paz. Im übrigen aber wollte ich komponieren, dabei aber nicht verhungern, und so stand meine Wahl bald fest: dirigieren und komponieren, in dieser Reihenfolge. Von meinen Eltern wurde ich bedingungslos gefördert, es gab nie eine Diskussion wie in anderen Familien wohl: Der Junge muß doch erst mal einen richtigen Beruf lernen, ehe er Musiker wird. Meine Eltern waren selber Künstler, das war das Normalste von der Welt; man wird schon überleben.

Die Oper hatte damals am Teatro Colón eine große Zeit: mit Fritz Busch und Erich Kleiber, die jedes Jahr für die deutsche Saison kamen (Kleiber dirigierte unvergeßlich Wagner, Beethoven, Berg), mit bedeutenden Dirigenten wie Tullio Serafin oder Hector Panizza für das italienische Repertoire (unter Serafin gab es beispielsweise Bellinis *Norma* mit Maria Callas und Mario del Monaco) und mit dem enorm kenntnisreichen Albert Wolff, der für die französische Spielzeit zuständig war (in der auch die russische Oper gepflegt wurde). Die großen Sänger waren zu Gast: Kirsten Flagstad, Set Svanholm, Lauritz Melchior, Helen Traubel ... Als Vierzehnjähriger war ich überwältigt von der fabelhaften brasilianischen Sopranistin Bidù Sayao. Nicht zu vergessen Zinka Milanov, den großen Star des italienischen Repertoires – wiewohl ich mehr daran interessiert war, die deutschen Werke kennenzulernen. Merkwürdig, die meisten Leute fangen in der Oper mit *Aida* und *Troubadour* an, ich wurde mit *Elektra*, *Rosenkavalier* und *Zauberflöte* ›abgestillt‹. Und war (am Radio) beeindruckt von Arturo Toscanini und seinem NBC-Sinfonieorchester. Auch von Wilhelm Furtwängler, als er Bachs *Matthäus-Passion* dirigierte (da war ich am Klavier als Continuo-Spieler mit dabei).

Komponieren wollte ich als Junge bereits, und habe es jahrelang nicht zuwege gebracht. Erst mit neunzehn, 1946, habe ich zum ersten Mal ein Stück auf's Papier gebracht, und das war nach einer Krisis. Perón war schon an der Macht. Der Krieg war zuende, und die Militärs in Argentinien wollten nicht, daß der Sieg über Japan gefeiert wurde, auf der Straße schon gar nicht: sofort war die berittene Polizei zur Stelle. Ich habe mich damals politisch in einer nicht ganz genehmen Studentengruppe betätigt, wir tauchten jeden Abend irgendwo auf, wo wir nicht erwartet wurden, schrien ein bißchen herum und feierten; und wenn dann die Polizei kam, waren wir längst weg. Nun gab es da auch eine Organisation rechter, nationalistischer Studenten, und wie's der Teufel will, trafen wir eines Tages auf der Straße zusammen. Ich wurde furchtbar verhauen und rannte mit einem Riesen-Loch in der Kopfhaut ziemlich weit nach Hause, ich hatte wohl eine halbe Stunde Wegs zurückzulegen. Ich konnte natürlich kein Fahrzeug nehmen, sondern mußte gehen, und möglichst im Schatten, in den Straßen, die nicht begangen waren. Meine Eltern sind, mit Recht, erschrocken und haben mich aus dem Verkehr gezogen, ich wurde in den Süden des Landes in Ferien geschickt. Dieses energische Anklopfen an meinem Schädel hat auch wirklich etwas bewirkt: ich habe angefangen zu komponieren (eine Sonate für Violine und Klavier).

Wenn auch nicht alle meine Stücke sich solchen Schocks verdanken, glaube ich doch, daß mein Komponieren mit der Bewältigung der Außen- und auch der Innenwelt zu tun hat. Vermutlich ist es mir deshalb so ein Bedürfnis, es ist mir unter meinen verschiedenen Beschäftigungen mindestens so wichtig wie das Dirigieren. Das Recht dazu hat mir gewissermaßen Eduard Steuermann bescheinigt, als er mir — ich hatte mich beklagt, daß ich alle möglichen Aufgaben für die Formenlehre-Stunde schreibe, irgendwelche Rondos, in die ich nichts Eigenes hineinbringen könnte; das war noch vor dem Verhauenwerden — schrieb in dieser Zeit: Es ist doch erst mal ganz egal, was herauskommt, Beethovens sind wir doch alle keine. Das fand ich nun sehr toll von ihm, den ich als Komponisten so sehr bewunderte, als *compositeur manqué*, der er unter dem Einfluß Schönbergs ja war.

Zu ihm nach New York schickte ich dann auch meine ersten Produkte. Er war so penibel, daß er allein, trotz seiner großen Erfahrung, es sich nicht zutraute, einem jungen Menschen das Richtige zu sagen, er fürchtete, er könnte meinen Anfängerarbeiten gegenüber zu kritisch sein. Also zog er Erich Itor Kahn hinzu, einen Pianisten und Komponisten der Schönberg-Schule, der mit ihm befreundet war, und den Komponisten und Dirigenten René Leibowitz, der gerade in Amerika war. Was er mir dann schrieb in der Kritik meiner ersten zwei Stücke, war ein Reflex dessen, was die drei am Abend darüber gesprochen hatten. So groß war Steuermanns Verantwortungsgefühl.

Das erste, was er mir schrieb, da ich ja sozusagen noch thematisch komponierte, war: ich müßte unterscheiden lernen zwischen dem, was steht, und dem, was geht. Das ist eine ganz klassische Formulierung, Beethoven ist das Paradigma dafür. Ein Thema, das ›steht‹, bewegt sich gerade mal von der ersten Stufe zur fünften vielleicht und wieder zur ersten zurück, es ›steht‹ also in harmonischer und konstruktiver Hinsicht; und wenn das Thema komplett ist, fängt die Musik zu ›gehen‹ an, sich wirklich in Bewegung zu setzen, die Harmonik und die ganze Gestaltung verändern sich – bis zu einem Punkt, an dem neuerdings etwas Statischeres, ein Thema auftaucht. Das ist natürlich ein formalistisches Denken, aber wenn man thematisch schreibt, ist es sinnvoll, diesen Unterschied mindestens zu kennen. Ich schrieb aber damals schon atonal – oder, besser, nicht mehr tonal –, und da ist das Berücksichtigen dieser Unterscheidung nicht gerade leicht. Er verstehe das, meinte Steuermann, aber ich sollte mich doch in Gedanken damit auseinandersetzen, wie man in die neue Sprache, ohne die Festigung durch die Tonalität, solche Kategorien der Vergangenheit einbringen könne. Das war mein ›Kompositions-Unterricht‹ damals, über 4000 km hinweg.

Den dritten Satz meiner Sonate für Violine und Klavier von 1946 legte ich zwölftönig an. Zwei Jahre später experimentierte ich auf eigene Faust mit Zahlenreihen, organisierte die Dauern nach bestimmten Zahlenreihen und -relationen, ohne zu wissen, daß man in Europa ähnliche Tendenzen verfolgte. Leider ließ ich mich von meinem verehrten Lehrer von weitergehenden Bemühungen in dieser Richtung abhalten. Für ihn widersprach solch abstraktes Zeug der menschlichen Seele; er konnte sich einfach nicht vorstellen, daß sich der Zahlenspiele auch die Fantasie bemächtigen könnte.

Exkurs 2
Komposition heute
(1987/89)

Ein trauriges Kapitel. Es wird nicht nur der Anspruch der großen modernen Musik widerrufen, der Anspruch Arnold Schönbergs auf Fortsetzung der Tradition. Auch der ursprüngliche Ansatz von Karlheinz Stockhausen, von Pierre Boulez, von Bernd Alois Zimmermann, der Anspruch formaler Komplexität, der Anspruch einer Sprache, die Widersprüche schon in sich enthält, und nicht in polemischer Absicht die kompositorischen Entwicklungen des 20. Jahrhunderts ausgrenzt.

Ein Phänomen wie Philip Glass empfinde ich als das Zukleistern all der Schründe und Spalten, die einen wesentlichen Teil der Kunst ausgemacht haben; diese Art von Musik ist eine Lüge. Glass macht sich und den Leuten etwas vor: als ob dadurch, daß man in eine Art Trance versetzt wird, indem eine ganze Oper lang die Arpeggien irgendeiner Tonart rauf und runter gehen, irgendetwas gesagt wäre über das Leben der Menschen von heute, ihre Widersprüche und Schwierigkeiten. Gerade damit aber müßte Kunst doch etwas zu tun haben.

Auch ein Kunstwerk müßte auf Anhieb zu begreifen sein? Bei einem sinnvollen Kunstwerk geht das nicht. Im Gegenteil, wenn ich etwas sofort begreife, ist das so gut wie die Garantie dafür, daß es sich jedenfalls um kein bedeutendes Kunstwerk handelt. So einfach ist es ja nicht; im Leben – von der Kunst mal abgesehen – schon gar nicht: Welchen Vorgang zwischen Menschen, welches Phänomen in der Außenwelt kann man sofort und ganz begreifen? Ein ›ganz begreifen‹ gibt es ja überhaupt nicht. Wenn ich wüßte, wie die Blumen wachsen, bräuchte ich sie mir nicht mehr anzuschauen.

Die Lage der musikalischen Moderne heute würde ich als ›Winterschlaf‹ beschreiben. Das ›Aufwachen‹, der nächste Ausbruch, kommt bestimmt. Nach 1848/49 oder nach dem Sieg über Napoleon gab es jeweils für einige Zeit Ruhe und Frieden; aber es war der Frieden der Restauration, es war Metternichs Frieden. Und dazu gab es die passende Kunst: das Biedermeier. Auch heute paßt die angepaßte Kunst zur angepaßten Gesellschaft. Aber das Pendel wird, es muß wieder umschlagen.

Warum ich dirigiere? Als Boulez danach gefragt wurde – wo er doch ein so hervorragender Komponist sei –, sagte er: »Je veux dominer!« Natürlich ist das nicht alles. Für mich ist das Dirigieren einerseits ein mir kongenialer Weg, mich musikalisch durch andere Leute auszudrücken. Andererseits war ich, als ich in der Öffentlichkeit noch Klavier spielte, furchtbar nervös; als ich zu dirigieren anfing, war die Nervosität wie weggeblasen.

1948 wurde mein Vater Burgtheater-Direktor, meine Mutter folgte ihm bald nach Wien, ich kam Ende 1950. Zuerst hatte ich nach New York gehen wollen, um bei Steuermann über das Wechseln von Briefen hinaus Komposition zu studieren, aber von den Amerikanern kein Einreise-Visum bekommen, vermutlich wegen des Studentenverbindungs-Unfalls, ich war damals ja festgenommen worden, hatte eine Nacht im Gefängnis zugebracht. Andererseits in Buenos Aires bleiben, um Dirigent zu werden, konnte ich auch nicht. Ein Immigrant hatte dort keine Chance, eine Dirigenten-Karriere zu starten, alle Positionen waren fest in den Händen der Italiener, die seit fünfzig bis achtzig Jahren im Land waren.

Mit meinem Analyselehrer in Wien, zu dem ich auf Anraten Steuermanns ging, dem alten Dr. Josef Polnauer, Schönberg-Schüler noch aus der Zeit der *Harmonielehre*, 1910/11, erarbeitete ich klassische Symphonien und Kammermusik bis Brahms; um meine Kompositionen ging es da nicht. Viele Seiten vollzuschreiben, ohne sich lange den Kopf darüber zu zerbrechen, wie das von Schönberg her im Unterricht gefordert worden war, habe ich nie gelernt; ich laborierte damals drei, vier Sommer lang an einem Stück herum. Polnauer verfolgte alles auswendig. Er war fast blind, hatte jede einzelne Modulation, alle formalen Aspekte im Kopf. Und natürlich gingen nach der Stunde die Gespräche mit ihm weiter.

Dann gab es in Wien den Komponisten Friedrich Wildgans, Sohn von Anton Wildgans, dem expressionistischen Lyriker und Dramatiker. Er war mit der Sopranistin Ilona Steingruber verheiratet, die wegen ihres absoluten Gehörs für Schönberg- oder Webern- oder Steuermann-Lieder geradezu prädestiniert war. Sie war die erste Schallplatten-*Lulu*. Und Wildgans hatte direkte Erinnerungen an Webern, da rückten auch die persönlichen Aspekte des Schönberg-Kreises näher.

An der Oper war, Ende der vierziger Jahre, noch Franz Salmhofer Direktor, einer der wenigen aufrechten Anti-Nazis der ganzen Wiener Musikszene. Als ich dort 1951 Korrepetitor wurde (mit 600 Schillingen monatlich, das waren damals knapp 100 Mark), fand meine argentinische Tätigkeit, da ich die Sänger größtenteils bereits vom Colón her kannte, so etwas wie ihre logische Fortsetzung. Und doch hatte ich eine sehr langsame Entwicklung. Mein Fehler war, daß ich zu lange in Wien blieb. Die Szene dort ist zu groß, keiner hält Ausschau nach Anfängern. Karajan selber sagte mir das eines Tages: »Sie werden nirgendwohin kommen, wenn Sie hierbleiben. Sie sollten weggehen.«

1952 spielte ich in Wien noch Klavier, die Schönberg-Stücke opus 23 und opus 33, im gleichen Konzert aber dirigierte ich bereits

Strawinskys *Geschichte vom Soldaten.* Meine erste Chance an der Oper bekam ich eineinhalb Jahre später. Ich hatte Maestro Clemens Krauss assistiert und für ihn Arthur Honeggers *Jeanne d'Arc au bûcher* einstudiert, eines Tages aber war ihm nicht nach Dirigieren und ich übernahm mit nur einer Probe. Danach war ich halbtot und sehr glücklich, weil es so gut gegangen war. (Zwei Wochen davor übrigens hatte ich bereits einen Ballettabend zu dirigieren, mit Theodor Bergers *Homerischer Symphonie*, an den ich keine rechte Erinnerung bewahrt habe.) Das nächste, was man mir gab, Puccinis *Bohème*, ohne Probe diesmal, ging nicht sehr gut. Die Sänger und das Orchester führten ihre übliche *Bohème* auf, auf mich achtete niemand.

Von den weiteren Engagements, die sich dann ergaben, gelang am besten die Rundfunkaufnahme von Glucks *Orfeo* in Wien, davon gibt es heute noch ein Band im ORF-Archiv. Der WDR Köln verpflichtete mich, zwei eigene Kompositionen zu dirigieren, die beide bei argentinischen Kompositionswettbewerben erfolgreich gewesen waren: zuerst die *Choralvariationen*, danach die *Música 1954* für Streichorchester, Klavier, Bariton, Posaune und Pauken (mit Alfred Brendel). Für die *Música 1954* und einiges andere wurde ich auch nach Buenos Aires eingeladen. 1956 nahm ich zum ersten Mal Schönbergs Violinkonzert (mit Wolfgang Marschner) und Klavierkonzert (da war wieder Brendel dabei) für die Schallplatte auf, am Südwestfunk in Baden-Baden (dessen Sinfonieorchester ich exakt dreißig Jahre später als Chefdirigent übernehmen sollte). Im gleichen Jahr versuchte ich, zweiter Kapellmeister unter GMD Georg Solti in Frankfurt zu werden; aber nachdem es mit einer modernen Oper sehr gut gegangen war, scheiterte ich erneut an der *Bohème* (ungeachtet dieses Unfalls brachte ich knapp dreißig Jahre danach eine Neueinstudierung von *La Bohème* in Frankfurt heraus, gegen Ende meiner Zeit als Frankfurter GMD und Operndirektor der Städtischen Bühnen – wie man sieht, bin ich bemüht, meine Schulden zu bezahlen). Jedenfalls war ich damals schon als »Moderner« verschrien, ich hatte mich wohl zu sehr der Musik unserer Zeit verpflichtet gezeigt.

In Wien lernte ich auch, im Haus einer Freundin, Helga Augsten kennen, meine spätere Frau. Sie stammt aus Wels, einer oberösterreichischen Kleinstadt (zwischen Salzburg und Linz), studierte zuerst Zeichnen und Malerei, bis ihre Liebe zum Singen derart überhandnahm, daß sie gegen den Willen ihrer Eltern zum Gesangsunterricht nach Wien ging. Ihren Lebensunterhalt verdiente sie sich durch ihre Mitwirkung im Wiener Akademie-Kammerchor, der zum Beispiel Bachs Motetten, Passionen und Messen, Beethovens *Missa solemnis* und Mahlers 2. Sinfonie aufnahm, unter der Leitung seines Gründers Ferdinand

Großmann, aber auch unter Dirigenten wie Otto Klemperer oder Hermann Scherchen. 1952 trat sie dem Wiener Staatsopernchor bei, was unserer Freundschaft sehr zuträglich war und unser Leben leichter machte: wir arbeiteten jetzt beide am gleichen Ort. 1957 heirateten wir. Wir haben zwei Kinder: Claudia und Lukas.

1960 wurde ich Musikdirektor an der Königlichen Oper Stockholm, deren Operndirektor damals der Heldentenor Set Svanholm war, den ich 1947 in Argentinien am Klavier begleitet und der mich offenbar in guter Erinnerung behalten hatte. Ich blieb fünf Jahre in Stockholm – nach der Lehrzeit in Wien war das ein wirklicher Schritt vorwärts in dem Versuch, meine eigenen Ideen in Musik umzusetzen. Am besten gelangen dort wohl eine *Falstaff-* und eine *Parsifal-*Neueinstudierung; nicht vergessen habe ich auch Ingmar Bergmans Inszenierung von Igor Strawinskys *The Rake's Progress*. Die meisten Opern wurden schwedisch gesungen, ich mußte also, als letzte, auch noch diese Sprache lernen, es war meine sechste.

Anfang 1965 dirigierte ich in Stockholm die Uraufführung von György Ligetis *Requiem*, dann folgte eine freie Zeit, während der wir in Köln lebten. Ich leitete die Uraufführung der *Soldaten* von Bernd Alois Zimmermann, dirigierte einen *Ring-*Zyklus, unterrichtete, ging für zehn Konzerte mit dem *Sydney Symphony Orchestra* nach Australien, war für Carl Orffs *Prometheus* und eine Neueinstudierung der *Soldaten* bei den Münchner Opernfestspielen zu Gast. Und wurde 1969 Chef des *Orchestre National de Belgique* in Brüssel. Erstmals in meinem Leben hatte ich es jetzt hauptberuflich mit sinfonischer Musik zu tun. Das bedeutete erneut einen enormen Zuwachs an Repertoire und Erfahrung. Wir lebten in Brüssel – einer liebenswerten Stadt, in der man gut ißt –, bis, einigermaßen überraschend, der Ruf aus Frankfurt kam (in der Zwischenzeit hatte ich, 1971, mein USA-Debüt: vier Wochen lang war ich Gast der New Yorker Philharmoniker; weitere Amerika-Verpflichtungen schlossen sich an, darunter die große, an die fünfundzwanzig Konzerte umfassende *Orchestre National-*Tournée Anfang 1972; auch arbeitete ich ein paar Jahre als Chefdirigent an der Niederländischen Oper mit Hauptsitz in Amsterdam, Erfahrungen konnte ich da insbesondere in der Zusammenarbeit mit Götz Friedrich und Harry Kupfer gewinnen).

Als man mich in Frankfurt haben wollte, hatte ich die ›großen Positionen‹ schon abgeschrieben. Wir waren eben mit dem Ausbau unserer Scheune in der Toscana fertig geworden, ich hatte mich auf neuerliche Gastdirigenten- und Unterrichts-Tätigkeit eingestellt. Meine Berufung nach Frankfurt, die mir die Möglichkeit gab, meine Ideen zu verwirklichen, die ich in der Zwischenzeit zum Musiktheater entwickelt hatte, war wohl darauf zurückführen, daß ich vielleicht mehr als andere in den älteren Werken Analogien zur heutigen Problematik des Individuums und der Gesellschaft aufgedeckt habe; daß mein Musizieren vielleicht mehr Denkanstöße gibt zur Erhellung von Zusammenhängen und Querverbindungen zwischen früher und heute; daß ich aber auf kein gewaltsames Aktualisieren aus bin, sondern auf das Offenlegen von existenten Widersprüchen – an Stelle des Zukleisterns im Schönklang.

An einem Beispiel erläutert: Während der eine Künstler in der *Eroica*-Partitur üppiges Pathos oder die unendliche Melodie sieht, der zweite hauptsächlich die Verästelung der thematischen Struktur klarlegen will, mag der dritte versuchen, schon in diesem Stück von 1803 die *Dialektik der Aufklärung* deutlich zu machen, das verbissene Trotzdem Beethovens nachzuvollziehen, das ihm, diesem dritten Musiker, vielleicht aus der Vertrautheit mit Schönbergs verzweifeltem Humanismus erst klar geworden ist. Das bedeutet keinen Verzicht auf die anderen Komponenten der Darstellung, aber vielleicht eine Bewußtseinserweiterung für das Erkennen des Standorts eines solchen Meisterwerks. Das mag beim Publikum zuerst Befremden auslösen, aber wir alle, auch das Publikum, brauchen das Lernen ja nicht vorzeitig aufzugeben. Für die Oper war also entscheidend die Wahl solcher Regisseure und Bühnenbildner, die imstande sind, die Bedeutung des Werkes für uns jetzt und im Lichte heutigen Bewußtseins darzustellen. Sie mochten eher von Schauspiel und Film herkommen, sollten jedenfalls mit der konventionellen Opernregie nichts im Sinn haben, vielmehr das zeigen wollen, was wir für die wirklichen Inhalte der Opern hielten und was üblicherweise unter sogenannten Traditionen begraben und verschüttet ist.

An unserer *Zauberflöte* (Regie: Ruth Berghaus) wurde nichts so stark angegriffen wie das Bühnenbild (Marie-Luise Strandt). Daß dahinter eine wunderbare Idee stand, wollte man nicht sehen. Am Anfang ist alles verhangen, alles hängt herunter, man weiß nicht, womit man es zu tun hat und wie die da oben auf der Bühne, auf dem kleinen Platz zurechtkommen. Allmählich aber, im Verlauf des Stückes, wird es immer durchsichtiger, bis es am Schluß vollkommen durchsichtig, ein Bild für die »siegende Aufklärung« ist. Was die Handlung, die Szene erzählt, konterkariert das Bild. Einen Widerspruch in sich bietet das Bild nicht, aber das ganze Stück ist der Widerspruch zu dieser abstrakten Aufklärungsidee, die sich im Durchsichtigwerden des Bildes erzählt.

Ich will damit sagen, daß im Musiktheater die Bilder, die man findet, von der Musik getragen werden müssen. Deshalb war es uns auch so wichtig, daß der Dirigent von Beginn an eng mit der Regie zusammenarbeitet. Er ist das nötige Korrektiv. Die schockierenden Mittel, über die man sich beim Regietheater so oft aufregt, sind ja legitim, wenn das, was sie darstellen, mit dem Inhalt des Werkes zusammengeht.

Mit den zehn Jahren Frankfurt versuchte ich jedenfalls, mein Scherflein dazu beizutragen, nicht nur Oper zu dirigieren, sondern Musiktheater nach sinnvollen und aufklärerischen Vorstellungen zu gestalten. Das war unglaublich anstrengend, der ständige Druck wäre kein Jahr länger auszuhalten gewesen. Im Verhältnis dazu ist ein Sinfonieorchester zu leiten wirklich – ich will nicht sagen: ganz leicht, aber: viel einfacher. Und doch spielt der anhaltende Druck eine viel geringere Rolle als die wirklich riesige Satisfaktion, daß es möglich war, die richtigen Mitarbeiter zu finden, die wunderbaren Kollegen, die mir viel Arbeit abnahmen: allen voran Christof Bitter, Mathias Weigmann und Klaus Zehelein. Zehelein war die entscheidende Figur in dem Ganzen. Mit der Musik alleine hätte ich ja gar nichts ausrichten können. Das Gesicht der Szene, die Wahl der Regisseure: welches Stück mit welchem Regisseur, welcher Regisseur mit welchem Bühnenbildner, das ist alles von Zehelein zumindest initiiert worden, zuerst mit Bitter zusammen, nachher weitgehend selbständig.

Welche Funktion im Leben hat denn die Kunst? Welche Funktion in dieser Gesellschaft hat denn das Theater? Widerstand zu leisten war gewiß ein Hauptimpuls unserer Frankfurter Arbeit, Widerstand gegen das, was die Kulturindustrie den Werken antut. Darüber hinaus aber ging es darum, die Sinnlichkeit in die Darstellung einzubringen, um es dem Publikum möglich zu machen, mitzugehen, es ging um eine strategische Haltung in der Kunstproduktion, die Zehelein entscheidend mitgeprägt hat. Eines war uns dabei von Anfang an klar: wir machen Oper für heute. In ein paar Jahren muß wieder etwas anderes kommen, weil sich das Bewußtsein der Menschen, und Gott sei Dank auch das der Opernproduzenten, ändert. Wir können nur für den Moment arbeiten. Die künstlerische Reproduktion in Musik und Theater ist notwendigerweise von kurzlebiger, ephemärer Qualität, sie hat, wie eine Blume, ihre bestimmte Lebenszeit, nicht mehr.

Exkurs 3
Die Reaktion des Publikums
(1975...89)

... hat, das bestätigte sich in Frankfurt, mit den Dingen selber überhaupt nichts zu tun, sie hat mit der Erwartungshaltung zu tun. Beim normalen Operngänger reduziert sich das Stück im Kopf auf das, was er zu sehen und zu hören gewohnt ist. Es dauert offenbar sehr lange, bis er bereit ist, sich von früheren Vorstellungen zu befreien und überhaupt wahrzunehmen, was er konkret geboten bekommt. Darum war die Ablehnung des Publikums für uns so etwas wie ein Normalverhalten. Mit *épater le bourgeois* hatten wir nie etwas im Sinn. Wir haben uns nur gefragt, warum Musiktheater eigentlich immer so einfach sein muß? Schließlich handelt es sich nicht um ein Abendessen. Es ist Arbeit zu leisten, auch vom Publikum.

Natürlich, es ist die Frage, wie man es dahin bringen kann, beim Musikhören weniger das passive Sichzurücklehnen als vielmehr das aktive Vergnügen zu schätzen. Jedes Publikum hat eine Persönlichkeit – sollte es dieser Persönlichkeit nicht erlaubt sein, sich von Konzert zu Konzert zu ändern? Was ich in Cincinnati an Briefen bekam, war oft unglaublich. »Ich zahle, also bestimme ich, was Sie zu spielen haben«, darauf liefen viele hinaus. Sind wir denn die Lakaien der Leute, die zahlen? Und warum zahlen sie? Damit man ihnen die Musik vorsetzt, die sie bereits zigmal gehört haben? Also nicht, um an Kultur teilzunehmen? Die ganze kommerzielle Betrachtungsweise ist ein einziges fundamentales Mißverständnis. »Wenn ich für das Eis bezahle, hat es gefälligst süß zu sein.« Das genau ist die Art, wie diese Leute denken. Dabei ist es nicht einmal nur eine Frage des Geldes. Sie erwarten, daß wir die Diener ihrer Gewohnheiten sind; und vergessen, daß ich eine Verantwortung mir selber, der Musik, dem Orchester und dem *ganzen* Publikum gegenüber habe, nicht bloß seinem traditionellen Teil, wie mehrheitlich er immer sein mag.

Die Schwierigkeit einerseits, daß die Künstler und die Laien einen unterschiedlichen Kunstbegriff haben, daß ich Kunst als Mittel der Erkenntnis betrachte und viele andere – nicht bloß die Laien – nicht, ist nicht wegzudiskutieren. Andererseits: was gefällt, muß darum nicht verachtet werden. Erfolg oder Mißerfolg ist für mich an der Befindlichkeit meines eigenen Gewissens und am jeweiligen ›Geist des Hauses‹ abzulesen.

Groß? Sind Dirigenten ab 1,80 m. Wenn ein Dirigent die Leute dazu bringt, auf dem Bauch zu liegen vor der Gewalt einer Darstellung, einer zu langsamen Beethoven- und Wagner-Aufführung, dann ist er groß. Ist er dann aber noch gut? Freilich ist das nicht so ganz einfach, ich bin selber ja auch auf dem Bauch gelegen ...

Daß ich ab 1978 für drei Jahre Chief Guest Conductor des Londoner BBC-Sinfonieorchesters, und ab 1980 für sechs Jahre Musikdirektor in Cincinnati war, belegt mindestens mein nicht nachlassendes Interesse am Konzertleben. Die Tätigkeit in Amerika hat mir sehr viel Spaß gemacht, weil das Orchester in Cincinnati ein sehr gutes Orchester ist und die Arbeit unglaublich schnell geht. Leider geht sie, aus hauptsächlich finanziellen Gründen, etwas *zu* schnell: das höchste der Gefühle sind fünf Proben für ein Konzert, egal welches Programm. Nun habe ich mich auch dort nicht breitschlagen lassen, nur kommerzielle Programme zu machen, sondern habe mehr moderne und ungewöhnliche Musik aufgeführt in diesen Jahren als irgendein anderer GMD in Amerika, außer Stokowski in seinen frühen Jahren. Also habe ich ein bißchen gemogelt: wenn ich ein sehr schweres Programm vorhatte, gestaltete ich die Woche davor möglichst klassisch und glatt, so daß ich mit etwa dreieinhalb Proben auskam, also eineinhalb zum Vorausprobieren hatte. Die Musiker bereiten sich ja sehr gut vor, aber sie müssen doch wissen, wie es geht, man muß die Stücke einmal durchgespielt haben, damit sie wissen, was sie zu üben haben. Die Schnelligkeit, mit der in Amerika gelesen wird, ist schon phänomenal. Christoph von Dohnányi erzählte mir, er habe in Cleveland Schönbergs *Jakobsleiter* aufgeführt: nach einer Leseprobe, einer kompletten Probe und der Generalprobe. Alle spielen das sofort (in Europa dagegen braucht man sechs, sieben Proben, dafür ist dann die Kenntnis des Werkes vielleicht eine gründlichere).

Als ich 1986 nach Baden-Baden kam, sagte ich auf die Frage nach dem Warum: Ich möchte mir den Luxus leisten, am Südwestfunk so viel zu probieren wie notwendig und so wenig wie möglich. Zum Beispiel: zwei Wochen Proben, um drei Stücke von Nono und Schönbergs *Erwartung* zu realisieren. Nun haben wir ja im Funk noch die besondere Aufgabc, aufzunehmen, also nicht nur eine anständige Aufführung herzustellen, sondern auch eine Produktion, ein fehlerfreies Band, deshalb: ein bißchen Luxus mit der Zeit wird schon getrieben. Das Sinfonieorchester des Südwestfunks ist ja kein Traditionsorchester, es ist ein Rundfunkorchester, das sich auf alles einstellen kann, das gewöhnt ist, mit ungewohnten Aufgaben konfrontiert zu werden. Diese Traditionslosigkeit ist ein großer Vorteil, manchmal.

Jedenfalls war die Möglichkeit, ausgiebig zu probieren, ein Hauptanreiz für mich, was die Südwestfunk-Stelle angeht. Und zwar bezogen nicht nur auf die neuere, auf die moderne Musik, sondern auch auf die alte. Ich wollte endlich ausreichend Zeit haben, eine Haydn-Sinfonie so auseinanderzunehmen und wieder zusammenzusetzen, daß wirklich das herauskommt, was ich mir vorstelle; oder Beethoven oder Mozart oder Mahler. Ich möchte, wenn ich mich einmal zurückziehe, im Archiv eine Reihe von Bändern klassischer Musik hinterlassen, die dem entspricht, was ich mir darunter vorstelle, und nicht, unter Zeitdruck, dahinter zurückgeblieben ist.

Wenn ich »im Archiv« sage, meine ich nicht, daß die Bänder unter keinen Umständen aus dem Archiv herauskommen dürfen: ich halte Platten (oder CDs) für eine sehr gute Sache, aus verschiedenen Gründen. Erstens zur Erziehung des Publikums. Wer interessiert ist, kann sich durch die Platte mit einem schwierigen Stück oder mit einer problematischen Auffassung eines Interpreten vertraut machen, er kann mehrfach hören, was da wie gemeint ist. Es braucht ja nicht nur die ›Wiedersehensfreude‹, es kann auch ein Bildungsbedürfnis dabei sein. Zweitens ist es für die Ausführenden eine sehr gute Sache: für ihren Marktwert vielleicht auch, vor allem aber, weil bei den Platten Qualitätsmaßstäbe angelegt werden, die sonst nicht so leicht zur Geltung kommen. Selbst wenn man genügend Proben für ein Konzert hat, ist der Qualitätsanspruch nie ganz so hoch, wie wenn für eine Platte geprobt wird.

Natürlich, Orchester und Dirigent müssen sich aneinander gewöhnen, es ist ein bißchen wie in der Ehe. Es gibt viele Situationen, in denen zu Anfang große Verliebtheit herrscht, und dann sehr bald große Enttäuschung. Mit mir war es genau andersherum: ich war in meinem Leben bei mehreren Orchestern Chef und ich hatte nie eine klare Mehrheit. Die Orchester werden heute ja gefragt, und wenn ich ein etwa fünfzigprozentiges Ja bekam, es also gerade noch durchging, daß ich ernannt wurde, dann war das schon viel. Allmählich aber hat sich das überall gesteigert, allmählich sind wir aufeinander zugegangen, die Orchester und ich. So war das auch in Baden-Baden. Ich kam sehr gestreßt an, nach zehn Jahren Operndirektion in Frankfurt, ich war ungeduldig und kapierte einfach den Rhythmus, die Gelassenheit dieses Orchesters nicht gleich; es hat eine Weile gedauert, bis ich mich beruhigt hatte.

Gewiß wird in Baden-Baden und jetzt in Freiburg fest gearbeitet, aber es wird ruhig gearbeitet. Das war auch ein Faktor, der mich beruhigte: zu sehen, daß in der Zeit, die wir für die Arbeit haben, sehr gute Resultate erzielt werden können, in aller Ruhe. Als ich das Syndrom der Oper endlich hinter mir hatte, stellte sich eine sehr gute Situation zwischen Orchester und mir her. Die Musiker, die mir vielleicht zu Anfang nicht so recht trauten, die dachten, das ist ein kalter, ein intellektueller, ein analytischer Musiker – die Vorurteile vieler Kritiker waren natürlich auch die vieler Musiker –, sahen mit einem Mal, daß wir zusammen großen Erfolg haben. Und so wurde aus einer Vernunftheirat am Ende eine sehr gute Ehe.

Exkurs 4
Rede bei der Verleihung des Großen Bundesverdienstkreuzes (Baden-Baden, 7. Mai 1993)

Ich habe mich immer verstanden als Außenseiter – und das entsprach weitgehend der Realität. Vor der Emigration, als Halbjude in der Schule, in Wien besonders, wo die Kameraden mit Steinen nach mir schmissen, während der Emigration sowieso, nach der Rückkehr als Modernist in Wien, allmählich im Beruf des Dirigenten durch Programmwahl und Darstellungsweise. – Durch den Erfolg der Oper in Frankfurt in der Zusammenarbeit mit Klaus Zehelein, Dr. Christof Bitter und Mathias Weigmann wurde ich schon allmählich integriert. Man konnte eine Gegenposition zur repräsentativen Kunst beziehen als städtischer GMD und Operndirektor.

Auch heute sind wir nur eine kleine Phalanx von Dirigenten, von Außenseitern, die zwar, wie fast alle anderen, im Dienst des Werkes interpretieren – jedoch im festen Glauben an ein Besser-lesen-Können, an ein tieferes Verständnis der Werke; geradezu hochmütig selbstbewußt in einer strengeren Aufführungspraxis in der Nachfolge Mahlers und Schönbergs, Steuermanns und Kolischs – und mit dem Einsatz für die Musik unserer Zeit – die wir uns also gegen die Musikpraxis der Kulturindustrie stellen – mit den Mitteln der Kulturindustrie, versteht sich. Daß ich dafür mit der Position des Chefdirigenten des SWF-Sinfonieorchesters eine ideale Stellung und in diesem Orchester einen idealen Partner habe, von Dr. Bitter und unserer langjährigen künstlerischen Freundschaft ganz zu schweigen, dafür bin ich dankbar.

Ich bin mir auch bewußt, daß meine oppositionelle Wirksamkeit und Wirkung nur in einer öffentlich-rechtlichen Institution in Europa möglich ist und war. Das habe ich in Amerika gelernt.

Im Unterschied zum Mittelalter und der Renaissance hat es im Zeitalter der Moderne keine offizielle, staatliche Kunst von Rang gegeben. Weder das Kaiserreich oder das tausendjährige Reich noch die Sowjetunion haben Werke hervorgebracht, die sinnvoll ihre Zeit ausdrücken. Nur im Widerstand sind solche entstanden. So sind Widerstand und Negation die Keime, aus denen Celan und Jessenin, Enzensberger und Jewtuschenko geschaffen haben. Ja, die Kultur muß sogar in der Demokratie eine Negation der Macht sein und die Kunst heute das negative Abbild der Utopie in einem scharzen Spiegel.

Für die wiedergebenden Künstler, die Musiker und Dirigenten, bedeutet das Sich-Einlassen insbesondere auf problematische neue Musik die Bejahung des Einspruchs gegen das Bestehende um der Erneuerung des Lebens willen. Aber nichts Neues entsteht ohne seine Wurzeln. So konnte sich Schönberg als Konservativen sehen, als Bewahrer von Sinn und Form.

Es ist ein Irrtum zu behaupten, Tradition sei Schlamperei: die leere Konvention ist geistige Schlamperei, ist fehlende Verantwortung. Der Bundesrepublik und der Republik Österreich gebührt der allerhöchste Orden dafür, daß sie oppositionelle und subversive Kunst, wenn auch wohl manchmal zähneknirschend, tolerieren und subventionieren.

Es mag ein unterbewußtes Motiv für eine Ordensverleihung wie die heutige sein, daß man den Künstler in den normalen öffentlichen Zusammenhang integrieren will. Der Künstler aber nimmt den Orden dankbar an, weil damit die Toleranz der Bundesrepublik und in der Bundesrepublik öffentlich dokumentiert wird, nicht nur die Höflichkeit des Herrn Bundespräsidenten.

Und die feste, ja starrsinnige Behauptung der Toleranz, nicht nur gegen ihre Feinde sondern auch gegen die ängstliche Anbiederung an diese Feinde, ist die vornehmste Haltung und öffentliche Aufgabe der Regierenden und für uns Bürger, die jetzt dringend nötig ist.

Als ich jünger war, hätte ich wohl das Bundesverdienstkreuz abgelehnt, weil sicherlich dieser Orden auch an Persönlichkeiten ging, die mir nicht so liegen. Heute verstehe ich ihn als Ermutigung an die Jüngeren, der Stachel im öffentlichen Fleisch zu sein.

ANSICHTEN

Freundesgaben

Christof Bitter
Pierre Boulez
Alfred Brendel
Mauricio Kagel
Helmut Lachenmann
Wolfgang Rihm
Heinrich Schiff
Mathias Spahlinger
Jean-Marie Straub
Mathias Weigmann

und

Fotografien

oggi e adesso

»Übrigens ist mir alles verhaßt, was mich bloß belehrt, ohne meine Fähigkeit zu vermehren oder unmittelbar zu beleben.«
(Johann Wolfgang von Goethe)

Es ist sicher nicht leicht, Michael Gielen *gerecht* zu werden, weil die Ansprüche, die er an sich selbst stellt, an seine Mitarbeiter und an die, die das von ihm Dargestellte rezipieren sollen, so hoch sind, daß die Messlatte für viele zu hoch liegt und sie lieber darunter hindurch laufen, als daß sie auch nur den Versuch wagen, selber so hoch zu springen.

Christof Bitter (1985)

Modéré (♩ = 102)
Trompettes (ut)
Cors (fa)
Trompettes (ut)
Cors (fa)
Perc. 1 Xylo
baguettes douces
Perc. 3 Marimba
Perc. 4 Vibra
baguettes douces
mf
f
ff
mp
pp
p
Mon cher Michael – Voici le début d'une Dérive 3 qui pourrait bien convenir
à un anniversaire – puisque le chiffre 7 et ses multiples n'aient rien à y voir!
Vous pourrez toujours imaginer la suite, elle est composée mais j'aurais
été trop long de la copier en entier. Mais peut-être l'imaginerez-vous
toute différente de ce qu'elle est en réalité. Après tout, c'est ça la vie!
Bon 70e – J'ai déjà l'expérience: ce n'est pas terrible, on s'y habitue…
Amitiés de longue date et de long futur, espérons-le!
Boulez

Als ich den jungen Michael Gielen kennenlernte, war er ein Mann des musikalischen Fortschritts - was angesichts seines Onkels Steuermann niemand verwunderte - und hatte ein bemerkenswert loses Mundwerk. Zu unseren ersten gemeinsamen Taten gehörte die Aufnahme des damals noch weithin unbekannten Klavierkonzerts von Schönberg in Baden-Baden. Ich hatte vorher nie eine Note dieser Musik gespielt und sprang, von Michael animiert, ins kalte Wasser. Aufführungen in Wien und Warschau folgten. Das Internationale Festival Zeitgenössischer Musik in Warschau war damals einzig im kommunistischen Europa. Nadia Boulanger saß als Ehrengast auf dem Balkon und schüttelte sich vor Grausen: Sie, d.h. Strawinsky, hatten zu diesem Zeitpunkt Schönberg noch nicht entdeckt. Das Publikum dachte anders und demonstrierte seine Schönberg-Begeisterung, bis wir den letzten Satz wiederholten.

Im gleichen Konzert spielte ich, vor Angst zitternd, das Orchesterklavier in Lutoslawskis "Konzert für Orchester". Des Taktzählens ungewohnt, ließ ich einige Passagen aus, was mir Lutoslawskis Mißbilligung eintrug. Sein indigniertes Gesicht verfolgt mich noch heute.

Gleichfalls in die fünfziger Jahre fielen die Uraufführung von Gielens "Musica 1954" in Köln, diesmal ohne Versäumnisse meinerseits, und Schallplattenaufnahmen von Liszts beiden Klavierkonzerten samt "Totentanz" und "Malédiction" in Wien, jeweils in einer Sitzung, wobei sich während der "Malédiction", nicht ganz unpassend, ein krachendes Gewitter über dem Großen Musikvereinssaal entlud.

Als Michael mich vor der Portiersloge des Wiener Konzerthauses Adorno vorstellte, war das nicht mein Glückstag. Ich war gekommen, um mit den Wiener Symphonikern ein Stück zu probieren, das ich nicht mochte. Unerwartet standen da die beiden Herren. Auf Adornos Frage "Was spielen Sie heute?" mußte ich, bleich im Gesicht, antworten: "Rachmaninow." Hier endete unsere Bekanntschaft.

Nach mehreren Beethoven-Konzerten in Frankfurt brachte das Schönberg-Konzert mich wieder mit Michael zusammen. Eine gute Reise mit dem Südwestfunk-Orchester fand ihren Abschluß in demselben Hans-Rosbaud-Studio, in dem wir 36 Jahre früher schon dasselbe Werk, wenn auch keineswegs auf dieselbe Weise, aufgezeichnet hatten. Daß es heute anders klingt und anders rezipiert wird, ist nicht zuletzt Michael Gielens fabelhafter Arbeit zu danken. Wir umarmen ihn!

Alfred Brendel

In der Erinnerung zu kramen, scheint eine klassische Lösung der Aufgabe zu sein, wenn es sich darum handelt, über einen alten Freund zu schreiben. In der Tat: Begegnet bin ich Michael Gielen zum ersten Mal etwa 1948 in Buenos Aires. Kurz davor — oder vielleicht kurz danach? — spielte er den Klavierpart bei einer Aufführung der *Vier Temperamente* von Hindemith. Mich beeindruckte der hagere Pianist mit ernsten Gesichtszügen und streng-rhythmischem Anschlag.

Während man in Europa begann, die Zerstörungen des Zweiten Weltkrieges zu beseitigen, war die instabile, gefährdete Topographie der Emigration in Buenos Aires nicht unähnlich jener von New York. Die Kraftlinien der europäischen Musikkultur lebten dank der Entwurzelten weiter und blühten unbändig auf. Sowohl Michael als ich durften musikalisch so wohlbehütet aufwachsen, als wären wir immer noch in Wien, Berlin oder Dresden. Dies gilt insbesondere für jene geistige Nahrung, die in frühen Jahren unerläßlich ist, damit Kenntnisse sich ästhetisch und handwerklich rechtzeitig in grundsätzliche Erkenntnisse verwandeln dürfen. Schon damals wurde die Neue Wiener Schule für Gielen zugleich ein ethischer Leitfaden, der unerbittlich zu verteidigen ist und deren Werke in Permanenz zu wiederholen sind. Ich besitze noch eine Schallplatten-Edition der vollständigen Schönberg-Klavierwerke, die Gielen spätestens Anfang der fünfziger Jahre einspielte. Da die beschränkte Auflage nicht gepreßt, sondern jede Platte einzeln hergestellt wurde, ist das Material mittlerweile sehr brüchig geworden. Die typische Wiener Mischung der gesangvollen Verdeutlichung von Haupt- und Nebenstimmen in einem *a tempo ma rubato* ist jedoch immer noch wahrnehmbar.

Unsere ersten Kompositionen wurden in der gleichen *agrupación nueva música* uraufgeführt, die als Autodafé — wie auch anderswo — in Großbuchstaben die Werkzeuge des Reaktionären sah. (Vielleicht dauert der Sieg der Typographen über eine vernünftige Lesbarkeit immer noch an. Damals aber wurde diese visuelle Richtlinie des Bauhauses zugleich als notwendiges Glaubensbekenntnis zu Gegenwart und Zukunft der Musik erachtet.)
Als Gielen nach Europa ging, gewann ich den Wettbewerb um seinen bisherigen Posten als Korrepetitor am Teatro Colón. Er hatte diese Funktion mit akribischer Professionalität erfüllt und es war gewiß eine Auszeichnung, diese Arbeit zu übernehmen.

The rest is not silence. Diese Zeilen wollen keine Chronik sein, sondern nur ein Stück Faden aus dem Knäuel ziehen, das aus gegenseitiger Zuneigung, sich biographisch und geographisch merkwürdig kreuzenden Wegen, intensiven (Streit-) Gesprächen bei köstlichen Abendessen aufgewickelt worden ist.
Lieber Michael, meine Verehrung und Gratulation zu einem andauernd erfüllten Leben mit Musik, das ohne die stete Hilfe Helgas gar nicht so denkbar gewesen wäre.

Mauricio Kagel

Zu seinem Siebzigsten Geburtstag

GRÖSSE
 IST
 EINSAM.
 LIEBE
 ENTDECKT
 NEU(ES)

dem großen einsamen Michael

in neu entdeckender Liebe

Helmut Lachenmann

Trapezio 20. März 1997

An M G

Das Lächeln der Kompetenz
gleicht verborgen stachlichten Früchten
Du beißt hinein und siehst weithin
Dein eigenes Blut sprühen
Wie jeder Küssende glaubst nun Du
zu Lächeln

(fernöstliche Weisheit
– Fälschung und Übertragung von Wolfgang Rihm)

... nicht einfach zum Geburtstag gratulieren?

... nicht bloß sagen, wie sehr man den Meister verehrt?

... nicht Lobeshymnen singen? (Nein, das vielleicht besser wirklich nicht — wo jede musikalische Produktion ein allzu gestrenges und kritisches Ohr im Jubilar anträfe.)

Seit Wochen versuche ich, etwas Heiteres, Anekdotisches zu erzählen — vergeblich; die Verehrung für Michael Gielen wie auch der vatersähnliche Altersunterschied haben mir bisher nicht die Chance gegeben, gemeinsame lustige Erinnerungen in die gewünschte Schublade zu legen.

Darüber bin ich allerdings froh — und vor allem dankbar: war doch die gemeinsam verbrachte Zeit vor allem von musikalischem Tun erfüllt. Und die schönen und herzlichen Abende im Familienkreis versuche ich — selbstsüchtig — immer noch in Lernstunden zu verwandeln.

Von ganzem Herzen möchte ich für das Erfahrene und Gelernte — und natürlich Gehörte — danken; und als Wichtigstes das herausstreichen, was nur wenige auszeichnet; was zu lernen besonders schwer ist, wofür Michael Gielen aber in (leider fast) einmaligem Maße steht: Haltung.

In der Hoffnung, noch sehr viele Jahre mithören zu dürfen —

Heinrich Schiff

"... gekommen, um zu stören."

herzlich

Ein Film, sagt Jean Renoir, ist wie ein Verbrechen: man braucht gute Komplizen. Michael Gielen ist – zwei Mal! – für uns besser als ein guter Komplize gewesen; merci, merci*
Viel Glück zum siebzigsten Geburtstag und — ad multos annos!

Jean-Marie Straub

Lieber Michael,

durch Dich erfahren wir, worum es in der Musik geht: Wahrhaftigkeit und Glaubwürdigkeit. Seit ich dies verstanden habe, erspare ich uns allen immer häufiger überflüssige Umwege.

Herzlichen Glückwunsch Dir und uns!

Mathias Weigmann

III

AKTUALITÄT DER TRADITION(EN)

»Als wir die Oper Franz Schrekers *Die Gezeichneten* zusammen erarbeiteten, gab es eine lustlose Strecke von ihm, an der Musik und wohl auch an meiner Inszenierung, die mich in Frankfurts damals einzigem Feinschmeckerlokal, der Pizzeria ›Alassio‹, vier Tische, Pilze in Essig, drei Scheiben Parmaschinken, oder besser ›eine Flasche Grappa und etwas zum Beißen‹, der bedrohlichen Meinung aussetzte, ich tränke. Der Dinosaurier Gielen, der Dirigent, schien mir, dem Dinosaurier Regisseur, durch bewußte Kampflosigkeit überlegen zu sein. Ich beschwor ein Echsentreffen, und er kam nicht. Ich heulte vor Wut, und Klaus Zehelein hatte den Mund und die Hände voll zu tun, mich von einer Abreise ›jenseits des Mains‹ fernzuhalten.

Ich ertappte Gielen vor einer Abendprobe dabei, den Sängern am Klavier andere Weisen als die von Schreker lustvoll vorzuspielen, was, meiner Meinung nach, die Sänger zu einem Abrücken von der ohnehin von ihnen nicht emphatisch geliebten Musik Schrekers führen konnte und beschwor den Chefdramaturgen Klaus Zehelein, in Gielen wenn schon nicht den verantwortungsvollen Dirigenten, dann doch zumindest den Operndirektor zu wecken. Ich erreichte das Echsentreffen.

Acht Stunden zwang uns Gielen mit liebenswürdiger Miene, ihm den Wert, die Stellung, das Gewicht der Musik und unsere Interpretationen, unsere Haltung auseinanderzusetzen, um, als wir abgekämpft und äußerst zerstritten mit uns selbst und untereinander am Boden lagen, knapp dankend sich zu verabschieden und am nächsten Morgen eine sehr strenge Probe abzuhalten, in der er vorausschickte, es müsse aber jetzt endgültig Schluß sein mit der Halbherzigkeit der Sänger, der Schludrigkeit musikalischer Einstudierung, den zu häufigen Pausen der Regie und mancher Nachmittage in einem Lokal, dessen Namen er nicht nenne, das sich wohl aber kaum zu einer sachlichen, dramaturgischen Besprechung eigne – seiner Meinung nach.«

(Hans Neuenfels)

Michael Gielen
und Ruth Berghaus im Gespräch mit Sigrid Neef

Gefragt nach den Möglichkeiten von Oper in dieser Zeit (1986)

Eure Suche, in Meisterwerken verschüttete, vergessene oder verdrängte Inhalte aufzufinden, gedanklich und sinnlich hervorzukehren, wird nicht lediglich mit Zustimmung oder Ablehnung bedacht. Das Widersinnige ist, daß solche Inszenierungen mit dem Markenzeichen »gegen den Strich gebürstet« versehen werden. Mit diesem Stempel wird eure Arbeit zur Ware gemacht: schnell zu erkennen, leicht zu benennen, damit erledigt und abgelegt, eine Abweichung von der Norm.

GIELEN: Überraschend ist doch, daß wir beide an öffentlichen Institutionen arbeiten, das heißt, die öffentliche Hand in beiden Teilen Deutschlands empfindet die Verpflichtung, neben dem üblichen und kommerziellen Theater auch unsere Art derAbweichung (die ich »weniger dumm« nenne) zu gestatten. Der Anteil Publikum, der unsere Arbeit sehen will, ist gar nicht so klein. Die Reaktionen sind immer lebendig, auch wenn sie negativ sind. Niemand geht unberührt nach Hause. Den Leuten ist also mehr vom Sinn der Kunst vermittelt worden. »Gegen den Strich gebürstet« ist witzig. Den Werken zu ihrem Sinn, also gegen den üblichen Unsinn zu ihrem Recht zu verhelfen, kommt der Sache näher.

BERGHAUS: Ich finde es nicht witzig, sondern ratlos und unbeholfen.

Sie kannten Ruth Berghaus bzw. deren Arbeiten, als Sie 1980 die Zusammenarbeit mit ihr suchten? Was kannten Sie von ihr, was interessierte Sie daran?

GIELEN: Ich kannte Ruth Berghaus und ihre Arbeit nur vom Hörensagen. Überhaupt waren mir ja 1975, als ich mich bereit erklärte, Operndirektor in Frankfurt zu werden, die Prinzipien meiner Kunstausübung in etwa klar, hingegen hatte ich wenig Kenntnis von der Entwicklung der Bühne. Meine Erfahrungen im Musiktheater hatte ich bei Inszenierungen meines Vaters und eigenen Arbeiten mit Ingmar Bergman in Stockholm, mit Götz Friedrich und Harry Kupfer in Amsterdam gewonnen. Natürlich kannte ich die übliche kommerzielle Oper.

Es interessierte mich alles, was vom Klischee wegführt, was die verschütteten und vergessenen Inhalte der Werke wieder ans Licht bringt. Von Neuenfels kannte ich nur *Macbeth* in der Oper und *Medea* im Schauspiel. Es bedurfte starker Beeinflussung durch Christof Bitter und Klaus Zehelein, mich zur Zusammenarbeit mit ihm zu bewegen. Erst bei der Arbeit verstand ich, was er wollte. Von Berghaus erzählte Dr. Bitter so begeistert, besonders von der *Elektra* (1967) in der Staatsoper Berlin, daß ich neugierig wurde. Gesehen hatte ich noch nichts von ihr.

Kaum eine Kunst kann sich heute der Kommerzialisierung entziehen. Gerade die Institution Oper ist hart davon betroffen. Was hat Sie veranlaßt, 1977 an der Frankfurter Oper die Direktion zu übernehmen und zehn Jahre lang hier mit Konsequenz, Beharrlichkeit und viel Kraft zu arbeiten? Was bedeutet Ihr Abschied nach zehn Jahren?

GIELEN: Als das Angebot Frankfurt kam, hatte ich fünf Jahre in Schweden und vier Jahre in Belgien gelebt. Ich wollte eine feste Basis in einem Land deutscher Sprache. Ich war mir meiner Möglichkeiten als Dirigent bewußt und hatte seit 1946, seit meinem neunzehnten Lebensjahr, an Opernhäusern gearbeitet. Ich hatte also zumindest einen Qualitätsstandard. Mir war klar, daß ich mit der Oper eine viel breitere Öffentlichkeit ansprechen, eine stärkere kulturpolitische Wirkung erzielen konnte als im Konzertsaal. Ich wollte meine Verpflichtung vor der heutigen Kunst, ihren aufklärerischen Inhalten, wirksamer einlösen, als das im Konzert möglich ist. Dabei ist wichtig, daß die Kultur heute viel stärker visuell orientiert ist und insofern gröberer Reize bedarf, als das vielleicht früher der Fall war. Die Leute werden durch ein ›Gesamtkunstwerk‹ stärker getroffen als ›nur‹ durch Musik.

Ich gebe mein Amt als Operndirektor ab, weil ich nicht länger so leben will, wie man als Operndirektor lebt. Das System des Repertoire-Theaters ist menschenfresserisch und ohne Möglichkeit, die Resultate zu garantieren. Die feststehenden Premierentermine arbeiten gegen die Qualität, ebenso die festgelegte Anzahl von Vorstellungen pro Spielzeit (in Frankfurt 250). Der Wechsel im Orchester verursacht Frustration, die ich nicht mehr mitmachen will. Dem Druck von Dingen und Menschen will ich nicht mehr in diesem Maße ausgesetzt sein.

Es überrascht, daß ihr bis 1980 nur vom Hörensagen voneinander wußtet. Denn schon die erste Arbeit bewies die Übereinstimmung ästhetischer Prinzipien. Nicht Anpassung, sondern einer trieb den anderen voran. Für solch ideale Zusammenarbeit muß es Voraussetzungen geben. Wo liegen die biographisch-künstlerischen Schlüsselerlebnisse?

GIELEN: Das war Anfang der fünfziger Jahre. Ich war gerade aus Südamerika nach Wien gekommen. Mein Vater inszenierte *Heinrich IV.* am Schillertheater, und ich fuhr für ein paar Tage nach Berlin zu seiner Premiere. Da pilgerten wir dann alle zu Felsenstein in die Komische Oper. Ich sah den *Freischütz* mit Anny Schlemm, später die *Schweigsame Frau*. Mehr nicht. Aber es hat mich beeindruckt. Dich habe ich damals verpaßt. Seit wann hast du an der Staatsoper gearbeitet?

BERGHAUS: Ich habe 1960 *Die Verurteilung des Lukullus* inszeniert, seit 1964 arbeitete ich dann regelmäßig dort.

Warum Oper? Normalerweise haben doch im Opernrepertoire, im Opernalltag moderne Musik wie auch die neueren philosophischen Ideen kaum eine Chance.

GIELEN: Widerspruch: Die philosophischen Ideen jeder Zeit sind sehr wohl in ihren Kunstwerken, also auch in der Oper zu finden.

Am 28. September 1986 wurde Ihnen der Adorno-Preis verliehen, vorhergehende Preisträger waren Norbert Elias, Jürgen Habermas, Günther Anders. Mit Ihnen wurde erstmals ein Dirigent und Komponist ausgezeichnet. Wie steht es mit der Philosophie?

GIELEN: Eigentlich wollte ich Philosophie studieren, das tat ich auch drei Semester lang, doch als ich dann als Korrepetitor arbeitete, ging das schon aus Zeitgründen nicht mehr. Außerdem war es in Buenos Aires nicht das, was ich mir unter Philosophie vorstellte. Ich hätte gern gehört, was die Philosophen von Kant bis heute denken. Doch in Argentinien studierte man erst einmal ein Jahr lang Aristoteles und Thomas von Aquin, mußte Latein und Griechisch lernen, das wurde auf dem Gymnasium nicht gelehrt. Im zweiten Jahr wurde experimentelle Psychologie das wichtigste Fach. Wir sollten Gehirne sezieren. Das interessierte mich überhaupt nicht. So bin ich Autodidakt, lese wenig, aber regelmäßig.

Für Ruth Berghaus verlief der Weg zur Oper nicht ganz so selbstverständlich. Wie kamst du zum Genre Oper? Ein philosophisch interessierter Mensch geht auch heute kaum in die Oper.

BERGHAUS: Ich verstehe deine Frage. Auch die Palucca sagte zu mir: Du gehst zur Oper? Die ist doch immer so altmodisch! Leute, die sich für neue Kunst: Musik, Schauspiel oder Tanz interessieren, gehen nicht unbedingt in die Oper.

GIELEN: Aber schlechte Opernpraxis ist nicht *die Oper*, es gibt Werke, das lohnt sich schon.

BERGHAUS: Merkwürdig ist es schon, daß ich und andere in einem bestimmten Alter eine Hürde nehmen mußten. Als Kind war die Oper für mich faszinierend, aber nicht mehr mit siebzehn. Ich lebte mit klassischer Musik, mit Literatur und Malerei. Da interessierte mich die Oper überhaupt nicht, ich bin auch nicht hingegangen. Sie war mir zu dumm. Ich glaube, es geht heute noch vielen Menschen so. Doch das ist eine Sache der Interpreten, nicht der Autoren.

GIELEN: Als junger Mensch stand für mich die Musik im Vordergrund. Ich bemerkte zwar, daß es besser war als anderes, wenn mein Vater inszenierte. Aber ich hätte nie geglaubt, daß eine Arbeit oder ein Genre höher zu bewerten sei als andere.

Was hat dich später bewogen, dich der Kunstform Oper zuzuwenden?

BERGHAUS: Überzeugt, daß Oper eine Kunst ist, haben mich die ersten Arbeiten von Felsenstein an der Komischen Oper Berlin, *Die verkaufte Braut* zum Beispiel. Paul Dessau und Hans Löwlein, die ich zufällig auf Hiddensee kennengelernt hatte, sagten mir, ich müsse mir das unbedingt ansehen. Da meinte ich noch, Oper gehe mich nichts an. In Dresden hatte ich Arnolds *Antigonae* von Orff gesehen. Ich war enttäuscht. Dann aber, als der Vorhang aufging: die Bühne war voller Heu, man konnte meinen, es sei echt, und der Chor stapelte es auf die Wagen – war ich fasziniert: da waren nicht Sänger, sondern Menschen auf der Bühne. Das hatte ich vorher nie gesehen. Es fiel mir wie Schuppen von den Augen, diese Kunst hatte etwas mitzuteilen, sie konnte wundervolles Theater sein. Es kamen die großen Eindrücke mit Felsensteins Inszenierungen der *Zauberflöte*, *Eine Nacht in Venedig*, der Klassiker *Hoffmanns Erzählungen*, *La Traviata*, und nochmals große Faszination bei *Ritter Blaubart*.

Könnt ihr beschreiben, was das Faszinierende an Felsensteins Arbeit war, was da an Impulsen vermittelt wurde?

BERGHAUS: Für mich war es dies: Die Leute auf der Bühne waren nicht Sänger im herkömmlichen Sinne. Unvergessen Elfriede Trötschel, Irmgard Arnold und Hanns Nocker, deren Stimmen sich mit der Rolle verwandelten. Und es war auch die Perfektion, das Handwerk, die Professionalität! Ich hatte meine erste Oper, *Parsifal*, mit zehn Jahren in der Semper-Oper gesehen. Ich war gefangen. Als Klingsors Schloß zusammenbrach – ich saß im fünften Rang Seite –, sah ich zwei Wände zur Mitte hin kippen: Pappe, Stangen, die Beschriftungen usw. Da dachte ich mir: das könnte man besser machen. Dann sah ich die *Verkaufte Braut*, und da wurde es besser gemacht.

GIELEN: Für mich stand, bis ich in Frankfurt zu arbeiten anfing und somit die Gesamtverantwortung bei mir lag, die szenische Realisierung nicht so im Vordergrund. Erst hier erkannte ich die notwendige Gleichberechtigung von Musik, Szene, Darstellung. Zwar habe ich auch schon früher Unterschiede gesehen, als Musiker aber war ich vor allem auf das Werk erpicht. Es arbeitete niemand, auch mein Vater nicht, bis zu Anfang der siebziger Jahre so, daß die Szene für mich wesentlich werden konnte. Um es mit einem Satz zu sagen: Erst als Ruth zum Sänger sagte: »Du mußt auch den Widerspruch spielen«, interessierte mich Oper wirklich. Bei aller Liebe und Bewunderung zu anderen Regisseuren, mit denen ich zusammenarbeitete und mit denen ich befreundet bin, in dieser Schärfe eine Realität des Lebens, eine Realität des Menschen, der Menschen, so wie sie wirklich sind, aus den Figuren auf die Bühne zu holen, geht erst mit dieser Haltung. Es gibt nichts Unwidersprüchliches; so wie es das im Leben nicht gibt, kann es das auch im Theater nicht geben. Und das erstreckt sich auf alle Ebenen, nicht nur auf die einzelnen Figuren, sondern auch auf das Verhältnis der einzelnen Ingredienzen zueinander: wie Szene zur Musik, Libretto zur Musik, Libretto zur Szene, Darstellung zum Libretto usw., und dann wie das Bild zu all den anderen Faktoren. Es ist eigentümlich, daß das Bild mir als letztes einfällt, das, was die meisten Leute zuerst wahrnehmen. Die Kritiker schreiben meist sehr ausführlich übers Bild, dann erst über die Inszenierung und über die Musik nur ganz kurz. Das hängt mit der Veränderung unserer Kultur überhaupt zusammen. Die Vergröberung des geistigen Lebens bringt es mit sich, daß das Auge zum Hauptorgan wird, das Ohr in den Hintergrund tritt.

BERGHAUS: Es hat lang gedauert, bis ich die einzelnen Künste als selbständige Elemente von Oper begreifen konnte. Es gab in Deutschland nichts an abstrakter Malerei zu sehen, keine neue Musik.

Nach 1945 war ich dann wie besessen danach, ohne sagen zu können, warum.

Ich bin den umgekehrten Weg zur Oper gekommen: von Konzert, Malerei, Tanz zur Oper. Das war ein langer Weg. Oper erschien mir wie ein ›Kloß‹, den man schlucken muß oder nicht. Ich habe die Elemente einzeln kennengelernt, bevor ich sie zusammenführte. Das hängt natürlich sehr stark mit dem abgeschnittenen Berufsweg von mir zusammen: Tänzerin und Choreographin, und mit den geschichtlichen Verhältnissen.

Vor deinen Operninszenierungen und parallel dazu warst du als Choreographin und Schauspielregisseurin tätig.

BERGHAUS: Das hing damit zusammen, daß Brecht sich sehr für den Neuen Tanz interessierte. Er trat für den Bestand der Palucca-Schule ein, weil er meinte, solche Leute für sein Theater zu brauchen. Felsenstein wollte das auch für sein Theater, das spätere Tanztheater, haben, aber nicht in dieser radikalen Form. Felsenstein war überhaupt nie radikal. Ich bin der Meinung, Felsenstein war ein bürgerlicher Künstler, der für uns in der damaligen Zeit ungeheuer wichtig war. Alexander Dymschitz hat nicht umsonst beiden, Felsenstein und Brecht, ein eigenes Haus gegeben. Felsenstein lag genau auf der Situation, mit der Detailtreue, mit dem genauen und sorgsamen Arbeiten. Das waren alles Dinge, die die Zuschauer wünschten und brauchten, besonders nach 1945: der Festtagscharakter seiner Aufführungen, das saubere strahlende Haus, die persönliche Begrüßung.

Brecht und Felsenstein suchten sich natürlich gegenseitig, sie kapselten sich nicht voneinander ab. Sie sahen sich an, was jeder gerade machte, bewunderten einer im anderen den Meister, auch ihre Freunde interessierten sich füreinander.

Wie kommt es, daß Widerspruch die zentrale Kategorie in eurer beider Ästhetik ist? War das schon immer so, oder hat sich das erst durch die Zusammenarbeit entwickelt und gefestigt?

GIELEN: Im Theater ist das schon immer so, das ist nichts Neues. Wenn die Dinge sich doppeln, wird es langweilig. Die Musik, die nur Musik zum Libretto ist, ohne eine eigene Dimension einzubringen, ist nicht gut. Es gibt also schon Widersprüche im Werk, und die müssen sich auch zwischen den Elementen, aus denen das Kunstwerk zusammengesetzt ist, herstellen. Ich glaube, daß man eine Portion

Widerspruchsgeist benötigt, damit Opernaufführungen nicht platt werden.

Das ist zunächst eine Behauptung, eine Meinung. Es gibt auch andere, die auf Ergänzung, Parallelität, Übereinstimmung, Anpassung aus sind. Warum dieses Beharren auf dem Widerspruch?

GIELEN: Wozu gibt es Kunst? Wenn Sie diese Frage beantworten, haben Sie auch Ihre Frage beantwortet. Wenn Kunst das Schmückende ist, das, was die Leute am Abend nach derArbeit genießen, um sich zu entspannen, dann ist sie etwas, womit ich nichts zu tun habe. Kunst ist die Möglichkeit des Menschen, Gott zu sein, schöpferisch, nicht so sterblich. Sie ist Ergänzung und Vollendung, geht über den Alltag hinaus, obwohl sie die Realität beinhaltet. Sie ist ein Memento, eine Aufforderung zur Reflexion. Sie ist also immer auch Arbeit. Man kann sich auch als Publikum nicht mit Kunst befassen, ohne sein Scherflein dazu beizutragen, ohne sich selbst zu bemühen. Ist sie nur Ornament, ist sie nicht Kunst, mit Sicherheit. Dann ist das Kunsthandwerk oder sonst etwas. Ich gönne allen Leuten die Entspannung am Abend: aber nicht unbedingt in dem Theater, das ich leite. Der größere Spaß ist doch, selbst mitzumachen, nachzuspüren, was für ein Rätsel von der Bühne aufgegeben wird: ich kenne das Stück gut, und plötzlich interessiert es mich, zum ersten Mal interessiert es mich. Wenn man darauf kommt, hat man als Zuschauer viel gewonnen. Auch ich selbst möchte mich als Zuschauer nicht langweilen.

BERGHAUS: Ich habe bei deiner Frage darüber nachgedacht, was ich von Kunst halte, nicht, was ich mit meinen Interpretationen anbiete. Was passiert mit uns, wenn wir Kunst erleben? Wenn ich ein Kunstwerk sehe, zum Beispiel ein Bild, dann ist das wie ein Schock, weil ich etwas erfahre, ohne die Erfahrung selbst gemacht zu haben; weil ich etwas entdecke, was es bei mir auch irgendwo gibt, im Herzen oder im Verstand, das ich aber noch nicht in einer Form gesagt bekommen, gelesen, begriffen habe. Und plötzlich ist die Form da von dem, was ich einmal träumte, sah, empfand. Das ist natürlich eine Überraschung, eine große, fast ein Schreck, ein Erkennungsschreck. Solche Erlebnisse habe ich ganz selten im Theater, viel eher im Konzert oder auch, wenn ich in Ausstellungen gehe. Hier schon deshalb, weil ich wählen kann, nicht gezwungen bin, auf das zu achten, was im Augenblick geschieht. Dieses Erlebnis habe ich im Theater sehr stark bei den ersten Brecht-Aufführungen gehabt.

Haben diese stärker als die von Felsenstein auf dich gewirkt?

BERGHAUS: Ganz anders. Bei Felsenstein war es schön. Da war eine angenehme Situation, da war Hochstimmung. Ich genoß. Schon der Vorhang der *Traviata*-Aufführung! Bei Brecht war ich überwach oder deprimiert.

GIELEN: Das heißt, er sagte dir mehr Wahrheiten.

BERGHAUS: So ist es.

GIELEN: Also war es das bessere Theater.

BERGHAUS: Ich glaube schon, für mich. Es waren auch nur die ersten Aufführungen, die so sehr umstritten waren, wo dieser Effekt eintrat: *Courage*, dann *Hofmeister*. Dann kamen schon die Aufführungen mit Zugeständnissen. Da ich die frühen Arbeiten aber gesehen hatte und wußte, wie stark Theater sein, wie stark es durch ihn sein kann, wußte ich natürlich auch, was da vertuscht wird, was angeglichen, freundlicher gemacht wird.

GIELEN: Berthold Viertel hat bei Brecht einmal inszeniert: *Wassa Shelesnowa*. Hat sich das im Stil unterschieden?

BERGHAUS: Ganz und gar, aber es war eben die Methode, das heißt, jede Sache, jede Figur hatte ihr soziales Recht, und so prallten die Widersprüche aufeinander. Was anderes hat Brecht wohl kaum zugelassen.

Die Entscheidung für die Werke Mozarts und Wagners in euren gemeinsamen Frankfurter Arbeiten war gemeinsam getroffen?

BERGHAUS: Nein, nur Mozart.

GIELEN: Wir sollten einmal zusammen Verdi machen.

Was interessiert dich an Verdi?

BERGHAUS: Ich habe einmal versucht, Rechenschaft abzulegen. Was lassen wir uns eigentlich entgehen, und was wird benutzt für ein, ich sage einmal grob, reaktionäres Verhalten heute? Da meine ich, daß

Verdi absolut benutzt wird – außer von Hans Neuenfels. Das heißt, daß Verdi einfach geglättet aufgeführt und damit seine politische Revolte eliminiert wird. Und wir sehen das alle wissenden Auges und angesichts der Partituren. Wir machen uns schuldig. Von wegen: Wehret den Anfängen. Wir sind tief drin. Viele Verdi-Interpretationen geraten in eine echte Klemme zwischen Kommerz und Kunst. Sicher gibt es heute wenig Stimmen, die Verdi einwandfrei singen können. Doch ich bin überzeugt, die besten haben ein Gewissen, und das muß man in Anspruch nehmen. Man muß sich trauen, den Sängern zu sagen, daß Verdis Material das der Revolution war.

Man könnte Ihnen den Vorwurf machen, Sie hätten sich zu wenig um die moderne Oper während Ihrer Frankfurter Direktion gekümmert, es gab zu wenig Uraufführungen.

GIELEN: Ja, wir haben keine Stücke gefunden, die uns genügend interessierten. Wir haben gesucht, Gespräche mit jungen Komponisten geführt. Mal waren wir über dramaturgische Prinzipien verschiedener Meinung, mal lieferten uns die Meister nichts. Da fanden wir es sinnvoller, die vergessenen Opern des 20. Jahrhunderts aufzuführen. Das ermöglicht dem Publikum den Brückenschlag zur Moderne. Das erschien uns nützlicher, als jedes Jahr eine Uraufführung zu machen, wie zum Beispiel in Hamburg, wo kaum ein Stück überlebt hat. Das ist steril. Bei uns sind statt dessen wichtige Aufführungen herausgekommen wie Schrekers *Die Gezeichneten*, Busonis *Doktor Faust* oder Janáčeks *Schlaues Füchslein*, *Jenufa* und *Die Sache Makropulos*. Daß dann Ende der vorigen und zu Beginn der letzten Spielzeit doch noch zwei Uraufführungen stattfanden, ist ein weiser Zufall. Hans Zender fragte Klaus Zehelein sehr früh um Rat bei seinem Plan zu einer Oper mit zwei Handlungssträngen, und wir fanden gerade da einen dramaturgischen Ansatz, der uns interessierte. Deshalb haben wir die Oper *Stephan Climax* uraufgeführt, ebenso von Hans-Joachim Hespos die *Reise zum Mittelpunkt der Erde*, einem der radikalsten Avantgardisten.

Wir sollten auch die deutsche Erstaufführung von Luigi Nonos szenischer Aktion »Al gran sole carico d'amore« nicht vergessen.

GIELEN: Es war mir wichtig, in der ersten Spielzeit 1977/78 ein Zeichen zu setzen, welche Stücke und Komponisten mir wesentlich sind, zum Beispiel *Don Giovanni* und *Al gran sole carico d'amore*.

Nach einem Diktum Heiner Müllers sind »im Reich der Notwendigkeit Realismus und Volkstümlichkeit zwei Dinge«. Das ist die nichts beschönigende Formulierung einer unbequemen Wahrheit oder Erfahrung. In Diskussionen über Kunst werde ich zunehmend mit der Forderung konfrontiert, andere, bequemere Wege zu erkunden, denn Verständlichkeit, schnelle Faßlichkeit sei das erste Bedürfnis des Publikums, das zu bedienen sei.

GIELEN: Ich gehöre keinem Dienstleistungsbetrieb an. Es gibt diese Haltung des zahlenden Publikums. Es sagt, wir bezahlen, und nun wollen wir auch sehen, was wir sehen wollen, und uns nicht auch noch anstrengen müssen. Dem steht ein öffentlicher Auftrag gegenüber, der gerade durch die Subventionierung unserer Theater gegeben ist. Wenn die Stadt Frankfurt mich engagiert, um hier die Oper zu leiten, dann weiß sie, wen sie sich einkauft, daß ich nicht dem Mittelweg, dem mittleren Geschmack, dem üblichen Kunstgenuß zu Diensten sein kann. Schönberg sagte einmal, alle Wege führten nach Rom, nur nicht der goldene Mittelweg. Im Gegenteil, ich will aufstöbern, was Kunst denn nun wirklich heißt. Daß es das erst einmal für mich heißt, kann ich nicht ändern. Es kann kein Künstler objektiv etwas realisieren, es geht alles durch sein Gehirn. Über die Rätselhaftigkeit der Kunstwerke selber sollten wir noch sprechen.

BERGHAUS: Es ist so, daß ich mit jedem Stück neu anfange. Selbst bei einer solchen Kontinuität, wie sie in Frankfurt durch dich möglich war, bedeutet doch jede Arbeit neues Beginnen. Es zeichnet die Frankfurter Oper aus, daß nichts ›rübergezogen‹ wird, die Erfahrung der einen Inszenierung nicht zum Erfolgsrezept für die nächste gemacht wird.

GIELEN: Es gibt keinen Frankfurter Stil.

BERGHAUS: So ist es.

GIELEN: Jedes Stück sucht seinen Stil.

In euren Opernproduktionen überrascht die Wahl der Tempi, nicht weil sie schlechthin anders wären, sondern weil sie dem Werk neue gedankliche und sinnliche Bedeutungen erschließen. Beginnt hier die Zusammenarbeit zwischen Regisseur und Dirigent?

GIELEN: Ja. Ob ein Andante in Vierteln oder in Achteln zu denken ist, darüber müssen sich Regisseur und Kapellmeister zuerst verständigen. Das Tempo, die Tempi in ihren Beziehungen bezeichnen das Verständnis des Ganzen. Sie ergeben sich aus der Bemühung, den Gesamtzusammenhang herzustellen. Im einzelnen ›selbstverständlich‹ auch aus der Erkenntnis der Charaktere, seien es musikalische oder musikdramatische. Die Suche nach dem Sinn, nach der Wahrheit des Ganzen wie des Details ist der Inhalt meiner Bemühungen. Das hat wohl Ruth Berghaus gesehen. Ich selbst wiederum war stark beeindruckt von ihrem Sinn für das Wesentliche der Figuren (und der Werke), von ihrer Fähigkeit, aus der Musik herauszuhören, daß die erste Schicht des Verständnisses nur Oberfläche ist, daß die Sänger das Wesentliche ihrer Figuren und des Stücks jenseits dieser Oberfläche spielen müssen; von der Absage an alles Naturalistische, Platte, Evidente, was mich schon gelangweilt hatte, ehe ich wußte, was es war. Nichts ist näher am Wesen des Menschen als Berghaus' Gebot: »Du mußt gleichzeitig den Widerspruch spielen.«

BERGHAUS: Ich habe von Michael Gielen gelernt, wie das gegebene Tempo den Gestus einer Szene, einer Arie bestimmt: meine früheren Erfahrungen sind andere. Otmar Suitner zum Beispiel war in früherer Zeit oft auf den Klavierproben dabei, da prägte sich mir das Tempo ein, und das hat den szenischen Vorgang mitbestimmt. Jetzt wurde das anders. Ich bekam von Gielen eine Vorgabe der einzelnen Tempi. Das hat mich fasziniert. Es stimmte natürlich mit nichts überein, was ich im Ohr hatte – von anderen Aufführungen oder auch von Schallplatten kannte. Die angegebenen Tempi mußte ich mir mit dem Metronom, der Partitur selbst zurechtlegen, und da entdeckte ich, wie sich eine Situation durch das Tempo total verändert, vor allem aber auch das Sentiment. Das ist das Entscheidende. Die Verkleisterung der Widersprüche geschieht doch nicht nur durch das Bild, die Statik entsteht doch nicht nur durch Schlamperei oder durch falsche Konventionen, sondern diese Verschleierungen werden eben auch durch das Musizieren begünstigt. Man machte nicht das, was auf dem Papier stand, sondern meinte, es besser zu wissen: der Komponist habe es gar nicht so ernst mit der Notation gemeint, und man müsse nun selbst nachhelfen. Also, Subjektivität ist soweit wie möglich erst einmal rauszulassen. Solche Zusammenarbeit mit dem Dirigenten legt erst einmal den Grundstein für die Suche nach der Wahrheit des Stücks: Verständigung, Wertung der notierten Zeichen.

GIELEN: Zur Tempofrage noch eine Bemerkung: es ist nicht nur eine abstrakte Frage, ob 2/4-Andante in zwei zu denken ist oder in vier

Schlägen. Es scheint allgemeine Meinung zu sein, wenn die Arie »Traurigkeit« heißt, müsse man an der Melodie ›entlangweinen‹ und sie immer weiter zerdrücken und sentimentalisieren, während es doch eine Verzweiflungsarie, eine Selbstmordsituation wie bei der Pamina ist. Wenn man diesen Charakter der Arie aus der Chromatik, der Instrumentation, der Tonart, aus der Melodik und aus den hundert anderen Elementen, aus denen Musik sich zusammenfügt, erkennt, also wenn man lesen kann, ergibt sich mit Notwendigkeit das zügige Andante in zwei; ein Tempo, das allerdings im Verlauf mehrfach modifiziert wird. Das ungewohnte Tempo ist für die Sängerin schwer, und auch jetzt noch, nach über zwanzig Aufführungen, gibt es sanfte Kämpfe mit unserer Konstanze, weil sie an anderen Häusern fast doppelt so langsam singt. Aber wenn ich an etwas glaube, kann ich nicht nachgeben.

BERGHAUS: Aber sie macht es gern, sie setzt sich dieser Reibung auch immer wieder aus. Es kann ihr gar nicht oft genug passieren, denn sie weiß natürlich, daß da immer noch eine Sache ist, aus der sie gewinnen kann. Ich glaube, die Struktur der Musik am Abend so beständig bewahren, kann nur ein Dirigent, der sich mit Komponieren beschäftigt.

GIELEN: Es ist Fakt, daß Leute, die komponieren, meist auch sinnvoll dirigieren. Boulez ist ein Beispiel (Furtwängler vielleicht das Gegenbeispiel). Musik versteht einer besser, davon bin ich überzeugt, wenn er sie selbst macht, man hat ein anderes Formgefühl. Man sieht das Ganze und bezieht die Teile daraus.

Gibt es Gründe, warum die Tempi so verschlissen wurden in unserer Musikkultur?

GIELEN: Das gilt für die klassische Musik. Der springende Punkt ist immer wieder Beethoven und seine Metronomisierungen. Das ist in letzter Zeit, besonders durch die Nummer 8 der *Musik-Konzepte: Beethoven, das Problem der Interpretation* belegt worden. Seit Wagner und Wagners Feindschaft gegen Mendelssohn sind durch die ›dichterische Interpretation‹, durch den ›deutschen Tiefsinn‹, der in alles hineingelegt wurde, die Tempi immer mehr verschleppt worden. Wagner und seine Nachfolger haben ihre eigenen Konzeptionen, die majestätisch, riesig, pathetisch und nationalistisch waren, auf Beethoven projiziert. Dadurch erhielt ein Sinfoniesatz eben sechs Tempi, die wahrscheinlich alle falsch waren. Auch das Postulat, man müsse eine Melodie auskosten, trug zur Verschleppung der Tempi bei. Vielleicht muß man die Melodie wirklich auskosten, aber innerhalb eines straffen Gerüstes. Wohlgemerkt, ich rede nicht einem mechanistischen *a tempo*-Spiel das Wort.

BERGHAUS: Ist das nicht auch ein Zeichen der Zeit?

GIELEN: Die Sentimentalisierung in der Kunstwiedergabe?

BERGHAUS: Setzte damals nicht auch Ernüchterung ein, wurde, grob gesagt, nicht auch die Aufklärung als Verlust empfunden, Verlust an Lebenslust? Alles faßbar und meßbar machen zu wollen, impliziert Gegenströmung.

GIELEN: Sehr schnell hat sich da ein Widerspruch hergestellt. Bei Toscanini, der als erster das *a tempo*-Musizieren wiederherstellte, hat sich das *a tempo* im Alter verselbständigt, ist in ein mechanistisches Abschnurren, ein fast verwaltungsmäßiges umgeschlagen. Das ist bei Adorno nachzulesen, auch Gülke hat darüber geschrieben. Die Bemühung für mich muß jetzt sein, die Dinge zusammenzubekommen: das straffe Gerüst geben und doch auch alle Charaktere spielen, die die Komposition lebendig machen. Nicht indem man sich auf jedes Detail ›draufsetzt‹, es isoliert, sondern, indem man es integriert. Adorno sagt in seinem Aufsatz über neue Tempi: »Es mag der wahre Sinn der heute unabweislichen Tempobeschleunigung sein, die als organische verlorene Einheit der Werke konstruktiv nochmals zu erzeugen, indem im zerfallenen Kunstwerk die dissoziierten Teile dicht aneinander rücken und Schutz suchen beieinander.« Das ist das, was schwer zu machen ist. Bei *Siegfried* zum Beispiel ist es relativ leicht, weil man mit diesem Material flexibel umgehen kann, wenn man es recht versteht, auch in der Beziehung zur Szene: das Tempo soll sich ändern. Es gibt, außer gewissen kurzen Partien, keine Stabilität der Musik. Das Problem, über das wir sprachen, betrifft vor allem Beethoven und führt bei Nichtbeachtung leicht zu einer Sinnverweigerung oder einem Sinnverlust. Die Aufgabe besteht darin, beides zu machen.

BERGHAUS: Extreme reizen, erzeugen Spannung und Konzentration. Was ich von dir gehört habe, schlägt um in Reichtum: das Gefühl ist gebändigt. Und das gebändigte Gefühl, das heißt das in eine Form gebrachte, ist stärker als das ungebändigte. Hier liegt auch die Schwierigkeit, Bändigung wird als Kälte empfunden, wo in Wirklichkeit auf engem Raum Kälte und Hitze versuchen, einander auszugleichen.

GIELEN: Obwohl es etwas unbescheiden klingt: Die normale Musikausübung ist hinter ganz anderen Dingen her, hinter dem Geld zum Beispiel, hinter dem, was den Leuten gefällt. Das Gefällige ist das bessere Geschäft. Das bedeutet, vor dem möglichen Verständnis einer Sache schon haltmachen, sich dem Werk nicht ausliefern. Aber wenn man in das Werk nicht hineingeht, kommt auch nichts heraus.

BERGHAUS: Nichts Existentielles.

GIELEN: In unseren Aufführungen ist selbst das wohlmeinende, das informierte Publikum erst einmal damit beschäftigt, was da alles auf der Szene vor sich geht, so daß es zunächst gar nicht zuhört. Bei einigen unserer besten Inszenierungen war das so, die Leute kamen erst nach der zweiten oder dritten Vorstellung zum Zuhören. Das war zum Beispiel so bei der *Aida*-Einstudierung, eine der besten, die ich jemals gemacht habe. Meine Arbeit wurde zuerst kaum bemerkt. Daher das Gerede vom Regie-Theater.

BERGHAUS: O doch, es gab schon Leute, die sofort merkten, daß da von unten Feuer kam, sonst wäre das oben ja gar nicht möglich gewesen. Oben würde alles zusammenbrechen, wenn das musikalisch nicht stimmte. Ich glaube nicht, daß eine Trennung ›musikalisch hervorragend – szenisch verfehlt‹ möglich ist. Das gibt es nicht.

In der Beobachtung von Michael Gielen steckt noch ein anderes Problem: Beim erstmaligen Kunstgenuß kann das Publikum nicht alles aufnehmen. Das gilt für alle Kunstgattungen. Die Forderung nach sofortiger, umfassender Verständlichkeit, Felsenstein hat sie vertreten, scheint mir gefährlich zu sein. Mehrmalige Begegnungen sind das Normale im Umgang mit Kunst.

BERGHAUS: Es ist ein Unglück, daß die Anschauung, man müsse Kunst sofort und auf den ersten Blick verstehen, in die Welt gekommen ist. Ebenso ist es mit der Ansicht, der Sänger müsse soweit gebracht werden, daß er nicht mehr sprechen kann, sich also singend äußern muß, um einen Ausdruck oder Inhalt zu transportieren. Ich sage: Es wird gesungen, weil eine Oper da ist, weil ein Komponist das komponierte und sich die Form wählte, die er für seinen Stoff brauchte. Man muß den Autor akzeptieren und nicht versuchen, beim Spiel zu begründen, warum William Shakespeare hier Monologe oder Dialoge geschrieben hat. Mißachtung von Form ist Verlust an Sinn wie im Alltag.

GIELEN: Die Frage der mehrmaligen Begegnung trifft einen Hauptaspekt meiner Rede zur Verleihung des Adorno-Preises. Große Kunstwerke sind rätselhaft, und bedeutende Inszenierungen haben ohne Zweifel etwas Rätselhaftes, obwohl sie sehr durchdacht sind. Wer sie das erste Mal sieht, kann nicht sofort nachvollziehen, was während zweier Jahre Vorbereitung, was darüber hinaus während eines ganzen Lebens, in dem man erst fähig wurde, das alles zu schaffen, gewachsen ist. Man kann diesen ganzen Prozeß nicht als Prozeß mitteilen, zu sehen ist nur das Resultat. Deswegen muß man öfter hinsehen und hinhören, wie bei einem Bild oder einem Gedicht auch. Beim einmaligen Sehen erschließt sich eine Schicht, beim jahrelangen Umgang kann man in einem Bild immer wieder Neues entdecken. Warum daher nicht auch drei- oder viermal in die Oper gehen, in das gleiche Stück, die gleiche Inszenierung. Es wird interessanter, je öfter man hinsieht – wenn es ein Kunstwerk ist. Was sich hingegen von Anfang an total erschließt, ist mit Sicherheit kein Kunstwerk. Die eben benannte Anschauung von Felsenstein finde ich horribel. Seine Inszenierungen waren überhaupt nicht so, man wußte nicht gleich, wohin der Hase läuft, und damit war das erledigt.

BERGHAUS: Doch. Jeder hat die Geschichte verstanden, fast immer den Text. Und er hat jedes Stück auf einen Nenner gebracht. Es wurden sofort faßbare Geschichten erzählt. Das war sein Programm. Ich achte das, teile es aber nicht.

Es wird geltend gemacht, Kunst habe dem Spaß, der Entspannung zu dienen.

GIELEN: Wenn es ein Spaß ist, der zur Entspannung stattfindet, wird er bezahlt, mit vierzig Mark, und dann hat sichs. Ist Kunst eine Lebensnotwendigkeit oder ist sie Beiwerk, ist sie schmückend oder ist sie wesentlich? Das ist die Entscheidung, die jeder für sich treffen muß. Nicht nur der Künstler, auch die, die ins Theater gehen.

Ihr habt eure Entscheidung getroffen, kann man andere tolerieren?

GIELEN: Wir haben nicht die Gelegenheit, das andere auszuschalten.

Wird man schuldig, tritt man gegen das andere nicht auf?

GIELEN: Nein, man kann nur seine eigene Sache machen, und die ist manifest genug.

BERGHAUS: Nein, ich meine, es ist nicht nur die Frage, wie man gewählt hat. Das Problem liegt tiefer: Bestätige ich einen Zustand, in dem ich mich befinde, mit einer Theateraufführung, oder tue ich das nicht. Beim Lesen der Partitur gebe ich doch meine Lebenshaltung nicht auf. In den Werken steckt meist ein Stück Rebellion. Und dieses Stückchen Rebellion hält die Vorgänge auf dem Theater in Bewegung und mich auch. Diese Unruhe der Werke verschweigen meine Aufführungen nicht. Sie ist für mich eher ein Quell. Wenn andere Theaterleute stehende Gewässer, Ruhe lieber haben, sind sie dafür verantwortlich, wenn sich Dreck ansetzt.

GIELEN: Ich unterscheide zwischen Inhalts- und Repräsentationstheater. Das Inhaltstheater versucht, Inhalte, die in den Stücken sind, aber durch die Aufführungspraxis von hundert bis hundertfünfzig Jahren verschüttet wurden, ans Tageslicht und auf die Bühne zu bringen. Das ist ein Schock für die Leute, die nur die Lüge, das Verschüttete, das Unsinnige, das Inhaltslose, das Repräsentationstheater gewöhnt sind. Das Inhaltstheater meldet den Widerspruch an, von dem Berghaus spricht. Nichts ist uns fremder, als jemanden schockieren zu wollen, das machen schon die Stücke. *Epater le bourgeois* ist für mich sinnlos, langweilig, oberflächlich. Das ist genauso schlimm wie das Gegenteil. Doch ist dem, was die Stücke einmal sagen wollten, zu seinem Recht zu verhelfen. So gewinnen sie Gültigkeit für uns heute.

Dies Recht der Stücke durchzusetzen, sich hierbei verständlich zu machen, dazu braucht es Zeit und Kraft. Das sind und waren die zehn Jahre Frankfurter Oper. Eure gemeinsamen Arbeiten.

GIELEN: Gegenüber dem Kommerz und der überwältigenden Dummheit der Medien ist es nur ein einsames Zeichen, so wie die Kroll-Oper eines war.

BERGHAUS: Ganz so einsam fühle ich mich nicht. Ich denke, die Erfahrungen der Kroll-Oper sind zum Teil in der Felsenstein-Arbeit aufgehoben. Und das Modell Brecht wirkt. Es provoziert geradezu Anfänge.

Erstveröffentlicht in:
Sinn und Form 39/4, 1987

»Was ist denn Tradition? Überlieferung der Geistesprodukte der Vergangenheit, nicht ihre Auslieferung. Überlieferung des an der Wurzel gepackten Werkes, nicht des gewordenen. Kritik der Rezeptionsgeschichte und Aufführungspraxis durch die radikale Sicht dessen, was wir für das Werk halten. Es geht um dessen Lebendiges, um den schöpferischen Impetus, den es am Leben zu halten gilt. Kein Kunstwerk ist unhistorisch, nichts ist so wie es war, unser Leben verändert die Vergangenheit – und unser Auftrag ist es, diese Vergangenheit, durch uns gefiltert, als Teil der Gegenwart erlebnisfähig zu machen, sie aus ihrer Verkrustung herauszubrechen. Nur so arbeiten wir für eine sinnvolle Zukunft.

Zum Beispiel ist es nicht die Frage, wie Beethoven zu Beethovens Zeiten gemacht worden ist. Es ist die Frage, was wir heute, mit unserem Gehirn, von diesem Papier erfahren, was diese Musik für uns bedeutet. Wie das zu Beethovens Zeiten war, können wir ja gar nicht wissen.«

(Michael Gielen)

Michael Gielen

Erinnerungen an Furtwängler und andere Dirigenten [1979...1996]

Schon mit dem Gegensatz zwischen Mendelssohn und Wagner, wie er von Wagner beschrieben wird, kristallisierten sich zwei Typen von Dirigenten heraus, die in verschiedenen Inkarnationen sich reproduziert haben, um schließlich in Toscanini und Furtwängler die bedeutendsten Darstellungen im 20. Jahrhundert zu finden. Um die Mitte des Jahrhunderts erlischt mit diesen zwei Riesengestalten auch die Hochblüte solcher Typologie, die mit der Herrschaft des Individuums und der Epoche der Subjektivität geschichtlich verbunden ist. Schon Karajan ist sozusagen eine Mischung der beiden Typen, von seiner spezifischen Eigenart einmal abgesehen.

Um mich verständlich zu machen, sei mir eine rudimentäre Beschreibung der Hauptcharakteristik dieser zwei Typen erlaubt. Während der Mendelssohn-Typus seine Aufgabe primär darin sieht, den Zusammenhang der Ideen und des Ganzen herzustellen – und das bedeutet sowohl Straffung als auch einheitliches Tempo –, versenkt sich der Wagner-Typus ins Detail und versucht, jedem Moment, jeder Gestalt im Werk Gerechtigkeit widerfahren zu lassen, das heißt nachzugeben, durch Adaption des Tempos.

Idealiter entspricht der erste Typus der klassischen Musik und der zweite auf eminente Weise der Musik Wagners. Wie gut es der Klassik bekommt, wagnerisiert zu werden und im Gegenzug der Musik Wagners, gestrafft zu werden, bleibe jedem persönlichen Geschmack zur Entscheidung überlassen. In beiden Fällen wird das entscheidende Kriterium das Formgefühl des Dirigenten sein, das, wenn es nicht, wie beim Genie, ursprünglich schon vorhanden, also Teil seiner Natur ist (ich meine zum Beispiel Carlos Kleiber), bei gewöhnlichen Sterblichen durch Analyse bis zu einem gewissen Punkt erzogen wird (aber Wissen ist noch nicht Darstellungskraft), vor allem aber durch das Komponieren in eminenter Weise gefördert wird. Wer in seiner eigenen Bemühung um musikalische Form deren Probleme wie auch immer beherrschen gelernt hat, wird große und komplexe Formen wie zum Beispiel ganze Akte einer Wagner-Oper durchdringen und darstellen können als lebendige Organismen.

Meine musikalische Erziehung lag in den Händen von Emigranten, die der Schönberg-Schule verpflichtet waren, und meine ersten prägenden Eindrücke von der Darstellung von Musik durch einen Dirigenten war das Erlebnis von Erich Kleiber (ich wuchs ab 1940 in Buenos Aires auf, Erich Kleiber gastierte am Teatro Colón). So tendierte ich schon als Jugendlicher und nur halb bewußt zu einer Darstellungsart, wie sie durch Toscanini repräsentiert ist. Ich möchte auch nicht verschweigen, daß in der Emigration und im Krieg die Sympathien der Emigranten nicht bei den wie immer großen deutschen Dirigenten lagen, die in Deutschland geblieben waren.

Desto spannender war es, nach Ende des Krieges Furtwängler leibhaftig zu erleben. Ab 1947 kamen die bedeutendsten Dirigenten, die nicht emigriert waren, außer Furtwängler auch Böhm, Karajan, Celibidache. Und ich als junger Korrepetitor durfte Böhm in der Oper und Furtwängler im Konzert, nämlich bei der Einstudierung der *Matthäus-Passion* von Bach, assistieren und darüber hinaus, in der Aufführung, den Continuo spielen (auf einem Flügel, das Teatro Colón hatte kein Cembalo). Das Bild, das ich gewann, war ein höchst zwiespältiges.

Furtwängler machte den Eindruck eines zutiefst verletzten Menschen, er schien ständig beleidigt; das war wohl seine (verständliche?) Reaktion auf den Untergang Deutschlands. Aber er hatte den Hochmut des selbstbewußten Mitteleuropäers sich bewahrt. Das Orchester des Colón hatte viele Jahre lang mit Leuten wie Klemperer, Kleiber und Busch am deutschen Repertoire gearbeitet und verdiente zumindest ernst genommen zu werden. Die Proben fanden von 13 bis 16 und von 21 bis 24 Uhr statt. Kurz vor Mitternacht kam ein Jesus-Rezitativ mit den Streichern dran, die sich wohl schon ins wohlverdiente Bett sehnten. Er sagte: »Signori, vibraaato! Puccini e Bach la stessa cosa.« Das kam mir menschenverachtend vor. Offenbar glaubte er, er wäre in einem Entwicklungsland und hätte Analphabeten vor sich.

Bei der ersten Klavierprobe mit den Solisten kam der (damals junge) Bassist Josef Greindl direkt vom Flugzeug und uneingesungen. Damals flog man vierzig Stunden. Die Arie Nummer 29 »Gerne will ich mich bequemen« wurde extrem langsam genommen von Furtwängler und klang, als ob der Sänger sich gar nicht gern bequemen würde, »Kreuz und Becher« anzunehmen. Nach ein paar gequälten Takten sagte Furtwängler: »Ach, Herr Greindl, ich glaube, die lassen wir weg, die ist doch ein bißchen langweilig.« Wir waren sprachlos. Es fiel ihm nicht ein, daß die Kondition Greindls und vor allem sein eigenes viel zu schwerfälliges Tempo das Stück kaputt machten. Nein, es war Bachs Schuld.

Seine Interpretation, die ganz der romantischen Tradition des 19. Jahrhunderts verpflichtet war, hatte dennoch einige geniale Züge, von denen der markanteste für mich der Chor in Nummer 73 war: »Wahrlich, dieser ist Gottes Sohn gewesen.« Diese zwei Takte wurden zum Motto des ganzen Werkes, sie türmten sich, sehr langsam und mit einem Riesen-*crescendo* und *-diminuendo* zum Credo der ganzen Christenheit auf. Bach schreibt ja nie Tempo oder Dynamik vor, es ist also alles Interpretation. Ich habe diese Stelle auch sozusagen naturalistisch gehört, als ob nur die paar Soldaten quasi zu sich selber sprächen. Furtwänglers Interpretation zeigte mir Möglichkeiten von Darstellung aus subjektiver Sicht, die mir ganz neu waren.

Die Aufführung (ich saß direkt vor ihm) zeigte mir etwas, was ich so noch nicht erlebt hatte und auch später nicht gesehen habe. Furtwängler hatte in der Aufführung eine unglaubliche Kraft der Suggestion beim Zusammenfassen des Riesenwerks, das ja aus so vielen Teilen besteht. Nie riß der große Atem ab. Er befand sich offenbar in einer Art Trance. Das war zu sehen, wenn er, buchstäblich ein Achtel vor dem Einsatz, sich erinnerte, daß die Kinder im Chor sein Zeichen brauchten.

Ganz zwiespältig sind auch meine Eindrücke von den Furtwängler-Schallplatten, die ich kenne. Es gibt eine *Egmont-Ouvertüre*, in deren Einleitung keine Gestalt zu erkennen ist, so sehr ist sie verschleppt. Und demgegenüber den hinreißenden Mitschnitt einer *Leonore II* aus der Berliner Philharmonie, kurz bevor sie 1944 bombardiert wurde. Da ist alles Beseelung und Feuer, als ob vor dem Desaster alles Positive in großer Verzweiflung noch ein letztes Mal zusammengefaßt werden sollte.

*

Wilhelm Furtwänglers Gesamterscheinung ist vom deutschen Irrationalismus nicht zu trennen. Das zeigt sich, wenn er Musik dirigiert, die zumindest zum Teil von der Ratio geleitet ist, insbesondere Beethoven. Die Art und Weise, wie er aus seinem spätromantischen Naturell die Beethovensche Musik nachschöpft, vergewaltigt den Text – wenn es überhaupt so etwas wie einen Text gibt, dem man treu sein kann. Andere werden gewiß das Gegenteil sagen und behaupten, daß nur jemand, der in diesem Grade nachschöpferisch ist, überhaupt ausloten kann, was Beethoven gemeint hat. Ich bin da in meinen Ansprüchen bescheidener und meine, daß es ein stabiles Tempos geben muß, oder daß die Metronomangaben, wie auch immer man sie modifiziert, nicht einfach ignoriert werden können.

In der großen C-Dur-Sinfonie von Schubert etwa nimmt Furtwängler im ersten Allegro den Seitensatz viel langsamer. Als ich das zum ersten Mal hörte, war mir das sehr überraschend. Dann habe ich gemerkt, daß Mengelberg sich derlei in noch viel extremerem Maße geleistet hat; und erfahren, daß auch Toscanini in den dreißiger Jahren, zum Beispiel in der *Haffner-Sinfonie* von Mozart, für den Seitensatz oder das Trio des Menuetts das Tempo bedeutend verlangsamt hat. Toscanini hat ja erst als alter Mann diese Rigidität, dieses etwas maschinelle *a tempo*-Spiel sich erworben und richtig gefunden. Ich nehme an, daß in einer früheren Zeit – die ich leider nicht erlebt habe und von der es auch keine Dokumente gibt – dieses verschiedene Tempo für den Seitensatz etwas so Normales war, daß es jedenfalls für Furtwängler noch ganz undenkbar war, es anders zu machen. Er hat sich anscheinend nicht einmal den Kopf darüber zerbrochen. Als junger Mensch hat er das von Bülow oder von ich weiß nicht wem so gehört, und es ist dann automatisch für ihn so gegangen.

Sogar Schönberg hat mal gesagt: ›Man muß Platz für die vielen Noten schaffen‹, was etwa bedeutet: Wenn die Figuration eintritt, gibt das Tempo nach und jeder Charakter hat sein eigenes Tempo. Und über Metronome befragt, hat Schönberg, Beethoven zitierend, geantwortet: »Das gilt mindestens für den ersten Takt.« (Beethoven hatte an den Rand eines seiner Lieder geschrieben: »100 nach Mälzl, doch kann dies nur von den ersten Takten gelten, denn die Empfindung hat auch ihren Takt, dieses ist aber doch nicht ganz in diesem Grade (100 nämlich) auszudrücken.«)

Man meinte, daß die Empfindung, das Gefühl, das sich herstellen soll, also meine Empfindung als Zuhörer, sich nur herstellt, wenn man die Sachen ausbadet. Der Einfluß der Spätromantik war da sehr stark. Von Wagner gibt es eine umfangreiche Beschreibung, wie Beethoven zu gehen oder wie das *Meistersinger*-Vorspiel zu klingen hat. Es hat mit dem historischen Moment zu tun, mit dem, was man unter Heroismus, unter Mythos versteht. Die Gründung des Deutschen Reiches ist an niemandem spurlos vorbeigegangen. Die Gigantomanie schlug sich auch in einer Verbreiterung und Erstarrung der Musik nieder. Und Furtwängler ist da einer der letzten Exponenten. Die Leute lägen ihm spätestens seit dem Ende der achtziger Jahre wieder zu Füßen. Er wäre der höchste Exponent der großen Wende. Daß alle fortschrittlichen, alle aufklärerischen Tendenzen auf der ganzen Welt zurückgedrängt werden; daß alle großen Länder von sehr regressiven, von militaristischen, prokapitalistischen, antisozialistischen usw. Regierungen geführt werden, die ja keine Diktaturen, sondern alle von Mehrheiten gewählt worden sind: das ist die ganz große Wende.

*

Von Arturo Toscanini kam in Buenos Aires vielleicht der größte Eindruck, obwohl ich ihn nicht einmal sah, bloß ein Konzert mit ihm am Radio hörte. Ich werde nie seinen *Walkürenritt* vergessen. Diese Posaunen! Das waren keine Pferde – das waren Panzer. Er dachte an den Krieg – es war so offensichtlich in der Gewalt, die er hineinbrachte.

Toscanini war es jedenfalls, der mir lange Vorbild war, bei dessen Schallplatteneinspielungen ich mir Rat holte. Vor allem seine früheren Aufnahmen vermittelten mir große Eindrücke und bestätigten mich oftmals, obwohl sich Toscanini bewußt mit diesem Problem gar nicht auseinandergesetzt hat, in der Richtigkeit meiner Auffassung, daß der Zusammenhang von tempoverschiedenen Teilen einer Komposition meistens auf einfachen Temporelationen beruht, und daß folglich das Tempo und die Beziehungen zwischen den Tempi über die Verständlichkeit des musikalischen Zusammenhangs entscheiden.

Meine vorbehaltlose, glühende Verehrung für Toscanini hat sich dann allerdings durch die Beschäftigung mit Rudolf Kolisch zurechtgerückt: seine Tempi sind mir inzwischen zu instinktiv gewählt, zu wenig überlegt.

Als 1959 in Wien Mitropoulos gastierte und den *Maskenball* einstudierte, war ich sein Assistent und mußte, als er wegfuhr, seine Einstudierung übernehmen und bewahren. In eine meiner Vorstellungen kam Karajan, ließ mich in der Pause rufen und saß, wie er das liebte, im Dunkeln, alles Licht war vor ihm, also: man selber stand beleuchtet da und er war in der Finsternis; und er sagte: »Hören Sie, das Terzett ist *viel* zu schnell!« Ich: »Meine Aufgabe ist es, das Tempo zu bewahren, das Mitropoulos einstudiert hat.« – »Hier irrt Mitropoulos!«, sagte Karajan und machte mir vor, wie das Tempo richtig wäre (obwohl er selbst es später auch viel schneller dirigiert hat). Es war das Metronom von Verdi, das er da respektiert haben wollte. Und daraus entwickelte sich ein Gespräch – das einzige, das er je mit mir geführt hat. Er fragte, ob ich denn die *Maskenball*-Aufnahme von Toscanini kenne, und ich sagte: »Nein. Ich kenne *Falstaff*, *Othello*, *Traviata*; *Maskenball* kenne ich nicht.« – »Das müssen Sie sich anhören!« Er hätte seine ganze Verdi-Konzeption umkrempeln müssen, nachdem er diese Aufnahme von Toscanini gehört hatte. Und er erklärte mir, woran es liegt, daß die italienische Musik in deutschen Opernhäusern meist so flüchtig, so oberflächlich klingt, als ob sie nicht richtig ernst genommen würde. Er behauptete, es läge daran, daß die deutschen Dirigenten den vierten Schlag im Takt zu kurz nähmen. Ich sollte darauf achten, wie ausführlich bei Toscanini das vierte Viertel eines Viervierteltaktes dargestellt würde.

*

Für Dimitri Mitropoulos eigentümlich war seine geradezu unkritische Einstellung zur Musik überhaupt, seine Liebe zur *ganzen* Musik, auch zu deren am wenigsten durchgeistigten Produkten. Er schien über sich hinauszuwachsen bei Stücken, über die wir Snobs die Nase rümpfen, zum Beispiel bei der 3. Rachmaninow-Sinfonie.

Diese Liebe zu aller Musik und zu aller Kreatur, wie beim heiligen Franziskus, bringt mich auf das andere Merkmal seines Wesens – seine unerschütterliche Güte und Geduld. Vor der Wiener *Maskenball*-Premiere mußte ich ihn dienstlich irgendetwas fragen und scheute mich, zu ihm in die Garderobe zu gehen; er aber sagte: Kommen Sie nur herein, und schien nicht im geringsten gestört in seiner Konzentration, drehte auch unablässig an dem Rosenkranz, den er in den Händen hielt.

Das *Maskenball*-Vorspiel hatte mir nie eingeleuchtet, ich fand es nicht sehr gut instrumentiert und hatte noch keine Aufführung gehört, bei der der Klang wirkliche Qualität hatte. Es war immer dünn – bis zu dieser Aufführung mit Mitropoulos, bei der alles von zartester Stimmung war und jede Phrase und Begleitungsfloskel des Orchesters wirklich beseelt erklang, durch genaueste Befolgung von Verdis übergenauer Bezeichnung; und jenes Etwas hatte, das eben nicht zu definieren ist, das jedenfalls macht, daß die besten Orchester für gewisse Persönlichkeiten ihr Bestes geben. Nach dem Vorspiel war man schon glücklich; und voller Erwartung auf das Stück, das so zart eingeleitet wurde – was ja übrigens auch mit der szenischen Situation zusammengeht: es sollte der Schlaf des Fürsten nicht gestört werden.

Obwohl er die Materie wie kaum ein anderer beherrschte, stellte Mitropoulos seine eigene Person völlig zurück und war auf eine Weise uneitel, wie das bei uns Kapellmeistern selten ist. Wie er die Philharmoniker überzeugte, daß das italienische Repertoire große Musik sei, das war vorbildlich nicht nur im fachlichen Sinne, sondern auch durch die Lauterkeit seiner Person.

Eine andere Aufführung von nicht wieder erreichter Erfülltheit war die *Verklärte Nacht* mit den Wiener Philharmonikern. Bei aller *Tristan*-schen Schwelgerei in chromatischer Harmonik und Empfindung, war das kammermusikalische Stimmengeflecht, die kontrapunktische

Komplexität in jedem Moment durchhörbar und deutlich. Nach diesen dreißig Minuten der Erfüllung war ich ganz erschöpft vom Zuhören.

Kennengelernt habe ich Mitropoulos bei einer seltsamen Gelegenheit. Bei seinem ersten Besuch in Deutschland 1954 dirigierte er das Violinkonzert von Arnold Schönberg mit Louis Krasner in München bei der *musica viva*. Krasner hatte es länger nicht gespielt und kam zu mir, damit ich ihn am Klavier begleite und er es wieder einüben und memorieren könne. Dann bat ihn die Münchner *Jeunesse musicale* um eine Aufführung mit Klavier eine Woche vor dem Konzert, zur Einführung für die ungeübten Hörer. Wir fuhren nach München, und zu unserer Generalprobe kam Mitropoulos, wohl auch um zu sehen, ob er selber das Schönberg-Konzert noch auswendig konnte, und fing uns zwei zu dirigieren an. Bei den vielstimmigen Stellen spielte ich die hohen und die tiefen Orchesterstimmen, die Mittelstimmen aber mußte ich oft wegfallen lassen, weil sie für meine Hände unerreichbar waren. Da sang oder pfiff er, auswendig, das Englisch Horn oder Bratschenstellen – und zwar mit lauter richtigen Noten. Ich fand das außergewöhnlich, da er in einer Zeit aufgewachsen war, in der die Zwölftonmusik noch nicht zu den Selbstverständlichkeiten gehörte, er hatte sich diese Harmonik und Intervallik ja erst als Erwachsener angeeignet.

Ich habe ihn dann oft gehört: mit *Elektra* in Salzburg, mit der 6. Sinfonie von Mahler in Wien – er war es, der mir die ersten Mahler-Eindrücke vermittelte. Und er hat mir die Großartigkeit von Puccinis *Madame Butterfly* nahegebracht. Seine Interpretation war allerdings auch weit entfernt von jenem vor allem in Deutschland verbreiteten Hang zur sentimentalen Darstellung – mit der Folge, daß Puccini und seine Musik von vielen wiederum nicht allzu ernst und wichtig genommen werden. Man muß Puccini mit dem größten Ernst behandeln, dann ist es große Musik. Bei Mitropoulos erwuchs die so oft mißhandelte *Butterfly* zum großen Kunstwerk, sie erschien auf die Ebene Mahlers gehoben, möchte ich sagen. Durch seine Persönlichkeit kam das Endzeitgefühl im dritten Akt wieder zustande. Nur wenige Leute, vielleicht noch Toscanini, haben das überhaupt gesehen.

*

Erich Kleiber hörte ich in Proben und Aufführungen bewußt seit 1944. Er ist mir Vorbild in der gleichmäßigen Beherrschung aller Stilarten, der überaus flexiblen Schlagtechnik, der Fähigkeit, die Musiker zu begeistern. Er war völlig unintellektuell bei höchster Einsicht in Struktur der Werke und Wesensart der Komponisten. Unvergeßlich eine Generalprobe des *Tristan* in Buenos Aires, zu der Kirsten Flagstad nicht kam, und in der er selber die Isolde sang! Oder eine Orchester-Allein-probe zu *Elektra*, wo er – einspringend für Fritz Busch – nur schwere Stellen probierte und es trotzdem fertigbrachte, alles, was zwischen den Noten steht, in lebendiges Musiktheater umzusetzen. Sein Musizieren war das lebendigste, das ich je erlebt habe.

Bei Kleiber spielte ich als Korrepetitor die erste Probe meines Lebens. Nur er und Kirsten Flagstad als Isolde waren anwesend (beide gingen mit dem Werk seit dreißig Jahren um, und ich war gerade neunzehn geworden), eine Erfahrung, die ich keinem Anfänger wünsche, und die ich doch nicht missen möchte. (Den ersten Bühnendienst meines Lebens hatte ich übrigens 1947, als Tullio Serafin in Buenos Aires Gounods *Faust* dirigierte. Dreißig oder vierzig Meter von ihm entfernt stand ich auf einer Leiter, sah durch ein Loch in der Dekoration und dirigierte mit einer Taschenlampe die Bässe des Chores. Wegen meiner Unerfahrenheit war ich hinterher, denn da der Schall für dreißig Meter eine Zehntelsekunde braucht, muß man hinter der Bühne ›zu früh‹ dirigieren, damit der Ton zur rechten Zeit im Zuschauerraum ankommt. Serafin schrie: »Der, der den Schlag überträgt, muß vorschlagen!« Dieses Anschreien war mir eine Lehre. Nicht nur zum Dirigieren der Bühnenmusik, sondern auch dafür, wieviel Wissen und Erfahrung in jede subalterne Funktion beim Musiktheater eingeht.)

Ganz selbstverständlich dirigierte Kleiber Alban Berg und Gustav Mahler bereits in den zwanziger und dreißiger Jahren, als das noch ganz unerhört war. Zum Beispiel bestand er darauf, Mahlers Dritte in Brüssel zu machen. Als man ihm sagte, daß man sie nicht haben wolle, ging er. – Ich meine, egal wann in der Geschichte, immer erhielt die Avantgarde die Musik als einen kreativen Prozeß lebendig. Wer anders darüber denkt, redet der Sklerose das Wort und nicht der Kunst. Wir müssen die zeitgenössische Musik aus dem Ghetto herausholen. Es waren ja immer nur ein paar, die sich in Europa und oder gar in Amerika der Musik ihrer Zeit annahmen. Ich weiß nicht, was sich Szell in Cleveland seinerzeit dachte; die Musik, mit der er aufgewachsen war, führte er jedenfalls nicht auf, dabei hatte er in seiner Jugend sogar komponiert; und Toscanini, der war erwiesenermaßen ein Reaktionär. Was führte Stokowski in Philadelphia dagegen *nicht* auf! Er war wirklich ein Vorkämpfer, auch für die neue amerikanische Musik. Allerdings hatte er ein ganz besonderes Verhältnis zu seinem Publikum, er konnte sich auf das Ungewohnte und das Neue gefahrlos einlassen. Boulez ging später vielleicht nur zu früh zu weit mit den New Yorker Philharmonikern. Sein Problem war ja nicht sein Geschmack an der zeitgenössischen Musik, sondern sein Ausschließlichkeits-Standpunkt.

*

Clemens Krauss sah ich zum erstenmal, nachdem er meinen Vater 1936 von Dresden weg an die Berliner Staatsoper gerufen hatte, um ihn gewissermaßen vor Goebbels zu schützen. Später, in Buenos Aires, war ich dann nach dem Krieg einmal bei ihm im Hotel – das muß 1947 gewesen sein, ich war zwanzig, spielte viel Klavier, war Korrepetitor und hatte die großen Dirigenten gesehen, aber eben nicht mit den berühmten Stücken – und fragte ihn, wie man Auftakte gibt, zum Beispiel, wenn keine Eins dasteht; wie man das fertigbringt, daß alle anfangen (in der Fünften Beethoven oder im *Don Juan* von Richard Strauss). Krauss gab mir sehr komplizierte Antworten, an die ich mich noch ganz genau erinnere – das war ein ganz tiefer Eindruck, wie ernst er das nahm. Er hatte jahrelang unterrichtet, in München und Salzburg und sonstwo, er mußte also wissen, warum er mir diese komplizierten Anweisungen gab, die er selber in seiner Praxis überhaupt nicht beherzigte.

Als ich dann nach Wien kam, sah ich, daß auch Dirigenten, die keine so tolle Technik wie Clemens Krauss hatten, ihren Ehrgeiz daran setzten, solche Stücke ohne Vorbereitung, nur mit Einatmen und Runterschlagen anzufangen, weil die Wiener Philharmoniker das im Schlaf können, die fangen auf jeden Fall an. Vielleicht nicht immer ganz zusammen, aber es ist unfein, einen Auftakt zu geben, wenn keine Eins dasteht. Krauss aber hatte mir gesagt: Beim *Don Juan* müssen Sie einen halben Takt Auftakt geben und da müssen die acht Sechzehntel darin sein, Sie müssen den Puls fühlen. Oder bei der Fünften Beethoven: Das fängt in Vierteln an, also: zwei, eins, dá-da-da-dá ... Nun fängt es da-da-da-dá an, man kann gar nicht, wie er sagte, einen halben Takt Auftakt geben. Überhaupt wird auch er in eins dirigiert haben, kein Mensch dirigiert da in zwei, nicht einmal Furtwängler. Was er mir sagte, war ad usum Delphini; mit dem Hintergedanken: Das wird den Jungen weiterbringen.

In Wien nun lernte ich nach ein paar Monaten Hans Swarowsky kennen. Eines Abends, nach einem Konzert, gingen wir zusammen durch die nächtliche Stadt und er sagte: Kommen Sie in meine Klasse, das kann Ihnen nur gut tun, Sie sparen sich zehn Jahre Erfahrung. Ich aber war damals sehr hochmütig und dachte: Das kann ich auch so lernen; und bin nicht hingegangen. Zehn Jahre später habe ich mir gesagt: Wärst du doch hingegangen. Es hat sehr lange gedauert, die feineren Sachen zu lernen – wie man zum Beispiel einen langsamen

Sechsachteltakt ohne Unterteilung schlägt. Das ist auch jetzt noch schwer und für jeden.

*

Daß Komponisten die besten Dirigenten ihrer Werke sind, egal, ob sie dirigieren können oder nicht, ist bei Igor Strawinsky ebenso dokumentiert wie auf Arnold Schönbergs *Pierrot lunaire*-Platte. Wie die Musik geht, das wissen die Komponisten selbst am besten. Wenn man das als Musiker erfahren will, muß man diese Platten kennen, auch wenn bei Strawinsky zum Beispiel alles ein bißchen langsamer ist oder nicht so gut zusammenläuft.

Den Duktus Strawinskys kenne ich aus eigener ›Anschauung‹: ich habe ihn erlebt, als Karajan ihn eingeladen hatte, *Oedipus rex* zu dirigieren, ohne Probe, wie das im Repertoiretheater und in der Oper so ist, zumal in Wien. Ich hatte am selben Abend – es war der 4. November 1958 – im ersten Teil Bartóks *Wunderbaren Mandarin* zu dirigieren. Anders als Karajan machte Strawinsky am Schluß kein *ritardando*. Bei Karajan wurde es gefühlig, bei den letzten Schlägen, bei dem unerbittlichen Wegwandern des alten Oedipus. Obwohl ohne Probe, hatte Strawinsky den Willen und das Wissen, wie es geht, egal, wie die Hand nun schlug. Es war erschütternd, wie eisern das im Takt lief, bis es abbrach. Karajan wußte natürlich ganz genau, wie es gehen sollte, aber er hat es nicht hingekriegt. Vielleicht konnte er es sich nicht stark genug vorstellen, um es übertragen zu können. Für die Frage, wie es ist, wenn Komponisten dirigieren, war das für mich ein Schlüsselerlebnis.

(Teils) erstveröffentlicht in:
Neue Zürcher Zeitung, 6. August 1996
Musiker im Gespräch. Michael Gielen, Frankfurt/New York/London 1982

Wolf Rosenberg

Es darf gedacht werden
Michael Gielen
Ein Sonderfall unter den Taktstockschwingern
(1982)

Ob der Begriff des Eigenbrötlers so ganz auf Michael Gielen anwendbar ist, muß offenbleiben; gewiß kann man ihn kaum als exzentrisches, der Welt abhanden gekommenes Wesen bezeichnen. Er steht mittendrin im Musikbetrieb, so sehr, daß ihm keine Zeit fürs Komponieren bleibt (was angesichts der Werke, die er in den sechziger und frühen siebziger Jahren schuf, zu bedauern ist). Doch backt er gewiß sein eigenes Brot, wenn er als Dirigent ebensowenig Rücksicht auf gewisse Traditionen nimmt wie auf modische Phänomene, weder die üblichen Verzögerungen an bestimmten Stellen der *Eroica* oder der Brahms-Symphonien mitmacht noch am gängigen Wettschleichen, dem breiten Auswalzen von Musik teilnimmt und statt dessen das Tempo – eine »objektive Kategorie«, wie Rudolf Kolisch zu Recht feststellte – jeweils aus Charakter und Struktur des musikalischen Verlaufs deduziert, also das Komponierte befragt und nicht die Empfindungen, die es in ihm auslöst, oder gar seinen Instinkt zu Rate zieht.

»Der Instinkt«, hat Gielen einmal gesagt, »soll der Ernährung und der Fortpflanzung dienen; für die Kunst darf man auch das Gehirn bemühen.«

Folgerichtig zählt er also zu den »intellektuellen« Musikern, ein großes Kompliment, das freilich nicht als solches gemeint ist – und »wo bleibt da das Herz?« ist die stereotype Frage, die zu folgen hat, da Hirn und Herz bekanntlich einander ausschließen.

Nun haben aber die Komponisten, entgegen dem noch immer kursierenden Gerücht, daß schöpferische Vorgänge hauptsächlich durch Musenküsse oder die Gnade höherer Mächte oder sonstwie zustande kommen, ihr Gehirn durchaus bemüht, und es gibt keinen Grund, warum Interpreten es nicht ebenfalls tun sollten, zumindest doch bei fundamentalen Aspekten wie zum Beispiel Puls und Metrum, also dem jeweiligen System von Hebungen und Senkungen, das bei falschen, nicht durchdachten Zeitmaßen unweigerlich zerstört wird. (Daß es andererseits bei großen Kunstwerken auch einen ungelösten Rest gibt, der nicht rational erfaßbar ist, der vielleicht nur geahnt, aber nicht verbalisiert werden kann, leugnet ja niemand.)

Mit seinen angeblich überhetzten Tempi erregt Gielen vor allem bei Beethoven-Symphonien Anstoß, zumal er die metronomischen Anweisungen des Komponisten befolgt – nicht aus blindem Gehorsam, sondern weil gründliche Analyse zum Ergebnis führt, daß die Angaben bis auf wenige Ausnahmen plausibel sind. Unter dieser Voraussetzung läßt sich Beethoven von romantischem Schutt befreien.

Gielens Interpretation der *Eroica* mit dem Cincinnati Symphony Orchestra kann als Beispiel dienen. Hier kommt endlich wieder einmal das oft beredete, aber selten hörbar gemachte »Revolutionäre« bei Beethoven voll zur Geltung durch ein hartes, ungeschöntes Klangbild und Betonung des rhythmischen Elements. Man wird an Erich Kleiber erinnert, mehr noch an Toscanini, auch was Stabilität des zeitlichen Verlaufs bei geringfügigen, unmerklichen Tempomodifikationen (vor allem im ersten Satz) betrifft sowie das Verfahren, jedes Einzelereignis, ohne es zu vernachlässigen, in Bezug zur Formkonstruktion des Ganzen zu setzen, den überlangen Kopfsatz in einem einzigen großen Bogen durchzuziehen.

Michael Gielen macht es sich (und anderen) nicht gerade bequem. Seine Besessenheit, sein Probenfanatismus, seine Kompromißlosigkeit, seine Verstöße gegen die musikbetrieblichen Tischregeln mögen, ähnlich wie bei Carlos Kleiber, den Begriff der Eigenbrötelei rechtfertigen. Auch seine Repertoirepolitik, die freilich der Kleiberschen entgegengesetzt ist. Nicht nur nimmt die neue Musik in Gielens Konzertprogrammen einen breiten Raum ein; es geht ihm auch um eine neue Art der Programmgestaltung, und die Ergebnisse sind verblüffend.

So schaltet Gielen Werke von Webern zwischen die einzelnen Sätze der Schubertschen *Rosamunde*-Schauspielmusik, und man entdeckt Affinitäten, auf die man sonst nie stoßen würde. Oder Beethovens Neunte wird geschachtelt mit Schönbergs *Überlebendem von Warschau*, und man wird gewahr, wie voreilig Schillers Optimismus gewesen ist, aber auch, durch Gielens Interpretation des Finales, daß Beethoven sich zur Freude an der Ode ein wenig zwingen mußte.

Als Opernchef in Frankfurt engagiert Gielen die besten unter den »modernen« Regisseuren (Berghaus, Neuenfels, Kirchner usw.). Für die Oper des 20. Jahrhunderts stehen die Namen Busoni, Schreker, Janáček, Berg, Zimmermann, Nono ein, und das Problem der »unerlösten« Mozart-Oper ist in Frankfurt kein Problem mehr: *Don Giovanni* kommt schon allein durch die Tatsache, daß man dort nicht die übliche, die Dramaturgie des Werkes verschandelnde Mischung aus Prager und

Wiener Fassung spielt, sondern auf die Originalversion zurückgeht, und durch Gielens Dirigat sowie seine Führung der Sänger (einschließlich der notwendigen Appoggiaturen und kadenzierenden Ausfüllungen der meist mißverstandenen Fermaten) der »Erlösung« nahe, ebenso *Zauberflöte* und *Entführung*, wobei die Inszenierung (Ruth Berghaus) all das aufdeckte, wa sonst vertuscht oder ignoriert wird.

Und Gluck wurde von seinem Schattendasein erlöst: Endlich kann das Publikum erfahren, daß Gluck kein Langweiler war, wie die Dirigenten zu beweisen suchen, sondern ein Musikdramatiker höchsten Ranges, und wenn Gielens exemplarische, von faszinierender Intensität erfüllte *Alkestis*-Aufführung Schule macht, könnte der so lange Zeit vernachlässigte Gluck schließlich doch noch ins Repertoire eingehen.

Ein Musiker wie Gielen läßt sich nicht vermarkten, und so ist es auch kein Wunder, daß die großen Plattenkonzerne ihn bislang ignorierten, außer wenn man auf billige Weise zu einem Film-Soundtrack (*Moses und Aron*) oder einem Konzertmitschnitt (Mahlers Achte) kommen konnte. So mußte der Interessent sich mit klangtechnisch nur mäßigen *Vox*-Aufnahmen aus den sechziger Jahren begnügen; Abhilfe wird die mit der erwähnten *Eroica*-Platte angelaufene Serie aus Cincinnati bringen.

Erstveröffentlicht in:
HiFi-Stereophonie, Juni 1982

PS:
Die »Serie aus Cincinnati« brachte es über ein paar Produktionen nicht hinaus; die folgende »Gielen-Edition« mit dem SWF-Sinfonieorchester geht inzwischen, bei immerhin erheblich größerem Umfang, ihrem Ende zumindest entgegen.

Michael Gielen

Mein Onkel Eduard Steuermann (1990)

Nicht nur meiner Lehrer wegen, überhaupt war Argentinien ein Paradies, als ich Anfang des Zweiten Weltkrieges, 1940, hinkam. Das waren ideale Bedingungen für einen jungen Menschen, man hatte doch sehr große Freiheit. Die politischen Verhältnisse waren durchaus noch demokratisch, bis 1943, bis zur ersten Militär-Revolution von Perón und Genossen. Ich konnte in aller Ruhe studieren. Und mein Vater hatte Arbeit in seinem eigenen Beruf, als Regisseur am Teatro Colón. Wenige Emigranten hatten so viel Glück. Meine Lehrer waren gleichfalls Emigranten und zum Teil auch noch Leute aus dem Schönberg-Kreis. Das alles konnte man sich nicht besser wünschen.

Später, nach dem Abitur, wollte ich nach New York zu meinem Onkel Eduard Steuermann, um bei ihm Komposition zu studieren und Klavier, aber dazu ist es nicht gekommen, weil ich kein Einreisevisum bekommen habe. Steuermann war eine sehr gewichtige musikalische Erscheinung. Wir hatten den ganzen Krieg über Kontakt miteinander – seit ich anfing, Schönberg zu spielen, ich war vielleicht vierzehn, schrieb ich ihm und stellte Fragen. Unser Briefwechsel ist erhalten (aus Steuermanns Briefen ist einiges jetzt in der Sammlung seiner Schriften nachzulesen, die 1989 in London als Buch erschienen sind, unter dem Titel *The Not Quite Innocent Bystander*), er ist ganz lustig, weil die Zensoren in verschiedenen Farben ihre Spuren darin hinterlassen haben, auf der Suche nach Geheimbotschaften, wie das in einem Krieg halt so ist.

Als erstes – ich beschäftigte mich gerade mit Schönbergs opus 19, den Sechs kleinen Klavierstücken – fragte ich in meiner Naivität: Inwieweit muß man das ganz im Takt spielen, inwieweit ist man da frei, ein gewißes *rubato* anzuwenden. Er schrieb zurück, darauf könne er nur sehr schwer antworten, weil er gar nicht wisse, was ich damit meine. Ganz strikt im Tempo, im Takt könne man fast überhaupt keine Musik spielen, sagte er; und das war für mich natürlich sehr lehrreich. Es gäbe vielleicht etwas von Bach, vielleicht etwas von Mozart, das in einem abstrakten Tempo, im Takt zu spielen wäre. Aber sonst gäbe es immer nur schwere und leichte Taktteile; eine sinnvolle Darstellung, eine sinnvolle Phrasierung verlange eben immer auch eine gewisse rhythmische Flexibilität. Das betrifft nun das erste Stück von opus 19 sicher sehr stark, das vierte wohl auch, das zweite andererseits überhaupt nicht, wegen der tropfenden Terzen.

Steuermann war der Bruder meiner Mutter (ich nehme im übrigen an, daß mein Vater genauso musikalisch war wie meine Mutter). Die Steuermann-Geschwister sind in Polen, in der polnischen Provinz geboren, im Sambor, südlich von Przemysl, das gehört heute zur Ukraine. Alle Kinder hatten zuerst ein deutsches ›Fräulein‹, dann eine ›Mademoiselle‹ und sind nie auf öffentliche Schulen gegangen. Eduard Steuermann konnte zuhause soviel Musik machen wie er wollte. Die Großmama sang und spielte auch Klavier. Meine Mutter und die älteste Schwester, Salome, genannt Salka, wurden beide Schauspielerinnen. Salome hat bei Reinhardt in Berlin gespielt, noch vor dem Ersten Weltkrieg. Eduard Steuermann kam 1910 – da war er achtzehn – nach Berlin. Er hatte in Prag bei Wilhelm Kurz studiert und meldete sich in Berlin gleich bei Busoni, der eine offizielle Klasse an der Hochschule hatte, die Studenten aber zuhause versammelte. Sein Schüler Egon Petri erzählte – auch Steuermann selber erzählte es, voller Stolz –, daß in diesem Kreis von Studenten ein Neuer vorspielen mußte und Busoni meistens nach ein paar Seiten, nach zwei, drei Minuten abbrach, mit dem Neuen darüber sprach und ihn schließlich wissen ließ, ob er nun angenommen sei oder nicht; und daß Steuermann an seinem ersten Nachmittag die ganze Liszt-Sonate spielte, ohne daß Busoni ihn unterbrochen hätte. Das war sicher sehr außergewöhnlich, daß ein Achtzehnjähriger so viel Persönlichkeit – nicht nur im Klavierspiel – zeigen konnte, daß es einen Busoni interessierte, ihn eine halbe Stunde lang anzuhören.

Gleichzeitig ging Steuermann, um Komposition zu studieren, auf die Hochschule zu Engelbert Humperdinck, dem Komponisten von *Hänsel und Gretel*, der da eine große Rolle spielte. Humperdinck fragte ihn: Sagen Sie, junger Mann, wollen Sie das Komponieren mehr in der Art von Brahms oder mehr in der Art von Wagner studieren? Worauf Steuermann nicht mehr hingegangen ist. Nachdem er Busoni sein Leid geklagt hatte, wurde er von diesem zu Schönberg mitgenommen – ins Caféhaus (wo sitzt ein österreichischer Komponist, auch in Berlin? Im Caféhaus) und ihm vorgestellt mit den Worten: Das ist ein begabter junger Mensch, der frisch nach Berlin gekommen ist und der bei Ihnen Komposition studieren möchte. Schönberg hat sich überhaupt nicht darum gekümmert, was er schon kann oder welche Voraussetzungen er hat, sondern nur sein Notizbuch gezogen und gefragt: Können Sie Freitag um drei? Das heißt: Wenn Busoni ihm jemanden vorstellte, nahm

Schönberg an, da ist auf jeden Fall genug Grundlage da, daß es nicht langweilig wird.

Die Beziehung zu Schönberg wurde schicksalhaft. Steuermann war von Anfang an *der* Pianist der Schönberg-Schule, er hat fast alle Klavierparts und Klavierwerke uraufgeführt bis hin zum Klavierkonzert 1942 mit Leopold Stokowski. Es fing an mit *Pierrot lunaire*: er mußte Albertine Zehme, die das Stück bestellt und bezahlt hatte, einstudieren und sagte noch fünfzig Jahre später, es wäre schrecklich gewesen, weil die Frau so unmusikalisch war. Ein bißchen ist Steuermann immer der Sklave Schönbergs geblieben. Schönberg hat ihn, anstatt daß er ihm Kompositionsunterricht gegeben hätte, Klavierauszüge machen lassen: von der *Glücklichen Hand* und von der *Erwartung*. Und das war ein Unglück für Steuermann, der gegenüber diesem Giganten Schönberg – doch einem der größten Genies, der größten Komponisten, die es überhaupt gegeben hat – gehemmt, offenbar sogar sehr gehemmt war.

Er erzählte, daß er, als er wieder einmal zur Stunde kam und eigentlich nichts vorzuweisen hatte, Schönberg sein Leid klagte, wie schwer das Komponieren doch sei. Da sagte Schönberg: Ich weiß nicht, was Sie wollen, es ist überhaupt nicht schwer. Und er unterhielt sich mit Steuermann über alles mögliche – was in der Zeitung stand, was er gestern gemacht hatte usw. – und schrieb währenddessen emsig dahin. Als so an die zweiunddreißig Takte zustande gekommen waren, hielt er inne und sagte: Jetzt gucken wir mal, was das ist. Da ist ein Vordersatz, damit kann man arbeiten. Dieses Motiv ist vielleicht ... Also: er behandelte das wie die Musik von jemand anderem, um zu sehen, wie daran weiterzuarbeiten sei. Er konnte so spontan, wie er einen Brief schreiben konnte, eben auch Musik schreiben.

Ein anderer Schönberg-Schüler, mein Analyse-Lehrer in Wien, Dr. Josef Polnauer, der wollte, als ich 1951 zu ihm kam, zur Beurteilung, ob ich wirklich etwas kann, keine meiner Kompositionen sehen, nur meine Harmonielehre-Übungen. Er schaute sie sich an und sagte: Wir müssen noch schnell mal die ganze Harmonielehre durchgehen, nach den Schönberg'schen Prinzipien, in ein paar Monaten ist das geschehen, dann weiß ich, daß Sie das Richtige zu sich genommen haben. Ich aber war schon Korrepetitor an der Oper und hatte nicht soviel Zeit, es hat mich auch wirklich nicht so schrecklich interessiert, nochmal Harmonielehre zu kauen, ich brachte ihm also vielleicht eine Seite mit Beispielen zu dem Problem, das er mir gestellt hatte und er sagte: Was? Eine Seite? Bei Schönberg wären Sie damit sofort rausgeflogen! Wenn man weniger als zehn vollgeschriebene Seiten gebracht hätte, wäre das nicht akzeptiert worden, man wäre wieder weggeschickt worden. Wenn man dann endlich die zehn Seiten zusammen hatte, dann hätte Schönberg das überflogen und sich genau das eine Beispiel herausgepickt, an dem der Student noch hätte lernen können, wo etwas zu kritisieren gewesen wäre.

Nach Schönbergs Tod hat Steuermann schlagartig mehr, fließend, ständig komponiert. Vorher hatte er immer die Ausrede, neben dem vielen Klavier-Unterrichten hätte er nicht die Energie; und plötzlich hatte er sie auch spät abends noch. Von ihm gibt es ja eine ganze Reihe von Spätwerken, die letzten dreizehn Jahre hat er mehr hervorgebracht als in seinem ganzen früheren Leben. Darunter die *Variationen*, die wir mit dem SWF-Sinfonieorchester aufgeführt haben.

Es gibt von Steuermann sehr wenig Materialien, sehr wenig lesbare Partituren. Ich habe mehrere Werke in seiner Handschrift, die zu entziffern wirklich eine Qual ist. Darunter ist ein Stück, das ich sehr gerne noch machen möchte, sofern die Gelegenheit sich ergibt, nämlich die Komposition des sehr kurzen Textes von Kafka *Auf der Galerie* – »Wenn irgendeine hinfällige, lungensüchtige Kunstreiterin ...«: eines der originellsten Stücke von Kafka, in dem alles in Frage gestellt wird, der zweite Absatz sagt genau das Gegenteil des ersten, aber auch das bleibt wieder in der Schwebe, so daß vielleicht doch das Unglück der Kunstreiterin und die Tyrannei des Zirkusdirektors wahr sein könnten. Am Ende jedenfalls legt der junge Mann, der Galeriebesucher, seinen Kopf auf die Brüstung und weint. Diesen Text hat Steuermann spät in seinem Leben für kleinen Chor und kleines Orchester komponiert – ein sehr komplexes Stück, eine seiner originellsten Sachen. Auch aus seiner früheren, aus der Wiener Zeit, vor 1934, gibt es viel, was sich lohnt: *Klavierstücke*; *Goethe-Lieder* für Bariton und Klavier, die sehr schön sind; eine *Klaviersonate*; und aus der amerikanischen Zeit – noch zu Schönbergs Lebzeiten angefangen, er hat also doch ab und zu komponiert damals – eine *Klavier-Suite*, die seiner zweiten Frau Clara gewidmet ist und einen sehr originellen Klaviersatz hat.

Die *Variationen* für Orchester von 1958 sind ein sehr knappes Stück, sie dauern vielleicht neun Minuten. Dabei ist der Anspruch sehr groß: immerhin gibt es Orchestervariationen von Webern in etwa derselben und von Schönberg in doppelter Länge. Steuermanns Stil ist so etwas wie ein Amalgam aus der Kürze und Knappheit Weberns und dem expressiven Gestus Schönbergs, mit unüberhörbar eigenem Tonfall. Ähnlich sagt es ja auch Adorno (*Nach Steuermanns Tod*, in den *Impromptus*), wenn er über Steuermann als Komponisten spricht: daß er einen durchaus eigenen Tonfall hatte. Das Grüblerische ist sehr stark bei ihm, das in sich zurückgezogene stille Nachdenken. Der Schluß der

Variationen ist dann geradezu eine Art Durchbruch (um diese Mahler'sche Kategorie zu benutzen); was aber steht hinter der Wand? Bei Mahler spielt immer das eine große Rolle, was hinter dem Durchbruch ist. Bei Steuermann ist es vielleicht ein bißchen wie bei Kafka: man kommt bis zur Tür und dann geht es nicht weiter ...

Im Sommer, wenn Steuermann in Europa seine Kurse gab, wohnten wir oft zusammen, die beiden Familien, zum Beispiel in Salzburg: meine Eltern, weil mein Vater da inszenierte, und Steuermann war am Mozarteum. Ein-, zweimal habe ich bei seinen Klavierkursen mitgespielt. Ich war immer sehr schlecht vorbereitet, weil ich schon mit so vielem anderen beschäftigt war: ich war Korrepetitor, versuchte zu dirigieren und zu komponieren und alles mögliche sonst noch; um aber mitmachen zu können, übte ich ein bißchen. Einmal habe ich furchtbar schlecht die f-moll-Ballade von Chopin gespielt, mit Gedächtnisfehlern und allem, was dazugehört; und am Abend sagte Steuermann: Weißt du was, Michael, du solltest doch Pianist werden. Darauf ich: Warum sagst du mir das, wo ich mich heute so blamiert habe? – Es ist doch wenigstens ein ehrlicher Beruf, man macht es selber. Ich habe nicht auf ihn gehört. Das viele Üben mochte ich nicht. Ich habe immer sehr gern studiert, habe gern Theorie-Aufgaben gelöst, sehr gern komponiert – ich lerne auch jetzt noch ziemlich gern Stücke, wenn sie gut sind –, aber Klavier war für mich nur ein Mittel zum Zweck, um die Sachen schneller kennenzulernen.

An diesen Abenden kam es oft zu Gesprächen oder er spielte Klavier. Wir hatten große Bewunderung für die Meister der Vergangenheit. Dann sagte er aber doch: Jetzt schau mal, wie wenige der großen Komponisten einen ganz eigenständigen Klaviersatz haben. Das ist ja wirklich wahr: Beethoven, Schumann, Brahms, Schönberg, Debussy – ja. Aber es gibt eben sehr viele bedeutende Komponisten, die keinen so ausgesprochen persönlichen Klaviersatz hervorgebracht haben, zum Beispiel Mozart: seine Ideen sind bestimmt nicht konventionell, die Behandlung des Instrumentes ist es aber eben doch.

Steuermanns Umgang mit den Meistern der Vergangenheit hat natürlich – aber Ähnliches gilt auch für mich in allerhöchstem Grade – von der Begegnung mit Schönberg profitiert. Ich versuche das mal so zu formulieren: Genauso wenig, wie man sinnvoll neue Musik spielen kann, wenn man nicht das Handwerk der klassischen und der romantischen Musik beherrscht, genauso wenig geht es andersherum. Es kann kein gültiges Beethoven- oder Bruckner- oder was-auch-immer-Verständnis geben, wenn man sich nicht mit der Moderne, besonders mit der Schönberg-Schule auseinandergesetzt hat. Das historisierende

Musizieren ohne Bezug auf die Jetztzeit muß geradeso widersinnig sein wie eine Gestaltung der Kompositionsideen Schönbergs oder Weberns, ohne zu wissen, wie Schubert und Beethoven zum Beispiel gearbeitet haben. Schon, weil es gerade zwischen den zwei Wiener Schulen die allerstärksten Analogien gibt. Für Steuermann gab es zu dieser Haltung, da er seit seinem achtzehnten Lebensjahr im Kreise Schönbergs gelebt hat, keine Alternative. Das gilt auch für Rudolf Kolisch in hohem Maße, der sich ja in den Kursen, die er in den letzten Jahren seines Lebens in Mödling gegeben hat, diesbezüglich artikuliert hat. Adorno hat es in die Formel gefaßt: Wer nur von neuer Musik etwas versteht, versteht auch von ihr nichts.

Einen Moment besonderen Stolzes gab es in Steuermanns Leben. Er hat mal mit der größten Überwindung – weil er in der Öffentlichkeit oft sehr nervös war und deshalb auch keine große Karriere als Pianist gemacht hat, sondern nur einem Insider-Kreis bekannt war – in New York (vermutlich an der Juilliard School) einen Abend mit klassischer Musik gegeben, eine Abteilung davon – der größte Teil, nehme ich an – war Schubert gewidmet. Nach diesem Konzert kamen natürlich viele Freunde ins Künstlerzimmer, darunter Artur Schnabel, den er seit der Jugend, seit der Berliner Zeit, gut kannte. Und Schnabel, der größte Schubert-Spieler unserer Zeit, sagte ihm: Herr Steuermann, niemand auf der Welt spielt Schubert wie Sie. – Ich hatte das Glück, Steuermann Schubert spielen zu hören, wovon es ja leider kein Dokument gibt; aber zu später Stunde, in Salzburg, auch um sich zu befreien von einem ganzen Tag Unterricht mit Leuten, die er nicht mal kannte (das ist ja noch wieder etwas anderes, ob man seine Stammschüler unterrichtet oder irgendwelche Leute, die zu einem Sommerkurs kommen), spielte er gern Klavier: die a-moll-Sonate opus 42 bei einer dieser Gelegenheiten, die ist mir unvergeßlich. Diese Mischung aus Versenkung – zum Beispiel in den Anfang: er war sofort mittendrin – und einer Gewalt – am Ende des ersten Satzes zum Beispiel –, wie ich sie von niemandem sonst gehört habe ... Kann sein, daß es im Zimmer noch aggressiver klang, der gepflegte Ton stellte sich jedenfalls nicht ein.

Mag sein, daß Steuermann in der Öffentlichkeit so nervös war, weil das Realisieren von Musik überhaupt so schwer (geworden) ist. Andererseits hat er ja in Europa, bis 1934, ziemlich viel gespielt, in Amerika dann sehr wenig, dort kannte ihn eben kein Mensch. Er war erst einmal ein Jahr ungefähr in Hollywood bei seiner Schwester Salka, die dort Karriere gemacht hatte als Scriptwriterin; dann ging er nach New York und hatte zunächst nur wenige Schüler, er konnte es sich also gar nicht leisten, ein Konzert auf eigene Kosten zu geben, die Veranstalter aber haben ihn nicht engagiert, weil sie nicht wußten, wer er war.

Ich darf eine Anekdote erzählen, die lustig ist, aber wahr. Der jüngste Steuermann-Bruder, Siegmund, war ein Fußballspieler. Er war als Spätgeborener von den Eltern verhätschelt worden, hatte nichts studieren wollen, nichts arbeiten, nur Sport betreiben und da hat er eine große Karriere gemacht. Er war bekannt dafür, daß er von ich weiß nicht wo aus Tore schießen konnte. Eines Tages nun gab Eduard Steuermann ein Konzert in Warschau, und da kam nachher jemand zu ihm und sagte: Könnte ich ein Autogramm haben? Sie sind doch ein Bruder des berühmten Siegmund Steuermann?

Ein Wort zum Bearbeiter Steuermann. Ein mir unverständlicher, sehr mutiger Schritt, die *Verklärte Nacht*, das Schönberg-Streichsextett, ausgerechnet für Klaviertrio zu setzen. Wahrscheinlich, weil er das Stück liebte und einen Teil davon selber am Klavier spielen wollte. Übrigens gibt es ja auch ein Klaviertrio von ihm mit eigener Musik (das ich für bedeutend halte). Seine Klavierauszüge der Schönberg-Bühnenwerke sind fabelhaft. Auf den ersten Blick ist da zu erkennen, was wirklich wichtig ist. Nur das, was spielbar ist, ist mit fetten Noten gedruckt, alles andere in andere Systeme verwiesen, ähnlich wie im *Wozzeck*-Klavierauszug, der zwar nicht von ihm ist, aber nach dem gleichen Prinzip gearbeitet ist. Eine von Steuermanns Bearbeitungen habe ich selbst zu spielen versucht, ohne daß ich es damit bis an die Öffentlichkeit gebracht hätte: die von Schönbergs erster *Kammersymphonie*. Das ist eine Bearbeitung für Klavier zu zwei Händen, ein Ding der Unmöglichkeit. Aber er liebte das Unmögliche. Zum Beispiel spielte er, noch in Europa, ein Programm, das bestand aus Beethovens *Hammerklavier-Sonate*, den *Bach-Variationen* von Reger und eben der Schönberg'schen *Kammersymphonie* in seiner Bearbeitung. Ich weiß nicht, wie die Hände das durchstehen, auch nicht, wie der Kopf das durchsteht. Es gibt von ihm auch Wiener Walzer für drei Klaviere.

Die Klavier-*Variationen* von Anton Webern, sicher das gewichtigste Werk, das ihm gewidmet wurde, hat er nie aufgeführt. Als ich ihn fragte, warum, hat er nur gesagt: Ich weiß eigentlich nicht, wie das geht. Ich glaube, es spielte mit, daß Schönberg und auch Steuermann sehr betroffen waren, weder von Berg noch von Webern auch nur ein Wort zur Emigration ihrer besten Freunde zu hören. Den Verdacht, Webern sei ein Nazi gewesen, können wir fallen lassen, der ist absurd – es gibt jetzt sogar fundierte Studien von Gertraud Cerha (in der *Österreichischen Musikzeitschrift* von 1988), darüber, welche psychische Struktur Webern so autoritätsgläubig machte: da war ein Über-Vater, ein sehr starker Vater, der ihn offenbar beeinflußt hat, so daß er alle großen Autoritäten irgendwie verehrte – das konnte Kaiser Franz Joseph sein oder Dollfuß oder leider eben auch eine gewisse Zeit Adolf Hitler. Wenn man nun alles verloren hat, wenn man ins Ausland gegangen ist, wenn die Verwandten umgebracht werden – dann ist es sehr schwer, auch nur den leisesten Verdacht zu ertragen. Steuermann hat aber, soweit ich weiß, die Webern-*Variationen* unterrichtet.

Apropos ›Wie das geht‹ – eine Webern-Anekdote, eine lustige. Irgendwann, an einem Samstag-Nachmittag, geht Steuermann zu Webern, um sich mit ihm zu unterhalten. Da sagt Webern: Du, ich muß noch eine Stunde geben, wartst a bißl. Steuermann ist in Weberns Arbeitszimmer, auf dem Klavier liegen Bleistiftskizzen. Und während – ich weiß nicht, wie lang eine Stunde bei Webern gedauert hat; sagen wir: während vierzig Minuten studiert Steuermann diese Bleistiftskizzen und sagt, als Webern dann zurückkommt: Du, ich versteh das nicht, ich weiß nicht, wie das geht. Da antwortet ihm Webern: Geh, 's geht eh wie a Wiener Walzer. Weberns Verbundenheit mit der Tradition war so innig, daß er von einem Charakter, den er dargestellt hat, sagen konnte: das geht wie ein Wiener Walzer. Trifft das nicht zum Beispiel auf das erste Stück der Klavier-*Variationen* in etwa auch zu? Zumindest ist es einem Brahms-Intermezzo doch sehr ähnlich.

Von den Brahms-Klavierwerken hat Steuermann eine Ausgabe für die Universal Edition erarbeitet, die zwar nicht komplett, aber sehr interessant und instruktiv ist. Mit sehr vielen Fußnoten, die aufmerksam machen auf Dinge, die einem normalerweise entgehen: wo zum Beispiel innere Stimmen herauszubringen wären usw. Nachdem man heute ja alles auf Oberstimme spielt, könnten die Steuermann'schen Hinweise da ein wichtiger Impuls sein. Hat nicht sogar Adorno erzählt, wie er Steuermann das h-moll-Capriccio aus opus 76 vorgespielt und der ihn auf einen übersehenen Motivzusammenhang aufmerksam gemacht hat?

Adorno war es auch, der überliefert hat, daß Schönberg nicht zufrieden war damit, wie Steuermann den Walzer aus seinem opus 23 gespielt hat. Es klingt nicht so, als ob der Himmel voller Geigen sei, soll er gesagt haben. Nun ist er das ja wirklich nicht in diesem Stück. Ich nehme an, daß Schönberg da einer Illusion erlegen ist, das ist doch ein relativ sprödes Stück, ein sarkastischer Walzer. Ich nehme an, daß das bei Steuermann schon herausgekommen ist.

Warum Schönberg so einschüchternd war für Steuermann, dieses ›Ich bin die große Autorität‹, wie der liebe Gott: ›Was ich gesagt, was ich geschrieben habe, steht da!‹ – auch dazu eine Geschichte. Es gibt ja vielfach bei Schönberg Fehler, aber in opus 23 liegen sie auf der Hand.

Als Steuermann diese Fünf Klavierstücke spielen sollte, ist er zu Schönberg gegangen und hat ihn auf die Fehler aufmerksam gemacht. Er wurde abgewiesen: Nein, das ist so! Auf der Platte spielt Steuermann dann doch die richtigen Noten, nicht die, die dastehen. Gerade wenn ein Stück reihenmäßig komponiert ist, ergibt sich oft sehr leicht, was die richtigen Noten wären. Schönberg hatte ja sehr schlechte Augen, es war also durchaus kein Verbrechen, daß er sich beim Aufschreiben oder beim Korrekturlesen geirrt hat. Aber nein, das wurde nicht diskutiert.

Die Schönberg-Gesamtausgabe folgt ihm da leider, indem sie alles so abdruckt, wie Schönberg es geschrieben hat, ohne jeden Kommentar. Obwohl es da wirklich evidente Schreibfehler gibt, selbst in einem Hauptwerk wie *Moses und Aron*. Die Klavierwerke hat Steuermann noch zum Druck vorbereitet und den Herausgebern geschickt, die das aber nicht so gedruckt haben, wie Steuermann es gewollt hat. Ich habe den Herausgeber in Wien mal getroffen und ihn danach gefragt. Er sagte bloß: Damit konnten wir überhaupt nichts anfangen. Wir müssen doch drucken, was Schönberg geschrieben hat. – Ist es wirklich so überflüssig, darauf aufmerksam zu machen, daß es dazu abweichende Meinungen gibt?

Nach:
SWF-Rundfunksendung *Zur Person: Eduard Steuermann. Paul Fiebig im Gespräch mit Michael Gielen* (13. März 1991)

Michael Gielen

Komponist / Dirigent

I. Auf der Suche nach einer dichterischen Prosa der Musik (1959)

Das kompositorische Gewissen erfordert das dauernde Infragestellen des erreichten Standes des Komponierens. Die Ausgangsstellung für jedes Stück ist das Nach-innen-Horchen. Keine Technik darf als Garantie empfunden werden. Es gibt nichts, worauf man sich verlassen kann, außer der musikalischen Fantasie. Komponieren sollte nur stattfinden, wenn »Luft von anderem Planeten« gefühlt wird. In der Musikgeschichte unsererers Jahrhunderts gibt es einen Moment, in welchem der Komponist zur Gänze auf sein inneres Ohr angewiesen war, wo alle traditionelle Bindung in Form, Harmonie, Instrumentation und Kompositionstechnik abgestreift war und jeder Moment ausschließlich der schöpferischen Fantasie entspringen mußte, keine konstruktive Krücke, keine Reihe auch nur über eine Sekunde Musik hinweghalf; ich meine die Zeit kurz vor dem Ersten Weltkrieg, in der Werke wie *Erwartung*, *Die glückliche Hand* und die Lieder opus 22 von Arnold Schönberg entstanden, um jetzt als Paradigma nur diesen zu nennen.

Als dann später die Reihentechnik zuerst gewisse Aspekte der Komposition, später den Verlauf ganzer Abschnitte prädeterminierte, wurden der Fantasie Schranken gesetzt und neue Aufgaben zugewiesen. Die Musik entsprang nicht mehr wie Athene dem Haupt ihres Schöpfers, der sie zuvor ganz in sich gehört hatte; sondern von einem schöpferischen Einfall, einer musikalischen Idee, ungefähr vergleichbar dem Zweitakter anderer Zeiten, wurde nun die Reihe abgeleitet, die dann so dominierend für den weiteren Verlauf sein mußte, daß Vernunft und Fantasie bei der Komposition gleichberechtigt wurden; oder es kam gar die Reihe zuerst, sozusagen an Stelle des Einfalls, und in der Komposition wurde dann zwangsläufig die Fantasie zur bloßen Ordnungshüterin. (Man glaube nicht, daß ich hier Urteile fälle, ich spreche aus der Erfahrung der Schwierigkeiten und der Problematik des Komponierens heute.)

Meine *Variationen für 40 Instrumente* nun sind ein Versuch, nach Überwindung der selbstgesetzten Beschränkungen der seriellen und der motivisch-thematischen Technik zu einer sozusagen ungebundenen musikalischen Sprache, wenn es das gäbe, einer dichterischen Prosa der

Musik zu gelangen, in welcher ich ein Analogon zu der beschriebenen Situation des Jahres 1913 erblicke. Paradoxerweise, ich gestehe es, wird dieser Versuch innerhalb der Zwölftontechnik unternommen, einem Medium, dessen Überwindung der nächste Schritt auf dem Weg zu der Sprache, die mir vorschwebt, sein wird. Die Absicht der *Variationen* ist es, die Umkehrung des beschriebenen historischen Prozesses der Beschränkung der Fantasie in Musik zu zeigen.

II. Was den Sinn der Kunst angeht (1976)

In meiner Komposition *Einige Schwierigkeiten bei der Überwindung der Angst* habe ich, für eine Textmontage, Adornos *Über den Bergen* (aus den *Minima Moralia*) ›komponiert‹, das heißt die Sprache musikalisiert, in ständigem Wechsel zwischen Walzer und Marsch, den k.u.k. Charakteren par excellence: ironisches *hommage*. Dieser Textmontage kommt zentrale Bedeutung zu, weil die Musiker öfters im Stück ihre Stimmen benutzen können und hier nun die Stimme zum semantischen Sprechen kommt; aber auch, weil es sich im Ganzen um Musik über Musik handelt und Adornos Dichtung in einzigartiger Weise den Sinn der Kunst als identisch mit der Trauer um das verlorene Leben wiedergibt.

> »Vollkommener als jedes Märchen drückt Schneewittchen die Wehmut aus. Ihr reines Bild ist die Königin, die durchs Fenster in den Schnee blickt und ihre Tochter sich wünscht nach der leblos lebendigen Schönheit der Flocken, der schwarzen Trauer des Fensterrahmens, dem Stich des Verblutens; und dann bei der Geburt stirbt. Davon aber nimmt auch das gute Ende nichts hinweg. Wie die Gewährung Tod heißt, bleibt die Rettung Schein. Denn die tiefere Wahrnehmung glaubt nicht, daß die erweckt ward, die gleich einer Schlafenden im gläsernen Sarg liegt. Ist nicht der giftige Apfelgrütz, der von der Erschütterung der Reise ihr aus dem Hals fährt, viel eher als ein Mittel des Mordes der Rest des versäumten, verbannten Lebens, von dem sie nun erst wahrhaft genest, da keine trügenden Botinnen sie mehr locken? Und wie hinfällig klingt nicht das Glück: ›Da war ihm Schneewittchen gut und ging mit ihm.‹ Wie wird es nicht widerrufen von dem bösen Triumph über die Bosheit. So sagt uns eine Stimme, wenn wir auf Rettung hoffen, daß Hoffnung vergeblich sei, und doch ist es sie, die ohnmächtige, allein, die überhaupt uns erlaubt, einen Atemzug zu tun. Alle Kontemplation vermag nicht mehr, als die Zweideutigkeit der Wehmut in immer neuen Figuren und Ansätzen geduldig nachzuzeichnen. Die Wahrheit ist nicht

zu scheiden von dem Wahn, daß aus den Figuren des Scheins einmal doch, scheinlos, die Rettung hervortrete.«

III. Komponieren als Gegengewicht zum Dirigieren (1987/88)

Immer ist mir mein Komponieren auch ein Gegengewicht gewesen, das ich, im psychischen Haushalt, gegenüber dem Dirigieren, dem Brotberuf, der natürlich nicht nur ein Brotberuf ist, brauche. Und immer habe ich sehr unbequeme, unpraktische Stücke geschrieben, damit man sie nicht verwursten kann. Das ist natürlich ein Bumerang, aber das ganze Komponieren ist etwas, das ich für mich mache und wahrscheinlich auch für mich behalten möchte, letzten Endes. Obwohl das ein Absurdum ist, natürlich komponiert man für die Leut'. Wie in dem jüdischen Witz: Was macht denn dein Sohn? Ja, der wird Musiker. Was spielt er denn? Fagott. Ah, er soll nix spieln fa Gott, er soll spielen fa die Leit'. Nein, komponieren tu ich für mich selber; daß es eventuell auch noch für die Leut' ist, wird sich vielleicht herumsprechen.

Schon durch die Besetzung oder die Aufstellung oder andere schwierige Elemente aber verhindere ich, daß meine Stücke häufig gespielt, daß sie abgenutzt, daß sie von drittrangigen Musikern verdorben werden können. Ich habe zum Beispiel nie für Orchester, wenigstens nicht das gebräuchliche Sinfonieorchester geschrieben, weil es für mich lange kein Spaß war, mit Orchestern zu arbeiten, besonders nicht, als ich jünger war und moderne Musik gegen sehr renitente Orchestermusiker durchsetzen mußte. Ich wollte mit diesem Apparat in meinem ›eigenen Reich‹ nichts zu tun haben.

die glocken sind auf falscher spur zum Beispiel, das Stück mit Texten von Hans Arp, ist für Freunde geschrieben. Wahrscheinlich war das sogar der auslösende Impuls, für Freunde zu schreiben – für Leute, die nicht sagen: Das geht nicht! Oder: Das kann ich nicht! Sondern sich hinsetzen und die ungewöhnlichen Aufgaben, die ihnen gestellt sind, ganz einfach zu lösen versuchen. Im Gegensatz zur ›Moral‹ von Orchestermusikern – die auch in den besten und engagiertesten Orchestern sagen: Ich bin nur für Klarinette oder für Posaune engagiert, man kann nicht verlangen, daß ich singe oder spreche – wird hier von jedem Mitwirkenden verlangt, daß er auch singt und Schlagzeug spielt und, wo es nötig ist, den Takt schlägt.

Im übrigen muß man sich ohnehin für jedes Stück heute eine eigene Sprache ausdenken – nirgends mehr darf es eine Konvention geben; jedes Stück, in dem es eine gibt, ist damit bereits verurteilt.

Michael Gielen

Bernd Alois Zimmermann (1973/1995)

Es ist eigentümlich, mit welcher Deutlichkeit schon wenige Wochen nach Zimmermanns Tod zwei Dinge ganz klar wurden: einerseits der kompositorische Rang seines Schaffens, das von den *Soldaten* bis zum *Requiem für einen jungen Dichter* das Fazit der vergangenen Epoche zieht; andererseits die Stringenz, mit der sein Leben und sein Werk auf das *Requiem* und den Tod hin zusammenschießen. Es ist dieselbe unerbittliche Ordnung, die in den späten Werken waltet und die seinem Leben vorgezeichnet war. Die Faktoren, die ihn gebildet haben, diejenigen, die dann das Schöpferische eben in dieser Form sich manifestieren ließen, sind zugleich objektive Zwänge. Seine geistige Natur, seine psychische Konstitution, seine kompositorische Logik waren auf dieselbe Art inexorabel. Das heißt auch, daß er ihnen nicht entrinnen konnte.

Die Möglichkeiten, die das, was sein System der Komposition geworden war, bot, hat er voll ausgeschöpft. Die ganze Werkreihe von den *Soldaten* über *Dialoge*, *Monologe*, *Cello-Solo-Sonate* und *Zweites Cellokonzert* bis zum *Requiem* ist die meisterliche Abwandlung ein und derselben Idee, ist wie Teile eines einzigen, riesigen Werkes. Dieses Kristall: sein Reife-Stil, wird in unendlicher Liebe und Sorgfalt in alle Richtungen durchforscht und aufgeschlossen. Und diese fast unvorstellbare geistige Leistung wurde vollbracht, obwohl er sich nie hat ausschließlich der Komposition widmen können.

Mit dem *Requiem* war aber ein Punkt erreicht, an dem die im bisherigen Leben und Komponieren immanenten Möglichkeiten erschöpft waren. Der Tod fügt sich organisch an das Werk. Ein gänzlicher Neuansatz war nicht mehr möglich: die Musik hatte sich von ihm weg entwickelt. Er hat sich geweigert, dem Zeitgeist zu folgen. Lange stand er ja unter dem Schock des Erfolges von Karlheinz Stockhausen. Daß dieser »grüne Junge«, wie er ihn nannte – den er überhaupt nicht achtete, dessen Genie er nicht erkennen wollte – einen solchen Erfolg hat ...! Obwohl er mit Sicherheit wußte, daß das geniale Musik war, gerade der frühe Stockhausen, bis zu den *Gruppen*, den *Kontakten*, den *Momenten* ... Die Treue zum Begriff des Kunstwerks, wie er uns überliefert wurde, war geradezu weltanschaulich für Zimmermann. Aber nicht zuletzt durch die, wenn auch periphere, Auseinandersetzung mit

Improvisation und Aleatorik in der letzten Zeit, durch das Annehmen und Durchkämpfen des Widerspruchs, insbesondere in seinem letzten Werk *Ekklesiastische Aktion*, ist sein Spätwerk Dokument der geistigen Auseinandersetzung der sechziger Jahre.

Mein erster Kontakt mit seiner Musik war die Lektüre der *Soldaten*. Wie bei kaum einer anderen Partitur stand fest: diese gehört zu den wenigen Opern, die unserem Jahrhundert bleiben werden: *Wozzeck*, *Moses und Aron*, *Lulu*, *Soldaten*. Mehr sind es kaum. –

> Köln, den 21. Januar 1965
>
> Lieber Michael Gielen!
>
> [...] Obwohl Ihnen sicher nicht verborgen geblieben ist, daß ich Sie in der ganzen Breite Ihrer künstlerischen Arbeit, sowohl als Komponist wie auch als Dirigent, schon seit unserer ersten Bekanntschaft sehr geschätzt habe, möchte ich auf die Gefahr der Wiederholung sagen, daß sich diese Hochschätzung mit jeder weiteren Begegnung vertieft hat, und so war auch mein erster Wunsch nach dem ersten Scheitern der Oper 1960, Sie für die Leitung der Uraufführung zu gewinnen. [...]
> Daß Sie nun gerade in dem Moment von Stockholm frei wurden, in dem meine Oper den Dirigenten ihrer Uraufführung bekommen sollte, das betrachte ich als einen ganz seltenen und außerordentlichen Glücksfall [...]

> Köln, den 27. Februar 1965
>
> Lieber Michael!
>
> [...] Apropos Rundfunkaufnahme [der *Soldaten*]: ich habe noch nie in so restlos positiver Weise das Gefühl gehabt, »überflüssig« zu sein, als bei Dir! Toi, toi, toi! Es ist wirklich so, als ob Du in Deiner Person das Werk selbst ganz und gar bist. Welch großes, singuläres Geschenk! [...]

Die persönliche Beziehung war selten unbelastet, weil Zimmermanns Phantasie dem jeweiligen Standard der Aufführungspraxis immer ein ganzes Stück voraus war und er nicht recht einsehen konnte, daß eben deshalb wir Interpreten zur Uraufführung nur eine Approximation anbieten konnten. Auch ich konnte manchmal, trotz klarer Erkenntnis der Bedeutung seiner Musik, eine gewisse Ungeduld mit ihm, der ständig »zu viel« von uns verlangte, nicht unterdrücken. Wir wissen, daß die sogenannten unspielbaren Stücke (seit Beethoven) mit der Zeit spielbar werden.

Aber es war wohl diese große technische Schwierigkeit, im Bündnis mit dem ungewöhnlichen geistigen Anspruch einer Musik, die die Vergangenheit inkorporiert und sich ins Unbekannte projiziert, die jede Uraufführung so sehr problematisch machte. Die Jahre zwischen der

Ablehnung und der Uraufführung der *Soldaten* mögen mit die schwersten in seinem Leben gewesen sein. Ein Schritt weiter in die Eroberung seines Opus war wohl nur möglich nach dem Erklingen des vorangegangenen größeren Werks. Wie Entscheidendes von der Uraufführung des *Requiems* abhing, mögen einige Zeilen aus seinem letzten Brief an mich zeigen:

> Köln, den 12. Oktober 1969
>
> Lieber Michael! Lieber Freund!
>
> In größter Not! – Es gibt Aufführungen, die stattfinden müssen, selbst unter schwersten Bedingungen, weil der *Zeitpunkt* der Aufführung von elementarer Bedeutung für die geistige Existenz des Komponisten ist. Das ist hier der Fall [...] – Erinnere Dich an 1965: das war auch der Zeitpunkt, wo das Stück kommen mußte, sonst wäre es nie gekommen. Ich meine die *Soldaten*. Bei dem *Requiem* herrschen zwar ganz andere Bedingungen, aber, die Wichtigkeit ist noch größer, die tatsächliche Wichtigkeit! (Ich schreibe das nicht deshalb, weil ich in einer Verfassung bin, wie ich es nie in solchem Ausmaß war, sondern weil einfach ALLES davon abhängt – und das ist ein objektiver Tatbestand) [...]

Leben und Werk waren in wahrlich existentieller Verknüpfung. Er hat der musikalischen Tradition die Treue gehalten, möge das künftige Musikleben sie ihm halten.

Zimmermann, Katholik, Rheinländer, Soldat im Zweiten Weltkrieg, mit Heinrich Böll befreundet: ein Mann, dem die Existenz nie unproblematisch war, der mit brennender Sorge an der Entwicklung der Menschheit teilnahm und sie in seinem Werk reflektiert. Der Pessimismus des Predigers Salomo war seine Philosophie. Die zwei Hauptwerke der Reife, die Oper *Die Soldaten* und das *Requiem für einen jungen Dichter*, sind flammende Proteste gegen das, was der Mensch dem Menschen antut.

Eine zentrale Idee, die Aufhebung der Zeit in der Gegenwart, anders gesagt: die Integration der Vergangenheit in die Gegenwart und deren Projektion in die Zukunft, von Zimmermann »Kugelgestalt der Zeit« genannt, findet im *Requiem* Ausdruck in der Montage von Zeitdokumenten und Musik der Vergangenheit in den Text seines Werkes.

Der Untertitel Lingual (von lat. lingua = Sprache – und Ritual) bedeutet die Gleichgewichtigkeit von Wort und Musik – und zugleich äußerste Musikalisierung von Dichtung in transformierten Textmontagen. In der Fülle von Dichtungen in mehreren Sprachen, die in das Werk eingingen, ragen hervor die von Majakowski (über Jessenin) und Konrad Bayer, die beide ihrem Leben selbst ein Ende setzten, neben Joyce, Weöres, Hans Henny Jahnn, Kurt Schwitters, den Schriften des Augustinus und Wittgensteins.

Ezra Pounds Gedicht vom Luchs, an sich ein Symbol des sinnlichen Lebens, gestattet das Wortspiel mit Lux (Licht), als *Lux aeterna* Teil des lateinischen Requiems. Diese Mehrdeutigkeit, ja Ambiguität, ist prototypisch für dieses Werk, das zum Beispiel zu Anfang des Finales die Tonhöhen eines sozialistischen Kampfliedes, auf den Text *Dona nobis pacem*, wie eine gregorianische Melodie behandelt und in mehreren Prolationen übereinanderschichtet. (Prolation ist ein mittelalterlicher Begriff für Vergrößerung und Verkleinerung nach bestimmten Proportionen.) Es entsteht so eine neuartige Musik, die die Protesthaltung völlig verinnerlicht hat und die mit der abendländischen Tradition ebenso verwoben ist wie mit serieller Technik – und kontrastiert wird mit Dokumenten der Nazi-Diktatur, des Zweiten Weltkrieges und dem Beginn des Finales der 9. Sinfonie von Beethoven als Zeichen der Katastrophe.

Das Werk ist Ausdruck von Verzweiflung und dringlicher Appell zur Umkehr, in der Hoffnung, das Rettende sei nah. Heute ist es wohl noch aktueller und bedrückender als vor fünfundzwanzig Jahren. Für mich jedenfalls ist das die Botschaft des *Requiems*: Der Selbstmord ist keine Lösung. Solange man als Individuum noch seinen Teil zur Gesamtexistenz beitragen kann, *muß* man das auch tun.

Wahrscheinlich schrieb Zimmermann das *Requiem*, um seinen längst gefaßten Entschluß zu rechtfertigen. Daß sich jede positive Entwicklung als Illusion herausstellt, daß sie sofort konterkariert wird durch noch mehr Teufelei, ist offenbar das, womit er nicht fertig wurde an der Welt. Der Sänger in der *Ekklesiastischen Aktion*, der am Ende eine Vokalise auf Textfragmente von »Weh dem, der allein ist« singt, steht ja für Zimmermann selber, für den eben, der sich nicht zu helfen weiß und klagt. Wir wissen, daß Zimmermann aus seiner Depression nicht herausfand; ein paar Tage, nachdem er die *Ekklesiastische Aktion* beendet hatte, tötete er sich.

(Teils) erstveröffentlicht in:
Werkverzeichnis Zimmermann (1973)
Programmheft *Kölnmusik Extra*, 23. September 1995

Michael Gielen

Dirigent / Komponist

I. Der Dirigent als Komponist (1971)

Als Dirigent muß ich die Haltung eines kleinen, so weit wie möglich milden Diktators einnehmen. Im Gegensatz dazu sind meine Kompositionen der Befreiung des Orchestermusikers von der Sklaverei des Podiums gewidmet. Dabei überlasse ich es dem individuellen Musiker zu entscheiden, ob er mitmachen will oder nicht.

Das große Zeitalter, das mit der Renaissance begann und den Menschen als den Schöpfer in den Mittelpunkt stellte, endete mit dem Zweiten Weltkrieg. Auschwitz setzte ihm unwiderruflich ein Ende. Jetzt irrt eine ernüchterte Generation in den Trümmern einer großen Tradition umher und hält Ausschau nach neuem Ausdruck. Zeitgenössische Komponisten finden sich im Sog einer neuen Kultur, die eher auf kollektiver Bemühung gegründet ist. Wie viele Wissenschaftler arbeiten auch wir in Teams, lassen die Ausführenden teilhaben an der schöpferischen Anstrengung des Komponisten.

Als Komponist kann ich die neuen Klänge benützen und zusammen mit den Ausführenden das Gebiet der Elektronik erkunden, ohne irgendeine musikalische Zurückhaltung, wie sie uns ein konventionelles Werk abverlangt. Wenn aber einer der drei Dirigenten meiner Komposition *Mitbestimmungsmodell* sagt: »Wir werden Block A spielen«, dann kann der Ausführende sich dagegen entscheiden – ich jedenfalls habe, wenn ich einmal die Führung abgegeben habe, nichts mehr zu sagen.

II. Ein *strukturelles Dilemma* (1987)

Rainer Erd in seiner Untersuchung »Kunst als Arbeit. Organisationsprobleme eines Opernorchesters«, veröffentlicht in der Göttinger *Zeitschrift für sozialwissenschaftliche Forschung und Praxis* namens *Soziale Welt* (er verdanke seine Überlegungen, teilt Erd eingangs mit, »Beobachtungen während der Proben beim Frankfurter Opernhaus- und Museumsorchester« der Ära Gielen):

»Handelt [der Dirigent] zu autoritär, entziehen ihm die Musiker ebenso die Kooperation wie im umgekehrten Fall, daß er ihnen zuviel Entscheidungsspielraum läßt. Jeder Dirigent muß einen prekären *Balanceakt zwischen autoritativem und liberalem Verhalten*, zwischen sozialer Distanz und Nähe vollbringen, der einen psychischen Preis erfordert: Einsamkeit. Insofern unterscheidet er sich nicht von anderen Personen, die über Machtpositionen verfügen. In einem Punkt freilich doch. Wie keine andere hierarchische Institution ist die Reputation des Dirigenten von der Kooperation der Musiker abhängig. Da sich im Falle einer Weigerung der Musiker, den Wünschen des Dirigenten gemäß zu spielen, die Verantwortung dafür nicht abschieben läßt, wie dies prinzipiell in allen personell mehrfach besetzten Herrschaftspositionen möglich ist, müssen Dirigenten mehr als andere Machtträger auf akzeptable Kooperationsformen achten. Musikalische Fehler werden selten den namentlich unbekannten Musikern, sondern dem Dirigenten zugerechnet.«

III. Das Orchester und der Orchestermusiker (1976)

Mein Stück *Einige Schwierigkeiten bei der Überwindung der Angst* ist der Text, die Realisierung der Grundschicht eines Experiments, das unter dem Titel *Mitbestimmungsmodell für Orchestermusiker und Dirigenten* 1974 beim Saarländischen Rundfunk durchgeführt wurde. Beide, die Komposition wie das Experiment mit seiner Problematik, sind der Versuch der Objektivierung meiner Reaktion auf eine nun über zwanzigjährige Tätigkeit und Erfahrung im Umgang mit Orchestermusikern, die mir den Eindruck vermittelt hat, daß die Grunderfahrung des Orchestermusikers die Frustration ist, wenn diese auch nur in seltenen Fällen sich selber eingestanden wird, da man ja nicht in Erkenntnis der eigenen Frustration leben kann, ohne zu versuchen, die Situation zu verändern.

Wie könnte es anders sein. Nach anfänglichem Idealismus und Elan dann das ganze Berufsleben lang Musik so zu machen, wie sie ein anderer sich vorstellt. Sich immer wieder, bei Standardwerken hundertmal, darauf einzustellen, der Idee zu folgen, die nun gerade dieses Individuum da vorne sich von diesem allzu bekannten Text macht. Dazu gehört eine riesige Selbstüberwindung und ein enormes Pflichtgefühl. Das erklärt auch die blinde Verehrung für das Charisma des großen Dirigenten, des Zauberers, bei dem es den Musikern nicht auf eine musikalische Wahrheit ankommt, sondern einzig auf das beglückende Gefühl des Getragenwerdens vom Erfolg und der geglückten kollektiven

Leistung. (Womit ich nicht gesagt habe, daß ›große‹ Dirigenten *keine* musikalischen Wahrheiten vermitteln.)

Das hierarchische Gefüge eines Organismus, der nur von oben nach unten funktioniert, ist die Crux und das Stigma dieses Instruments, das geschichtlich gewachsen ist in enger Korrelation zur Entwicklung der Gesellschaft. Hier geht die Entwicklung vom *primus inter pares* zum (aufgeklärten) Tyrannen beim Dirigenten, mit immer größerer Anzahl zu immer größerer Anonymität und künstlerischer Passivität bei den Musikern. Gleichzeitig aber existiert eine innere Gegenbewegung: die Bläser entwickelten sich von einer quasi Continuo-Funktion (*harmonie* sagen die Franzosen noch jetzt) zu den *vedettes*-Solisten, die Mittelstimmen der Partituren wurden immer lebendiger, bis schließlich alle Stimmen ›real‹ wurden, was zeitlich mit der Sprengung der Tonalität zusammenfiel.

Aber Institutionen überleben unglaublich lange ihren historischen Moment. Und da die Orchester existieren, wird auch weiter für sie geschrieben, obwohl doch in einem Moment, wo es keine verbindliche musikalische Sprache gibt, sich jedes Werk seinen Apparat selbst schaffen müßte. Die kulturelle Situation ist so absurd wie nie zuvor in der Geschichte: neunzig Prozent oder mehr der konsumierten Musik ist Museum, die Orchester sind Teil des musealen Betriebes.

Es sei fern von mir, mich gegen die Museen aussprechen zu wollen: es wäre ein Jammer, wenn man die Musik der Vergangenheit nicht mehr hören könnte. Da es aber undenkbar ist, daß die Geschichte stehenbleibt, fragt man sich, wie diese Institutionen überleben sollen, respektive wie sie flexibler zu gestalten sind – und dies mit einem doppelten Ziel: erstens, um variable Ensembles aufstellen zu können, die ältere und vor allem neue Musik spielen; zweitens, damit der einzelne Musiker in solchen Ensembles Aufgaben bekommt, die sein individuelles Potential aktivieren. Denn die schöpferische Kraft, die a priori jedem Musiker eignet, liegt bei der überwältigenden Mehrzahl der Orchestermusiker brach.

Mehr und mehr spezialisieren sich die besten Orchestermusiker auf eine rein äußerliche Monokultur des Klanges einer Musik der Vergangenheit, deren innere Problematik und latente Konflikte nicht mehr in der Darstellung ausgetragen werden, obwohl eben nur die Darstellung dieser inhärenten Spannungen als Reflex gesellschaftlicher Vorgänge das Erlebnis dieser älteren Musik erst zu einem relevanten Beitrag im geistigen Leben der Menschen machen würde.

Parallel zu dieser Kultur der Oberfläche wird die neue und alte Musik von spezialisierten Ensembles aufgeführt. Die Produktion unserer eigenen Zeit wird nicht als Patrimonium aller Musiker angesehen, sondern als Abweichung, geradezu als schädlich für jene Monokultur.

Es ist hier nicht der Ort, auf die tiefen psychologischen Ursachen der Vogel-Strauß-Politik vieler Musiker einzugehen: meine persönliche Meinung ist, daß die beste Musik unserer Zeit die schreckliche Wahrheit über den geschichtlichen Moment des Individuums und der Industrie-Gesellschaft so unerbittlich widerspiegelt, wie es die beste Musik jeder Epoche für diese getan hat. Doch von der Wahrheit, mit der wir doch leben müssen, wollen die wenigsten hören. (Erfreulicherweise gibt es auch hierzu eine Gegenbewegung bei vielen einzelnen Musikern und vor allem bei immer mehr Instrumental-Lehrern. Das ist jedoch keine Generationsfrage, sondern eine der geistigen Heimat.)

Und doch gibt es keinen anderen Weg: nur in einer konsequenten Auseinandersetzung mit den Hauptwerken der neuen Musik, in einer gemeinsamen Anstrengung der Musiker und der Dirigenten ist das Leben des Orchesters und das Musikleben im allgemeinen aus der Stagnation des nur musealen Betriebes herauszuführen.

Und nur eine konsequente Programmierung der Werke des Übergangs von der tonalen zur heutigen Epoche wird es dem Publikum ermöglichen, wieder einen selbstverständlichen Kontakt mit der Produktion der eigenen Zeit zu bekommen.

Doch wir waren ausgegangen vom Musiker: in diesem fast nur noch rückwärts gerichteten, autoritär geleiteten Orchester-Betrieb mußte seine a priori vorhandene Kreativität zugeschüttet werden. So ist diese Berufung in vielen Fällen zu einem Beruf, einem *job* geworden, zu einer Routine. Anzustreben hingegen ist die Ausbildung von Musikern, die nicht nur ausübend sind, sondern fähig, sich auch musikalisch zu artikulieren.

Organisatorisch unvermeidlich und notwendig wird die Mitbestimmung, wenn auch die Schwierigkeiten in größeren Ensembles und die Gefahr einer Majorisierung der Progressiven durch eine immobile Mehrheit groß und von mir nicht unterschätzt werden.

Nur durch die Emanzipation des Musikers kann das Orchester wieder lebendig werden.

(Teils) erstveröffentlicht in:
New York Times, 27. Oktober 1971 (in englischer Sprache)
Passage du XXe siecle I (IRCAM), Paris 1976 (in französischer Übersetzung)

Michael Gielen

Arnold Schönberg

> Ich habe Schönberg nicht persönlich gekannt, die Beziehung besteht indirekt, über seine Tochter Nuria Nono zum Beispiel, aber auch über mehrere seiner Schüler.

I. Ein Prophet des »Trotzdem« (1978)

Schönberg war Lehrer der Tradition und durch deren völlige Beherrschung legitimiert als Schöpfer des neuen Idioms, der neuen Syntax und Grammatik – nun völlig auf seine Intuition, auf das innere Gehör angewiesen bei der bahnbrechenden Befreiung der Harmonie und des Satzes durch die Auflösung der tonalen und formalen Bezüge, die seit dem zweiten Streichquartett und den Drei Klavierstücken opus 11 einsetzt. Begriffe wie *athematisch* und *panthematisch*, die das Verhältnis zur Tradition, wenn auch ungenau, bezeichnen, sind undenkbar ohne ein Werk wie das Monodram *Erwartung*.

In der weltweiten Welle von Inspiration, die Künstler aller Disziplinen in den letzten Jahren vor dem Ersten Weltkrieg erfaßte, stehen *Erwartung* und *Herzgewächse* für die Entfesselung des Subjekts. Es werden erstmalig psychische Phänomene musikalisch dargestellt, die dem Strom unterbewußter Inhalte vorbei am Fenster des Bewußtseins ähneln. Alle Momente, alle Schichten sind gleichberechtigt, daher das Wort *panthematisch*, wenn man auch bei diesen musikalischen Gestalten nicht von Themen im überlieferten Sinn sprechen kann, sondern eher von asymmetrischen Kristallisationen, teils fetzenhaften, teils ausgesponnenen Gebilden. Diese fügen sich nach und nach zu einer halbstündigen eigenständigen Großform, die ganz entfernt an ›Rezitativ und Arie‹ erinnert, aber doch nur insofern, als die Darstellung von Entsetzen und Verzweiflung in Resignation mündet, also die musikalischen Charaktere sich allmählich beruhigen und weiträumiger werden. Entscheidend für den formalen Aufbau ist der Verzicht auf jegliche Reprise.

Von dieser Position extremer Spontaneität und ungehemmter Inspiration führt dann ein langer Weg zur Reihentechnik, in der das panthematische Moment dem Material selber immanent wird, quasi als

Verinnerlichung der motivisch-thematischen Arbeit. Die Motivation zu dieser Regression – wenn man Fortschritt in diesem Fall, als Bindung nach dem Moment der Befreiung, so bezeichnen darf – ist zu suchen im »Über-Ich« der Kompositionstechnik Beethoven-Brahmsscher Art, die übermächtig nach einer Garantie für den Zusammenhang verlangte, diesen nicht weiter der Inspiration des Subjektes überlassen wollte und konnte. Schönberg sagte schon früh zu Polnauer, seinem Schüler (und meinem Lehrer): »Die Vertikale steht *derzeit* nicht zur Diskussion«; was heißt, daß der architektonische Zusammenhang eines Satzes, der früher durch die Tonalität gewährleistet war, als Hauptsache weiterbestand.

Die Reihentechnik wurde aus diesem konservativen Grunde erfunden, da sie allgemeingültige Regeln setzte, die die Kommunikation, das soziale Interesse der Musik, besser zu leisten schien, als das ungebundene Idiom der früheren Phase, von Schönberg offenbar jedoch, in diesem Zusammenhang, als der Tonalität doch nicht ganz ebenbürtig befunden wurde, wie aus dem Zitat hervorgeht.

Wenn nun viele Menschen Schwierigkeiten beim Hören der Werke Schönbergs haben, seine Musik als unangenehm empfinden, so ist das in der Wahrheit dessen begründet, was sie über die Situation des Menschen sagt. Die Frage nach angenehmer oder unangenehmer Musik scheidet die Geister von den Ungeistern. Wahrhaftigkeit ist das Kriterium, das zählt, Ausdruck des Schmerzes ist die Grundsituation bei Schönberg; Schmerz über die *conditio humana*, die Bedingungen unserer Existenz ohne Brüderlichkeit, über die Zerrissenheit, die Einsamkeit, ausgedrückt als Anklage, mit Unerbittlichkeit. Das hat oft den Ton des Alten Testaments, bleibt jedoch im Bereich der menschlichen Existenz – der Gott der Juden antwortet bekanntlich nicht. Aber gerade die Haltung des nie Verzichtens auf den Anspruch eines besseren Lebens, die die Härte seines Tones ausmacht, ist zugleich das Element, das über diese Existenz hinausweist, so als ob das Existieren von Musik an sich schon eine Art Gottesbeweis wäre.

Wenn ich die drei für mich wichtigsten Komponisten der ersten Hälfte des Jahrhunderts schlagwortartig durch drei Paradoxa charakterisieren sollte, so würde ich sagen:

daß Berg, der rückwärts gewandte, hauptsächlich den Bezug zur Vergangenheit verfolgende Harmoniker, in den Orchesterstücken opus 6 und dem dritten Akt des *Wozzeck* formal die stärksten Lösungen gefunden hat, weil jede Form aus dem Gestus des Einfalles sich konstituiert, so daß er in diesem Aspekt zukunftsweisend ist;

daß Webern, trotz der Abwendung von der Welt – ausschließlich der Formulierung seines Innenlebens hingegeben – durch die

Übertragung der seriellen Idee auf andere Parameter die weiteste Resonanz bei der nächsten Generation, also musikgeschichtlich, gefunden hat, am stärksten stilbildend wirkte;

und daß Schönbergs spätere Musik, trotz der Verfestigung durch die Zwölftontechnik, trotz seines Beharrens auf formalen Schemata des bürgerlichen Zeitalters, die gerade durch ihn selber geschichtlich überholt waren, ohne irgendein Selbstmitleid der Anklage der Inhumanität und der Darstellung des Unheils in jedem Takte mächtig blieb und darum ein Memento des besseren Lebens ist – auf dieser Ebene, vor diesem Hintergrund der Unbeirrbarkeit, des niemaligen Verzichts auf Menschlichkeit, trifft sich seine Musik, obwohl sonst Welten zwischen beiden liegen, mit der von Luigi Nono.

Das ist der konstante Sinn hinter Schönbergs Entwicklung vom schrankenlosen Subjektivismus, dem Höhepunkte seiner Inspiration in der *Erwartung*, über den Triumph des Ingeniums in *Moses und Aron* zur sparsamen Darstellung des Unsagbaren im *Überlebenden von Warschau*. Ich möchte behaupten, daß inhaltlich der Sonnenchor am Ende der *Gurrelieder* identisch ist mit dem *Sh'ma Israel* im *Überlebenden*.

Im Streit zwischen Moses und seinem Bruder Aron klingt etwas von Schönbergs eigener Problematik an: obwohl Moses die fortschrittlichere Position einnimmt, da der Monotheismus historisch avancierter ist als der Götzendienst, bringt der Wahrheitsgehalt seiner Lehre und seines Glaubens dem jüdischen Volk das Leben und das Sterben in der Wüste, in der Diaspora. Aber unbeirrbar wie Moses war Schönberg, der ohne Zögern den Weg *seiner* Wahrheit ging, ohne, wie der Erzengel in der *Jakobsleiter* sagt, rechts oder links zu schauen: ein Prophet des »Trotzdem«.

II. Zum Straub-Film *Moses und Aron* (1975)

Als Danièle Huillet und Jean-Marie Straub im Frühjahr 1970 zu mir kamen, hatten sie vorher ein Konzert von mir in Rom gehört; kannten alte Platten von mir, die ihnen seltsamerweise gefielen; und hatten Gespräche mit Nono und seiner Frau über die Kapellmeisterwahl geführt. Das Wahnwitzige an dem Unternehmen hat mich gleich gereizt. Ich hatte damals keinen einzigen Film der Straubs gesehen, aber die Persönlichkeit, die sofort spürbare Integrität der beiden Menschen, die Hingabe an ihr Projekt haben mich gefangen genommen. Als sie zu dieser ersten Besprechung kamen, brachten sie bereits, Resultat jahrelanger Beschäftigung mit der Sache, ein Drehbuch mit; und sie hatten auch schon in mühsamer Kleinarbeit die finanziellen Voraussetzungen geschaffen. Sie waren mit dem alten Rosbaud-Mitschnitt der konzertanten Hamburger Aufführung von *Moses und Aron* (1954) vertraut, sie kannten das Stück in- und auswendig. Wohingegen ich es so gut wie überhaupt nicht kannte, ich habe es für die Platten- und die Filmaufnahmen (im Frühjahr und im Sommer 1974) gelernt.

Ich habe *Moses und Aron*, gegen dessen Faktur ich anfangs eine tief empfundene Reserve hatte, von den Straubs gelernt. Die Klarheit und Größe der musikalisch-dramatischen Darstellung wurde mir erst in einem langwierigen, schmerzhaften Prozeß bewußt. Gerade die Analogie Bach-Schönberg wurde mir nicht zuletzt durch Straubs Bach-Film (*Chronik der Anna Magdalena Bach*) klar. Mir war bald bewußt, daß das nicht nur eines der wichtigsten Werke unserer Zeit, sondern der Musikgeschichte überhaupt ist. Es gehört ohne Zweifel mit Bachs *Matthäus-Passion* in die gleiche Kategorie.

Das besonders gründliche Erarbeiten der Materie reizte mich. Es war allein deshalb schon notwendig, weil ja eine mehrseitig verwendbare Aufnahme zustande kommen mußte. Zusätzliche Arbeit brachte die Tatsache mit sich, daß von Schönbergs Hand nur ein Particell existiert, erst Winfried Zillig und Hermann Scherchen schrieben die Partitur aus. Und da mußte ich nun von zahlreichen Fehlern ausgehen; mußte mich teils mit Hilfe der Wissenschaft, teils auf mein Gehör vertrauend, in die Materie einarbeiten, um herauszufinden, was im Einzelfall gemeint war. Ich stand also nicht nur vor der Aufgabe, eine Opernaufführung vorzubereiten, sondern hatte dazu noch einen Text zu erarbeiten, der künftigen Produktionen als Grundlage dienen konnte.

Während die Uraufführung der *Soldaten* von Zimmermann eine Art Husarenstück war – ich wollte ein Werk, von dem ich begeistert war, unter allen Umständen durchsetzen (was ja auch gelang) –, ist die Arbeit an *Moses und Aron* zu einem Wendepunkt in meinem Leben geworden. Insofern die Notwendigkeit bestand, einen für unsere Zeit fundamentalen Text kritisch zu untersuchen und exemplarisch darzustellen, handelte es sich auch hier um eine Erstaufführung (dies mit allem Respekt für Hans Rosbauds großartige Pionierarbeit gesagt).

In der *Moses und Aron*-Partitur gibt es eine ganze Reihe von Noten, die zweifelsohne von Schönberg stammen und doch falsch klingen, weil sie aus dem Zwölfton-System herausfallen. Ich halte sie für Schreibfehler (Schönberg wird beim Schreiben in der Eile die Reihentabellen aus den Augen verloren haben). In jedem einzelnen Fall klingt die reihenmäßige Note besser. Man soll da nicht zögern: bei allen großen Komponisten gibt es Fehler, die man im Laufe der Zeit findet und korrigiert.

Die Straubs suchten vor allem einen Mitarbeiter, der in ihrem Sinne treu ist, der innerlich nicht nachgibt, der sich selbst keine Schlamperei durchgehen läßt, der Liebe zum Detail besitzt und dazu von jenem Rigorismus besessen ist, der unabdingbar ist, um so ein Projekt auch zuende zu führen – nur die Straubs wußten, wie schwer das Ganze sein würde, ich wußte es nicht. Ich hatte noch nie an einem Film mitgearbeitet. Ich hielt zuerst sogar die Idee, jene Partien, in denen die Sänger oder der Chor im Bild sind, live und synchron dem zuvor mit dem Orchester bespielten Band hinzuzufügen, für so gut wie undurchführbar. Es gab aber keine andere Lösung, also mußte sie möglich gemacht werden. Die Überlegung, *alles* live zu produzieren, ist nie ernsthaft erwogen worden.

Im Unterschied zur Schallplatte, einem reinen Studioprodukt, achtkanalig stereo mit künstlichem Hall, ist der Film mono vierkanalig und so trocken wie möglich – die Straubs hatten mit ihrem Tontechniker durch Experimente herausgefunden, daß der natürliche Nachhall des Wiener Rundfunkstudios, in dem aufgenommen wurde, in etwa dem Nachhall des Drehorts, der Arena in Alba Fucense, entspricht. Der ist gering, aber durchaus spürbar und für mich völlig ausreichend: je mehr Nachhall, desto hübscher klingt es, aber desto weniger deutlich ist es. Das Wichtigste bei dieser Produktion war mir die Deutlichkeit, die Zeichnung, die Durchhörbarkeit der musikalischen Strukturen. Das ging mir, geht mir überhaupt, über den opulenten Klang. Wenn ein solcher Klang sich einstellt, ist er willkommen; aber ich werde keine großen Veranstaltungen unternehmen, um einen Klang zu produzieren, der von der Partitur nicht unabdingbar gefordert ist.

Da der Film einer *über* Moses und Aron ist, und da er im Freien gedreht wurde, mußten die dort vorhandenen Geräusche natürlich auf der Tonspur des Films erhalten bleiben. Er sollte kein Abstraktum, sondern etwas Lebendiges sein. Der Film-Ton besteht also aus Schönbergs Musik plus den ›natürlichen‹ Geräuschen. Es wäre absurd, wenn man zum Beispiel die Herden in die Arena strömen sehen und dazu nur Schönbergs Musik hören würde. Eine besondere Raffinesse ist bei dem Opfer der vier Jungfrauen wahrzunehmen: man hört da die Zikaden, die eine Tonspur von sehr hohen Frequenzen über die ganze Musik legen. Das war das Schwierige bei der Mischung: die Relation zwischen den Geräuschen und der Musik herzustellen, so daß die Geräusche präsent sind und die Musik dadurch nicht gestört wird. Die Meinung puristischer Tontechniker (und westdeutscher Musikkritiker), die darin etwas Unreines, Ungelöstes, Falsches sahen, kann ich nicht teilen.

Die Arbeit der Straubs fügt der Oper, der Musik mehrere Dimensionen hinzu, die im Opernhaus nicht ohne weiteres wahrzunehmen sind, die sich erst durch das Erlebnis des Films offenbaren. Eine der Eigentümlichkeiten von Straub ist es, seine Absichten, sein Programm nicht preiszugeben; vielmehr sagt er: »Man kann den Film verstehen, wenn man kann.« Entdeckt habe ich durch den *Moses und Aron*-Film insbesondere die Funktion des Volkes. Straubs *Othon* war ein Film über die Abwesenheit des Volkes, *Moses und Aron* ist ein Film über dessen Anwesenheit und gleichzeitig Ohnmacht. Immer deutlicher gibt es in Straubs Filmen eine Analyse gesellschaftlicher Gegebenheiten, mit denen man sich nicht abfinden möchte.

Ich kann mir vorstellen, daß die Vielfalt, die verschiedenen Ingredienzien, die Schönbergs Text so reich, die seine Oper zu einem im höchsten Sinne dialektischen Stück machen – daß zum Beispiel gerade auch der »reaktionäre Aspekt« von Schönbergs Persönlichkeit sich darin sehr stark spiegelt –, Straub gereizt haben, es als verschieden interpretierbares Rätsel darzustellen. So trifft etwa der Vorwurf, die Bibelzeilen zu Anfang des Films hätten keine Beziehung zu Schönbergs Oper, keineswegs zu, im Gegenteil: sie haben die allerengste Beziehung zum (nicht komponierten) dritten Akt. Daß Moses nämlich, nach seinem Zusammenbruch am Ende des zweiten Aktes, im dritten als Militärdiktator erscheint und Aron nur gerade so an seinem Todesurteil vorbeikommt, das wird durch diese Zeilen verdeutlicht, in denen davon berichtet wird, daß dreitausend Mann erschlagen worden sind. Man nimmt die Problematik zwischen den zwei Aspekten einer Führerpersönlichkeit (Moses und Aron) anders wahr, man rezipiert den Film anders, wenn man das Ende der Geschichte bereits weiß. Wer von uns ist denn so bibelfest, daß er es von sich aus wüßte?

Schwarz- oder Weißfilm hat Straub immer dann eingesetzt, wenn das, was Schönberg will, durchs Bild nicht darzustellen ist; oder wenn das, was man vorführen könnte, nichts als eine Wiederholung oder Verdopplung wäre. Der lange Gesang der »Siebzig Ältesten« an die Fruchtbarkeit zum Beispiel wird durch die lange Einstellung auf die Fackel symbolisiert. Würde statt dessen der Chor gezeigt, wären wir bei einer konzertanten Darbietung gelandet. So wie bei Straub jedoch wurde der Chor im Film bis dahin noch nie dargestellt. Nie wird vorzuspiegeln versucht, daß das israelische Volk sich tatsächlich in der Wüste befindet, vielmehr wird der Österreichische Rundfunkchor im Kostüm gezeigt, in der Darstellung des israelischen Volkes in einer Oper von Schönberg in einem Film. Darauf legen die Straubs den allergrößten Wert: es wird nie gelogen.

Die Schnitte der Film-Bilder entsprechen rigoros der musikalischen Struktur. Das haben die unzufriedenen Musikkritiker der deutschen Tageszeitungen leider völlig übersehen (und überhört). Die Partiturkenntnis der Straubs ist perfekt, sie haben unfehlbare Ohren, sie kennen das Stück vor- und rückwärts, und zwar nicht nur den Text, sondern gerade auch die Musik, die Noten, die Rhythmen. Dennoch haben zwischen uns monatelang Gespräche und Briefwechsel stattgefunden, um die Schnittstellen festzulegen, wie sie sich aus der Analyse der Motivtechnik Schönbergs ergeben. Das ist bei einer zwölftönigen Partitur manchmal sehr schwer, weil dieselben drei Noten sowohl zu der Reihe gehören können, die zuende geht, als auch zu der, die anfängt. Obgleich die Straubs ein äußerst feines Gefühl dafür haben, wohin der musikalische Fluß geht, haben sie doch immer mit sich reden lassen, wenn ich meinte, man müsse anderswo schneiden – wobei auch ich meine Meinung gewechselt habe, beim Kennenlernen des Stücks während der Vorbereitung. Diese Intensität der Arbeit an der Identität von musikalischer und szenischer Realisation hat es, meines Wissens, bei einem Opernfilm zuvor nicht gegeben.

Alle *Moses und Aron*-Aufführungen, die ich bis heute gesehen habe, empfinde ich als gescheitert, gemessen an der Unmöglichkeit dessen, was Schönberg und seine Musik verlangen. Die Orgie zum Beispiel, der *Tanz ums goldene Kalb*, ist mit den Mitteln von Oper und Ballett nicht darstellbar. Die Verweigerung der Orgie durch Straub, die keusche Reduktion auf wenige Bilder ist deutlich genug, und hängt auch noch mit der Musik genau zusammen (der Sexus wird da nur durch Negation ausgedrückt). Oder die Selbstmordszene: natürlich spürt man, daß außerhalb des Bildes die Matratze liegt, auf der die Leute, die von der Höhe herunterspringen, landen werden. Dennoch ist es ein sehr starkes Bild: wie Leute, die sich weder tatsächlich umbringen noch Schauspieler sind, mir eine Selbstmordszene zeigen.

Durch die ganze Art der Darstellung in Straubs Film werde ich nie beim Hören der Musik gestört, im Gegenteil: was ich sehe, hat immer mit Schönbergs Partitur zu tun, stimmt mit ihr zusammen oder bildet einen Kontrast zu ihr. Und kommt dadurch einer möglichen Darstellung dieser unmöglich darstellbaren Partitur viel näher als jede opulent ablaufende Opernorgie (der Tanz wird bei Straub von Berufstänzern ausgeführt, die den Eindruck des Nichtprofessionellen machen; was dem Faktum entspricht, daß es Schlächter sind, die da tanzen).

Die geometrische Auflösung des ersten Aktes – der zweite Akt ist umgekehrt aufgebaut – und die Art der Kamerafahrten und -bewegungen kommen durch ihren Konstruktivismus der Faktur der Partitur sehr nahe. Überhaupt ist am ersten Akt für mich nicht zu rütteln – ich finde, Straubs filmische Umsetzung ist genauso meisterhaft wie Schönbergs Musik. Für den zweiten Akt kann ich mir auch andere Lösungen des gewiß für eine jede Darstellung problematischen Orgien-Teils vorstellen. Andererseits erwecken und vermitteln mir gerade die zwei großen Einbrüche, die Panoramaschwenks über das Niltal und die in die Arena hineinströmenden Herden, ein derartiges Gefühl der Befreiung, wie ich es kaum je – schon gar nicht im Film – erlebt habe. Wie kann man behaupten, es sei Straub nichts eingefallen? Es ist ihm eine Form eingefallen, ein Kunstwerk, das analog zu Schönberg, aber nicht dasselbe ist.

Die Straubs sind mir so etwas wie ein lebendes Gewissen gegenüber der Musik geworden. Dieses durch Nichtfanatiker ausgeübte »höhere Gewissen« über mir hatte ich zuvor erst einmal empfunden: 1961 bei der Zusammenarbeit mit Ingmar Bergman an Strawinskys *The Rake's Progress* in Stockholm. (Übrigens würden die Straubs ihr fünfzehn Jahre lang gehegtes Projekt lieber zerstören, als zum Beispiel die ihnen wichtig gewordene Widmung an Holger Meins zurücknehmen. Natürlich fragte ich, wie es zu ihr gekommen sei, sie hatten mich nicht konsultiert. Als Straub mir sagte, niemand sonst als er und seine Frau widmeten ihre Arbeit dem Andenken Holger Meins', fragte ich zurück, wer denn überhaupt bemerke, daß das eine handschriftliche, eine persönliche Widmung sei. Und wer davon wisse, daß da eine Freundschaft bestanden habe. Und ob die öffentliche Meinung nicht doch – wie die Fernsehgewaltigen das vorausgesetzt haben – auf den Gedanken kommen könnte, es läge eine Identifikation mit der RAF vor, auch wenn es keineswegs so gemeint sei. Sich genauer zu erklären, lehnten die Straubs jedoch ab. Ich respektiere ihre Entscheidung.)

(In abweichender Form) erstveröffentlicht in:
Musiktheater Hinweise. Informationen der Frankfurter Oper, Januar/Februar 1978
epd Kirche und Film, Mai 1975

PS:
Inzwischen (1996) haben »die in ihrem Widerstand gegen die Industrie unbestechlichen Straubs« und Michael Gielen ihren lange geplanten zweiten Schönberg-Film fertiggestellt, bei dem »alles live« aufgenommen wurde, »auch das Orchester«: *Von heute auf morgen* — »das war für uns alle ein Prüfstein ...«

Paul Fiebig

Daten zu einem Desiderat

»Eigentümlicherweise gibt es bis heute weder eine sinnvolle Wagner-Analyse noch eine der *Erwartung* – vielleicht nehme ich mir das unglaublich avancierte Schönberg-Stück vor, wenn ich einmal nicht mehr dirigiere.«
(Michael Gielen im Gespräch, am 9. Juli 1985)

»Eine wirklich gescheite Analyse der *Erwartung* steht, glaube ich, noch aus; und zwar eine gegen den Haupttrend: eine, der es wichtig ist zu erfahren, ob das Stück, das als Durchbruch zur ›nonfigurativen Musik‹ erkannt worden ist, das Gegenteil davon auch ist. Ob es in ihm Intervall-Strukturen gibt, die sehr wohl wiederholt sind; ein Vorausnehmen von Reihentechnik in der Vertikale oder in der Horizontale.«
(Michael Gielen im Gespräch, am 30. Mai 1987)

Daß Michael Gielen 1985 noch sich selber als zuständig für die Analyse der *Erwartung* im Auge hatte, 1987 eher andere und an die die zu beantwortenden Fragen gleich aussandte, ließe sich erklären; auch, daß er erstens allgemein, zweitens speziell interessiert sich zeigte. Daß sich bei der späteren Gelegenheit ein »glaube ich« einschlich, machte den Gesprächspartner solange hellhörig, bis er tätig wurde.

Zuerst hat er, habe ich Nachrichten von Veröffentlichungen einigermaßen neueren Datums, dann diese selbst ge-, schließlich mancherlei Hinweise versammelt – darauf: daß Schönberg sich in seiner atonalen Phase durchaus auf »primary patterns« stütze, die als »minute intervallic cells« zu bestimmen wären (George Perle); daß er in der *Erwartung*, wie insgeheim auch immer, nach d-moll tendiere und, gleich der Tonalität, auch die thematische Arbeit nicht ganz und gar verabschiedet habe (Herbert Buchanan); daß er in der *Erwartung*, davon gleich mehr, die »Momentform« pflege (Karl H. Wörner), seine »expressiv-gestischen musikalischen Gedanken« mit Hilfe »wiederkehrender Motive oder Intervallstrukturen« formuliere (Carl Dahlhaus), mit »motivischen

Urzellen« arbeite (Elmar Budde) ... – und sah die Neugier bestärkt, wenn auch beileibe nicht am Ziel. Wie von selber stellten Vorüberlegungen, Zwischenbedenken, Nachfragen sich ein.

Motivisch-thematische Arbeit? Überschau-, verfolgbares Arbeiten mit einem Motiv oder Thema respektive deren mehreren ... mit melodischen Gestalten, die ihren Wiedererkennungswert auch im Zuge einschneidender Veränderungen nie ganz verlieren ... allerdings zunehmend auf Gedächtnisleistung angewiesen sind ... insofern ihr »*Nicht*identisches« mehr und mehr zum Vorschein kommt ... mit dem Nebeneffekt, daß ein dialektischer Begriff von musikalischer Erfahrung gewissermaßen an die Hand genommen wird –

> »Daß die wahre Einheit [...] die Versöhnung des Vielen sei und nicht eine Identität, die, indem sie sich herstellt, [...] bereits dem Gewalt antut, worüber sie ergeht«,

sei, informierte Adorno in der jüngst im Druck erschienenen »Moralphilosophie«-Vorlesung von 1963, Hölderlin schon klar gewesen.

Der Gang von der atonalen Freiheit zum Zwölfton-Gesetz? Wechsel, was die Verarbeitung und ihren Ausgangspunkt angeht, von der melodischen Gestalt zur Intervallkonstellation ... Verlagerung, apropos Zusammenhang, in eine andere, in eine Tiefen-Schicht: von der Oberfläche ins Subkutane hinab ... mit, fürs arme Ohr, weiter noch zunehmenden Orientierungs-Schwierigkeiten ... und keinem rechten Effekt, es sei denn dem der Verarmung: an Zufall wie Zukunft –

> »Der Zufall spielt [inzwischen] eine immer größere Rolle. Das ist nicht nur eine Gefahr. Der Zufall ist auch eine Hoffnung«,

beobachtete, 1986, Heiner Müller; sowie:

> »Der Dialog mit den Toten darf nicht abreißen, bis sie herausgeben, was an Zukunft mit ihnen begraben ist.«

Doch schweife ich von der *Erwartung* ab. Um deren Freiheit es, wie Schönberg selber bekundete, ohne »Wort« als »zusammenhangbildendem Element« so gut nicht bestellt gewesen wäre. Nun:

> »Der Vorwärtsimpuls des Textes schien in der Tat schon eine Bildung von kadenzartigen Komplexen, von parallelen Konstruktionen, Wiederholungen und Entsprechungen zu verbieten. Er verlangte geradezu eine permanente Mutation des Materials.«

Sätze aus den »Studien zu Schönbergs Monodram *Erwartung* op. 17« von José Maria Garcia Laborda (1981), der vom Wörnerschen Begriff der »Momentform« – deren »Technik« darin bestehe,

> »daß es keine Wiederholungen, keine Beziehung im Sinne einer systematischen Formordnung gibt, jede Situation steht einmalig und unwiederholbar für sich«

– so weitreichend angetan ist, daß dem Gielen-Desiderat die »Erfüllung« nach wie vor noch bevorsteht? Ich zitiere aus Labordas »Zusammenfassung«, in der es zuerst um die in der *Erwartung* sich dokumentierende »Krise der Form« und die »des tonalen Systems« geht; woraus, versteht sich, nicht etwa eine »amorphe Gestaltung« oder ein »unkontrollierter Stil« erwüchsen. Vom Text her ergäben sich vielmehr »musikalische Momente mit mehr oder weniger geschlossener Disposition«, wobei, jetzt scheint es zu kommen,

> »zahlreiche Wiederholungsstrukturen zur Umschreibung deskriptiver Momente mit tonmalerischem Gestus«

zu beobachten seien, als deren »wichtigstes Strukturelement«

> »die integrierende Funktion intervallischer Beziehung«

zu gelten habe.

Wer jetzt »Hab ich's nicht geahnt« ausrufen möchte, müßte schnell sich zurückpfeifen lassen angesichts der Bestimmung der »intervallischen Gestalten« als »Urzellen« »quasi leitintervallischen Charakters«, als, genauer gesagt, nichts als Dreitonmotive mit vornehmlich der Intervallfolge Sekunde/Sekunde oder Sekunde/Terz. Fazit:

> »Jeder Klang und jeder Ton gewinnt nun eigenen Wert und bezieht sich nicht mehr auf ein tonales System ...«

– gerade das freilich wußten wir bereits.

Bedeutet? Daß, entweder, die eingangs zitierten Fragen abschlägig beantwortet sind? oder nach wie vor gar nicht? Ein, wenigstens, zweiter Blick sollte sich, verehrter Michael Gielen, allemal lohnen.

Michael Gielen

Ein getreuer Korrepetitor
Adorno-Preis-Rede
(Frankfurt, 28. September 1986)

Da ich fürchte, daß ich dem Anspruch einer Rede, wie sie Norbert Elias, Jürgen Habermas und Günther Anders denken und schreiben können, nicht gerecht werden kann, und da nach einem Bonmot Wissenschaft ist, was ein Wissenschaftler vom anderen abschreibt, ergibt sich: Meine Ansprache ist auch abgeschrieben, aber erhebt keinen Anspruch auf Wissenschaftlichkeit. Es soll mehr wie Kunst aussehen. Es ist eine Montage von Abgeschriebenem, wie ein Konzertprogramm von mir aus der Montage von fremden Musikstücken besteht.

Als Musiker, der sich in diesem ihm eigentlich fremden Medium der Sprache bewegt, möchte ich in dieser Plauderei meine Verpflichtung gegenüber Adorno darstellen, meine Beziehung zu ihm und vor allem meine Erkenntnis, daß ich als Künstler, ebenso wie die Oper Frankfurt in ihrer Arbeit der letzten Jahre, daß wir uns herschreiben von Adornos Kraft, so genau über Kunst, insbesondere Musik, zu denken, wie niemand sonst bisher. Es ist nicht nur ein Vergnügen zu erleben, wie er die künstlerischen Dinge, die nie vorher so tief gefaßt worden sind, über das Schöne und Häßliche zum Beispiel, über Dissonanz oder Publikum, über Ausdruck und Konstruktion, über Analyse oder Gestaltung, in immer neuen Angängen in verschiedener Beleuchtung zu fassen sucht, sondern darüber hinaus ist seine Sicht der ewigen Verfallenheit der Kunst an Gesellschaft, der Dialektik zwischen Autonomie und Verflechtung des Subjekts und des Kunstwerks in diese, ohne weiteres als die geistige Basis sowohl meiner Arbeit als auch der unserer Oper zu bezeichnen.

Ich möchte im folgenden die Rechtfertigung des Preises geben und meine dankbare Annahme begründen.

Als in meiner Musik-Übung in der Tradition Schönbergs, Kolischs und Adornos stehend, bin ich eigentlich unoriginell. Aber inzwischen, da diese Vorbilder nicht Schule gemacht haben, sondern deren Gegenteil, bin ich einer in einer sehr kleinen Gruppe, der versucht, strukturell zu dirigieren, in der Komposition unter anderem den Materialbegriff nicht aufzugeben, und eine Oper zu leiten, die sich um die Werke und deren Inhalte in einer auf das Innere und Wesentliche der Werke gerichteten Weise bemüht und die auch Schwierigkeiten mit dem Publikum in Kauf zu nehmen bereit ist, um ihres obersten Gebotes willen, einer Darstellung von konkreter künstlerischer Wahrheit, soweit sie uns zugänglich sein kann. In dieser Sicht einer Bemühung, die dem ›Gegen den Strom schwimmen‹ verzweifelt ähnlich ist, sehe ich doch etwas Originelles an meiner Arbeit und fand deshalb nach einigem Nachdenken die Vergabe des Preises an mich doch eine sehr gute Idee. Der Preis ist eine, wenn auch vielleicht nicht ganz bewußte, Zustimmung der Öffentlichkeit zu einer so intellektuellen wie unversöhnlichen Haltung in Dingen der Kunst.

Dieses Unversöhnliche ist ein Zeichen des Bewußtseins, daß jegliche Versöhnung, insbesondere leider die gesellschaftliche, in unerreichbare Ferne gerückt ist. Wohingegen die Mehrheit, die Kulturindustrie und die unkritische Kunst – im Einklang mit vielen Politikern –, unablässig verkündet, es sei doch alles schon recht schön versöhnt, wenn man nur miteinander redet und die Reaktoren besser beaufsichtigt.

Mit der offiziellen Anerkennung solcher Arbeit zeigt sich allerdings auch ein Prozeß der Integration des Subversiven oder zumindest Abweichenden in den funktionierenden gesellschaftlichen Zusammenhang, der von uns Künstlern lustvoll mitvollzogen wird, da wir nicht nur unter Erfolgszwang stehen, sondern das Ideal der schöneren weil richtigeren Kunstübung sich zum Teil mit dem üblichen Begriff von Schönheit deckt.

Indem unsere Oper oder mein Dirigat Erfolg hat, wird ihnen auch der Stachel genommen. Es regnet Preise. Als Komponist kann mir das nicht passieren, da ich fast nicht aufgeführt werde. Zu dieser Problematik sagt Adorno in der *Musiksoziologie*:

> »Daß Druck Gegendruck erzeugt; daß soziale Widerstände zuweilen – wie bei Wagner – die Kräfte steigern, und daß es Künstlern unzuträglich ist, wenn die Arme ihnen weit sich öffnen, braucht nicht einmal ganz bestritten zu werden; weil der Zustand von Grund auf falsch ist, teilt seine Falschheit dem Künstler sich mit, gleichgültig, welches Verhältnis zur Gesellschaft er einnimmt. Den Opponierenden pflegt sie zu brechen, ihr Einverständnis macht ihn selbst zum Einverstandenen, zur Stimme seines Herrn. Die Haltung gesellschaftlicher Konzilianz ist verschwistert tödlicher Selbstzufriedenheit. [...] Das Mißverhältnis zwischen der zusammengeballten gesellschaftlichen Macht und der individuellen Kraft ist unerträglich angewachsen.«

Und später:

»Musik wird auch gesellschaftlich um so wahrer und substantieller, je weiter sie vom offiziellen Zeitgeist sich entfernt; der von Beethovens Epoche repräsentierte sich eher in Rossini als in ihm. Gesellschaftlich ist die Objektivität der Sache selbst, nicht ihre Affinität zu den Wünschen der jeweils etablierten Gesellschaft; darin sind Kunst und Erkenntnis einig.«

Die Jury wußte vielleicht, und viele von Ihnen, meine Damen und Herren, wissen vielleicht nicht, daß Adorno Mitte der zwanziger Jahre, als er in Wien bei Berg Komposition studierte, von diesem angeregt, zu Eduard Steuermann kam, um Klavierstunden zu nehmen, und daß Steuermann mein Onkel war. Seit dieser Zeit waren die beiden befreundet. Ich möchte diese Beziehung beschreiben mit Sätzen aus einem Brief, den Steuermann, zehn Jahre älter als Adorno, zu dessen sechzigstem Geburtstag schrieb:

»... es scheint, daß unsere Lebens-Läufe ihr Verhältnis zueinander immer wechseln. Als Sie damals (ich glaube, auf Bergs Empfehlung) zu mir kamen, um mit meiner komplizierten Arm-Gelenks- und Finger-Strategie näher bekannt zu werden, war ich doch *viel älter* als Sie. Da erinnere ich mich noch an meine Autorität in einer Diskussion über eine Baßführung im langsamen Satz des opus 109 (ich glaube jetzt, daß *Sie* recht hatten).
Und nicht viel später sehe ich uns beide, nachts, in einem scheußlichen Wetter, auf der Main-Brücke in Frankfurt, in tiefstem Gespräch Parallelen ziehend zwischen dem aufregendsten Ereignis, der Zwölftonkomposition, dem Marxismus, der Freud-Theorie (Sie wissen noch: die ewige Wiederholung der ersten Ereignisse) – und da waren wir gleichaltrige Kollegen.
Und später, als die Zeit, die so viel verändert, uns nach dem uns eigentlich nie angelobten Land, nach Amerika, brachte, war auf einmal *ich* der Jüngere. Denn wie oft hatten Sie mir Rat zu erteilen, wie viel mehr sah Ihr in fortwährendem research trainierter Geist in dem rätselhaften Land ohne Rätsel mehr als ich, der ich anscheinend nur hören kann. So war es in New York, so in Kalifornien – bis zur Wendung, als ich der Amerikaner blieb, Sie nach dem ›alten‹ Kontinent zurückkehrten.
Und je seltener wir nun Gelegenheit haben, die scores unserer Lebens-Läufe zu vergleichen, je mehr die scores unserer Jahre anwachsen, um so konfuser wird das ›Alt‹ und ›Neu‹ (wie die beiden Kontinente). Denn nun sind Sie wieder der Junge, der sich mit den neuesten Strömungen identifiziert, ich der Alte – jetzt Konservative. Doch diesmal führt das ›Junge‹. Und das Alte bleibt unbelehrbar. (›Wenn Alter wüßte, wenn Jugend könnte ...‹)

> Doch wie es sein mag: voran oder nicht, führend oder geführt, wünsche ich mir keinen besseren Gefährten in jenem Laufe (wenn er auch niemals ein Siegeslauf werden kann), der uns, ehe ›den Läufer die Eile entflieht‹, in jene weitesten Fernen, wie wir sie uns denken, führen mag.«

Kurz darauf starb Steuermann, 1964. Adorno schrieb einen Nachruf (*Nach Steuermanns Tod*) auf ihn, der von rührender Treue und großer Bewunderung zeugt. In der Beschreibung der Eigenschaften Steuermanns als Interpret sehe ich das Ideal formuliert, das ich mein Leben lang anstrebe. Adorno sagt unter anderem:

> »Steuermann wurde, bei größter Selbständigkeit des Naturells, imprägniert mit der Konzeption der neuen Musik aus der zweiten Wiener Schule. Die betraf von Anbeginn auch das Verhältnis zur älteren, und wälzte die musikalische Interpretation überhaupt um. [...] Er hatte kein aufgeschlossen-rezeptives Verhältnis zur radikalen Moderne, sondern war Fleisch von ihrem Fleisch, leibhaftige Widerlegung jener Trennung aktuellen Komponierens und traditionalistischen Musizierens, die so verhängnisvoll ist wie eingeschliffen; es richtet Interpreten, wenn sie einer ihren eigenen Voraussetzungen ferner gerückten Musik sich näher fühlen als der, mit welcher sie die Voraussetzungen der geschichtlichen Stunde teilen.«
> »[Die] Erfahrung der Moderne reißt die traditionelle Musik in sich hinein, die längst ein Kraftfeld war zwischen dem kompositorischen Jetzt und Hier und jener Allgemeinheit.«
> »[Steuermann verband] bescheidenste Loyalität den Texten gegenüber mit unerschöpflicher künstlerischer Phantasie. Sein konstruktiver Tiefblick hatte an der Schönbergschen kompositorischen Praxis sich gebildet. Die kompromißlose Strenge in der Darstellung musikalischer Texte war bei ihm eins mit der einer künstlerischen Gesinnung, welche jedes Einverständnis mit dem herrschenden hedonistischen Musikbetrieb ausschloß. [...] Als er mich auf einen Motivzusammenhang im h-moll-Capriccio von Brahms aufmerksam machte, den ich übersehen und darum beim Spielen vernachlässigt hatte, wurde mir ganz bewußt, wie sehr die bis zur Analyse artikulierte Erkenntnis darzustellender Musik die Voraussetzung ist für richtige Wiedergabe.«

Einmal, 1957, kam ich nach Frankfurt und traf im Café Kolisch und Adorno. Eine von mir dirigierte Platte mit den Schönberg-Konzerten war gerade erschienen. Die erste Frage war: Dirigieren Sie den Anfang des Violinkonzerts noch immer so langsam?

Oder dieses: Ich war zum ersten Mal 1958 bei Adornos zu Hause eingeladen, mit anderen, älteren Herrschaften. Die Unterhaltung ging um Literatur, und als man George streifte, sagte Adorno, nicht nur hätten die drei großen Wiener Komponisten George komponiert, sondern er selber habe Lieder über George-Texte geschrieben. Als ich bemerkte, ich hätte gerade vier Chöre auf George-Texte fertigkomponiert, fragte er, welche denn; ich sagte: *Stern des Bundes*, worauf er sehr laut und betont sagte: Na, das hätte ich lieber nicht getan!

Das erinnert mich an meine erste Begegnung mit Hanns Eisler in Wien 1951: Ich traf ihn im Kaffeehaus und zeigte ihm ein Stück für Streichquartett, das ich Variationen nannte. Gleich die zweite fing mit einem obligaten Solo für ein Instrument an, das ich Kadenz genannt hatte, obwohl es streng gebunden war. Eisler sah den Titel und sagte prompt: Eine Kadenz auf der zweiten Seite, das gibt es nicht. Ein andermal in Wien spielte und sang Adorno seine Lieder einer Gesellschaft vor, die aus Helene Berg, Erwin Ratz, meiner Mutter, meiner Frau und mir bestand. Nicht nur war er fähig, seinen komplexen Klaviersatz fehlerlos zu spielen, er sang dazu die richtigen Tonhöhen.

Meine Altvorderen waren streng aus einer echten großen fachlichen Überlegenheit heraus. Mit Sicherheit hat es nie ein ähnlich frappierendes Doppeltalent gegeben wie Adorno. Eben weil Adorno ein ernst zu nehmender Komponist auf sehr hohem Niveau war, war seine einmalige Einsicht in die Zusammenhänge in der Musik und die der Musik mit der Gesellschaft erst möglich. Alfons Söllner sagte bei der Adorno-Konferenz 1983:

> Er sehe »Adornos geschichtliche wie gegenwärtige Bedeutung darin, daß er sich einem so zwielichtigen Gegenstand wie dem der Angst gestellt hat [...] und daß er dies konnte, weil er [...] auf einer bestimmten Methode beharrte, in der der Subjektivität eine überragende Rolle zukam.« »Der eigentümliche Objektivitätsanspruch dieses Subjektivismus ist der Reflex und die Reflexion auf eine Lebensgeschichte, die dreifach gezeichnet war: durch das Schicksal des Juden, des Intellektuellen und des Emigranten.«

Nicht in dieser Analogie erschöpft sich meine Affinität zu Adorno, sondern aus dem, was Söllner später aus Adornos Satz »Aufklärung ist die radikal gewordene, mythische Angst« folgert, nämlich daß das Leistungsprinzip seinen Motor im psychischen Mechanismus der Angst-Flucht hat. Das trifft ohne weiteres auch auf mich zu.

Bei dem Besuch, als über George gesprochen wurde, wurden Getränke angeboten. Jemand wollte Whiskey, Adorno fragte gleich Scotch oder Bourbon, was mir unheimlich imponierte, ebenso daß er sich im Opernkeller einen halben Hummer bestellte. So was gab's bei uns zu Haus nicht, wäre uns nicht eingefallen. Es ging bescheidener, weniger großbürgerlich zu. Es sind kleine, läppische Beispiele einmal dafür, daß wir bürgerlichen Künstler dies mit dem Großbürger Adorno gemeinsam haben, daß wir unsere Kritik an der bestehenden und den Anspruch an eine bessere Gesellschaft, wie auch immer utopisch, nur innerhalb dieser bürgerlichen Gesellschaft artikulieren können. Zum anderen sollen sie andeuten, daß er trotz aller Intellektualität sich immer eine sinnliche Dimension bewahrte, die nicht in der Philosophie aufgeht, sondern deren Grundlage ausmacht. Sein Denken bezieht sich immer noch auf diese unverzichtbare Grundlage, den Leib, den Sexus. Wie Alfred Schmidt damals sagte:

> »Materialismus ist derart beides: Eingedenken der Natur im Subjekt als einem sinnlich-leiblichen Wesen und jener Natur, die als ein ›Nichtidentisches‹ das stoffliche Substrat seiner Arbeit bildet, *und* Einsprache gegen die Negativität des Weltlaufs.«

Und Adorno:

> »Darum konvergiert das spezifisch Materialistische mit dem Kritischen, mit gesellschaftlich veränderter Praxis.«

I.

Determinierend für meine ästhetische Haltung als Komponist, dem es um Kongruenz seiner Gedanken und den Wahrheitsgehalt seiner Musik geht, als der eines Pessimisten, der sich durch die Produktion behauptet, sind die Sätze aus der *Ästhetik* (alle nicht näher ausgewiesenen Zitate sind aus der *Ästhetischen Theorie*), in denen man sich aufgehoben fühlt:

> »Übrigens fragte schon [...] ein später von Affirmation so ausgebeuteter Künstler wie Schubert, ob es fröhliche Musik überhaupt gebe. Das Unrecht, das alle heitere Kunst, vollends die der Unterhaltung begeht, ist wohl eines an den Toten, am akkumulierten und sprachlosen Schmerz. Trotzdem trägt die schwarze Kunst Züge, die, wären sie ihr Endgültiges, die geschichtliche Verzweiflung besiegelten; soweit, wie es immer noch anders werden kann, mögen auch sie ephemer sein. Was am Postulat des Verdunkelten, wie es die Surrealisten als schwarzen Humor zum Programm erhoben, vom ästhetischen Hedonismus, der die Katastrophen überdauert hat, als Perversion diffamiert wird: daß die finstersten Momente der Kunst etwas wie Lust bereiten sollen, ist nichts anderes,

> als daß Kunst und ein richtiges Bewußtsein von ihr Glück einzig noch in der Fähigkeit des Standhaltens finden.
> Dies Glück strahlt von innen her in die sinnliche Erscheinung. Wie in stimmigen Kunstwerken ihr Geist noch dem sprödesten Phänomen sich mitteilt, es gleichsam sinnlich errettet, so lockt seit Baudelaire das Finstere als Antithesis zum Betrug der sinnlichen Fassade von Kultur auch sinnlich. Mehr Lust ist bei der Dissonanz als bei der Konsonanz: das läßt dem Hedonismus Maß für Maß widerfahren. Das Schneidende wird, dynamisch geschärft, in sich und vom Einerlei des Affirmativen unterschieden, zum Reiz; und dieser Reiz kaum weniger als der Ekel vorm positiven Schwachsinn geleitet die neue Kunst in ein Niemandsland, stellvertretend für die bewohnbare Erde.«
> »Dissonanz ist soviel wie Ausdruck, das Konsonierende, Harmonische will ihn sänftigend beseitigen. Ausdruck und Schein sind primär in Antithese.«
> »Ausdrucksvoll ist Kunst, wo aus ihr, subjektiv vermittelt, ein Objektives spricht: Trauer, Energie, Sehnsucht. Ausdruck ist das klagende Gesicht der Werke. [...] Ausdruck haben sie, nicht wo sie das Subjekt mitteilen, sondern wo sie von der Urgeschichte der Subjektivität, der von Beseelung erzittern. [...] Der Ausdruck der Kunstwerke ist das nicht Subjektive am Subjekt«.

Über Ausdruck und Konstruktion sagt Adorno, daß bei exemplarischen Künstlern wie Schönberg, Klee, Picasso sich das expressiv mimetische Moment und das Konstruktive in gleicher Intensität finden.

> »Ausdruck [ist] die Negativität des Leidens, Konstruktion der Versuch, dem Leiden an der Entfremdung standzuhalten«.

Nun zum für den Komponisten wie für den Theoretiker zentralen Begriff des künstlerischen Materials. Ich will mich nicht von der kategorischen Feststellung bei Adorno trennen:

> »Vorausgesetzt wird der Materialbegriff von Alternativen wie der, ob ein Komponist mit Klängen operiert, die in der Tonalität beheimatet und als deren Derivate irgend kenntlich sind, oder ob er sie radikal eliminiert; analog von der des Gegenständlichen und Ungegenständlichen, des Perspektivischen oder Aperspektivischen.«
> »Evident, wie sehr etwa der Komponist, der mit tonalem Material schaltet, von der Tradition es empfängt. Benutzt er jedoch, kritisch gegen jenes, ein autonomes: von Begriffen wie Konsonanz und Dissonanz, Dreiklang, Diatonik ganz gereinigtes, so ist in der Negation das Negierte enthalten. [...] Der Rigorismus der jüngsten Entwicklung, der schließlich im emanzipierten Material bis ins verborgene Geäder des Komponierten oder Gemalten hinein, Residuen des Überkommenen und

Verneinten ausmerzt, gehorcht der historischen Tendenz nur desto rücksichtsloser, in der Illusion reiner Gegebenheit des qualitätslosen Materials. Die Entqualifizierung des Materials, an der Oberfläche dessen Enthistorisierung, ist selber seine geschichtliche Tendenz als die subjektiver Vernunft. Ihre Grenze hat sie daran, daß sie im Material dessen geschichtliche Bestimmungen hinterläßt.«

Adorno sprach in bezug auf den späten, auch tonalen Schönberg von einem »Gleichgültigwerden des Materials«, und Carl Dahlhaus sagte 1983, daß Adornos Interpretation des späten Schönberg »kategorial analog« in der »neuen Einfachheit« oder »neuen Expressivität« der siebziger Jahre wiederkehre. Zitat Dahlhaus:

»Das ›Gleichgültigwerden des Materials‹ zeigt sich an der Unbefangenheit, mit der die Komponisten zwischen Tonalität und Atonalität wechseln oder den einen Materialbestand mit dem anderen mischen; und nichts ist denen, die in der Konfusion der 1970er Jahre einen Weg suchen mußten – das Stichwort heißt inzwischen ›Post-histoire‹ –, so fremd wie das Vertrauen, von der Geschichte als objektivem Geist getragen zu werden, sofern man fähig war, aus den Voraussetzungen, die das musikalische Material enthielt, die triftigen Konsequenzen zu ziehen.«

Ich frage dazu: Welche Konsequenzen sind denn statt dessen gezogen worden? Hinter den geschichtlichen Stand des Materials ist nicht zurückzugehen. Die Werke mit obsoletem Material zeigen es durch Kontingenz. Unausweichlich zu dieser meiner Haltung die Kritik von links. Mein Freund Hans G Helms schrieb 1974 – ich zitiere gekürzt:

»Der Materialfetischismus impliziert die Preisgabe der latenten Möglichkeiten, die Musik zum Vehikel gesellschaftlicher Kommunikation und Erkenntnis weiterzuentwickeln.«

Es ist richtig, man bezahlt stringente Komposition wegen ihres kritischen Gehalts mit Isolation. Der konsequenteste deutsche Komponist unserer Zeit, Helmut Lachenmann, ist Zeuge dafür. Peter Bürger meint:

»[Es] bleibt die Angst vor Regression als das zentrale Motiv für Adornos ästhetischen Dezisionismus.«

Ich meine, daß die Entscheidung zur Radikalität nicht aus solcher Angst stammt, sondern aus der Erkenntnis, inzwischen hundertfach in den Werken bewiesen, daß es unmöglich ist, mit überholten Mitteln wie zum Beispiel der Tonalität noch integrale Werke zu schaffen.

Dahlhaus erwähnte *Post-histoire.* Die Strömungen, um nicht zu sagen Trends, der jetzigen Zeit deklarieren sich als *Posthistoire, postindustriell, Postkapitalismus, Postkommunismus,* schließlich *Postmoderne.* Das einzige, was heute *neu* ist, ist der *Neokonservativismus.*

Dies *Post-* zeigt, daß man sich nur als Gegensatz zu etwas Stärkerem artikulieren kann. Aber altmodisch halte ich am Begriff des Neuen, der Moderne fest, auch wenn sie Winterschlaf hält, und will nicht ablassen von der altmodischen Idee der Aufklärung, die in ihr Gegenteil umschlug, ehe sie je realisiert war als Gemeingut der Menschen.

II.

Als Dirigent würde ich mich wohl treffend mit Adornos Wort als einen »getreuen Korrepetitor« bezeichnen, und das seit genau vierzig Jahren. Zur Arbeit als solcher sind aber über das oberste Gebot der Deutlichkeit, das schon eine zutreffende Erkenntnis der Struktur voraussetzt, hinaus folgende Sätze anzuführen:

> »Konstituiert der den Kunstwerken immanente Prozeß, ein den Sinn aller Einzelmomente Übersteigendes, das Rätsel, so mildert er es zugleich, sobald das Kunstwerk nicht als fixiertes wahrgenommen und dann vergebens gedeutet sondern in seiner eigenen objektiven Konstitution noch einmal hervorgebracht wird. In Aufführungen, die das nicht tun, die nicht interpretieren, wird das An sich der Werke, dem zu dienen solche Askese vorgibt, Beute seiner Stummheit; jede nicht interpretierende Aufführung ist sinnlos.« »Die Entfaltung der Werke ist das Nachleben ihrer immanenten Dynamik.«

Der Darstellung von Musik und Drama gemeinsam gilt folgendes:

> »[Die Werke] richtig interpretieren heißt, sie als Problem formulieren: die unvereinbaren Forderungen erkennen, mit welchen die Werke im Verhältnis des Gehalts zu seiner Erscheinung den Darstellenden konfrontieren. Die Wiedergabe von Kunstwerken muß, indem sie das *tour de force* in jenen aufdeckt, den Indifferenzpunkt finden, wo die Möglichkeit des Unmöglichen sich birgt. Um der Antinomik der Werke willen ist ihre voll adäquate Wiedergabe eigentlich nicht möglich, eine jegliche müßte ein widersprechendes Moment unterdrücken. Oberstes Kriterium von Darstellung ist es, ob sie ohne solche Unterdrückung sich zum

Schauplatz der Konflikte macht, die im *tour de force* sich pointiert haben.«
»Die Tradition ist nicht abstrakt zu negieren, sondern unnaiv nach dem gegenwärtigen Stand zu kritisieren: so konstituiert das Gegenwärtige das Vergangene. Nichts ist unbesehen, nur weil es vorhanden ist und einst etwas galt, zu übernehmen, nichts aber auch erledigt, weil es verging«.

Alles, was Adorno über die künstlerische Produktion sagt, gilt mutatis mutandis für die Reproduktion:

> »Metier in der Moderne ist grundverschieden von handwerklich-traditionalen Anweisungen. Sein Begriff bezeichnet das Totum der Fähigkeiten, durch welche der Künstler der Konzeption Gerechtigkeit widerfahren läßt und dadurch die Nabelschnur der Tradition gerade durchschneidet.«

In den Kapiteln über Dirigent und Orchester und über Oper in der *Musiksoziologie* ist wenig Tröstliches zu finden, fast durchweg werden negative Tatbestände analysiert. Sogar der geliebte Toscanini wird woanders (*Die Meisterschaft des Maestro*) arg gezaust – und gewiß mit einigem Recht, was die deutsche Musik betrifft. Da gibt es Sätze, die jeder von uns Kapellmeistern als Warnung kennen sollte:

> »Die Gefahr des Musizierens sind nicht mehr Espressivo und Rubato, sondern das bloße Funktionieren nach dem Modell von Organisation und Verwaltung«.

Im Gegensatz zu so viel Pessimismus, sagt uns der Aufsatz *Bach gegen seine Liebhaber verteidigt* Praktisches und Sinnvolles, gibt geradezu eine Anleitung:

> »Sachlich wäre einzig eine Darstellung von Musik, die dem Wesen ihrer Sache angemessen sich zeigt. Dies fällt aber nicht [...] mit der Idee der historisch ersten Wiedergabe zusammen. [...] Der objektiv in [Bachs Werk] verschlossenen Dynamik gebührt einzig eine Interpretation, welche sie realisiert. Denn die wahre Interpretation ist die Röntgenphotographie des Werks: Ihr obliegt, im sinnlichen Phänomen die Totalität all der Charaktere und Zusammenhänge hervortreten zu lassen, welche Erkenntnis aus der Versenkung in den Notentext sich erarbeitet. [...] Nie und an keiner Stelle ist der musikalische Notentext mit dem Werk identisch; stets vielmehr gefordert, in der Treue zum Text zugleich zu ergreifen, was er in sich verbirgt. Bar solcher Dialektik wird die Treue zum Verrat: Die Interpretation, die sich um den musikalischen Sinn nicht

kümmert, weil er aus sich heraus sich offenbare, anstatt ihn selber als je sich erst konstituierenden zu erkennen, verfehlt ihn.«

Meine Konzertprogramme sind manchmal, mehr als sinnvolle Gegenüberstellung von Werken, durch Montage gebildet. Die Montage ist das heteronome Darstellungsprinzip, das den anderen Pol darstellt gegenüber der konservativen Technik Schönbergs, die alles organisch nur aus dem Motiv entwickelt. Über die Collage, ein innig verwandtes Phänomen, schreibt Georges Hugnet, zitiert bei Werner Spies in seinem grundlegenden Buch über die Collage bei Max Ernst:

»Es haben die Collagen Ernsts keine andere Ambition und kein anderes Ziel, als eine magische Welt an der Schwelle des Gewohnheitsmäßigen zu errichten und einer erloschenen und entzauberten Realität Glanz und Geheimnis zurückzugeben.«

Warnte Adorno noch davor, daß nichts der theoretischen Erkenntnis moderner Kunst so schädlich sei wie ihre Reduktion auf Ähnlichkeit mit älterer, so stellt sich durch die Montage neuerer mit älteren Musikstücken das Gegenteil her, eine Aufmerksamkeit auf das Schokkierende in friedlicher Umgebung ebenso wie das Erstrahlen des tonalen Werks in seiner Aura, die für uns als ursprüngliche glänzt. Spies sagt:

»Es eröffnen sich dabei ständig Bedeutungsfelder, die nur durch das Konzept der Ähnlichkeit erfaßt werden können, weil sie eben einen ursprünglichen Sinnzusammenhang heranziehen und umstellend verstellen.«

Das heißt, daß das gewohnheitsmäßige »Aha, das kenn ich«, was sich sowohl auf das genüßliche Wiedererkennen als auch auf das Unlustgefühl beim Neuen bezieht, ausgeschaltet wird. So kommt es zu einer »Logik des Disparaten«.

III.

Ich spreche hier schon wieder, wie eben bei der Beschreibung der Totalität des Kunstwerks, ein Phänomen an, das mir ganz zentral scheint, insbesondere in der Rezeption der Kunst durch das Publikum. Adorno:

»Der Rätselcharakter der Kunstwerke bleibt verwachsen mit Geschichte. Durch sie wurden sie einst zu Rätseln, durch sie werden sie es stets

> wieder. [...] Bedingung des Rätselcharakters der Werke ist weniger ihre Irrationalität als ihre Rationalität; je planvoller sie beherrscht werden, desto mehr gewinnt er Relief. Durch Form werden sie sprachähnlich, scheinen in jedem ihrer Momente nur eines und dieses zu bekunden, und es entwischt.«
> »Daß Kunstwerke etwas sagen und mit dem gleichen Atemzug es verbergen, nennt den Rätselcharakter unterm Aspekt der Sprache. [...] Als konstitutiv aber ist der Rätselcharakter dort zu erkennen, wo er fehlt: Kunstwerke, die der Betrachtung und dem Gedanken ohne Rest aufgehen, sind keine.«
> »Prototypisch [ist] die Musik, ganz Rätsel und ganz evident zugleich. [...] Das Rätsel lösen ist soviel wie den Grund seiner Unlösbarkeit angeben: der Blick, mit dem die Kunstwerke den Betrachter anschauen.«
> »Die gescholtene Unverständlichkeit der hermetischen Kunstwerke ist das Bekenntnis des Rätselcharakters aller Kunst.«

Indem unsere gelungenen Inszenierungen an der Oper Frankfurt autonome Kunstwerke sind, haben sie, ihrer inneren Logik zum Trotz, auch den Charakter der Rätsel. Und sie haben das Recht darauf. Wenn ich mit der Aufnahme eines Kunstwerks nicht zurechtkomme beim ersten Versuch, so ist das nicht notwendigerweise ein Defekt des Kunstwerks.

Auch für Inszenierungen gilt, daß die, die restlos aufgehen im immediaten Verständnis und Einverständnis der Zuschauer, mit Sicherheit keine Kunstwerke sind.

Aber nicht nur in ihrer Rätselhaftigkeit ist unsere Arbeit in der Oper Frankfurt Adorno verpflichtet, viel mehr noch in der Eroberung der Werke von innen. Denn mehr noch als ich vielleicht verdankt sich Klaus Zeheleins Art zu denken und in verschiedenen Angängen den Werken zu Leibe zu rücken, sie von innen nach außen zu stülpen, um herauszufinden, was der Kern sei, entspringt sein Denken zum Teil der Tatsache, daß er Adorno-Schüler war. Und auch Sam Weber, der Philosoph, der an der Vorbereitung von Wagners *Ring* beteiligt war, war Adorno-Schüler. Was auf der Bühne erscheint, das Kunstwerk von Regisseur und Bühnenbildner, die Umsetzung der Erkenntnis in Sinnlichkeit, kommt zustande aus der gedanklichen Arbeit dieser Künstler mit dem Dramaturgen, der selbst immer betont, daß seine Funktion Hilfestellung für die Entfaltung schöpferischer Phantasie ist. Das Besondere unserer zehnjährigen Arbeit gründet zu wesentlichen Teilen in dieser besonderen Zusammenarbeit und Zeheleins ständiger Reflexion. Das Berghaussche Bild des Wotan am Ende der *Walküre*, der vergeblich immer wieder versucht, den Hügel zu erklimmen, auf dem das Ziel seiner

Liebe und das Sinnbild seiner Ohnmacht schläft, ist ein starkes Bild für das Rätselhafte der Kunst, wie des Schicksals und des Weltlaufs. Obwohl man das Bild versteht, hat es trotzdem etwas Unauslotbares.

Die Entscheidung, in den Bildern und Symbolen der *Ring*-Inszenierung die platte Rationalisierung, die Wegerklärung des Rätsels, *nicht* zu suchen, hat zu tun mit der Erkenntnis, daß der Mythos teilhaben muß an der Darstellung. Eine Hauptkritik Adornos am reifen Wagner ist die, daß die Musik, durch den Mangel an motivisch-thematischer Arbeit im Sinne Beethovens, dem Mythos keinen Widerstand entgegensetzt, ihn nicht überwindet; im Gegenteil, das Märchen an den Mythos ausliefert. Gegen Adorno ist Adorno anzuführen: denn auch für den *Ring* gilt sicherlich Adornos Wort:

> »Kraft ihrer Dialektik entragen die Kunstwerke dem Mythos, dem blind und abstrakt herrschenden Naturzusammenhang« –

wenn er den Satz auch nicht auf den *Ring* bezogen hat.

> »Die geschichtliche Bahn von Kunst als Vergeistigung ist eine der Kritik am Mythos sowohl wie eine zu seiner Rettung: Wessen die Imagination eingedenkt, das wird in seiner Möglichkeit von dieser bekräftigt.«

In dem Aufsatz über *Bürgerliche Oper* von 1955 heißt es ganz allgemein:

> »... in der Oper greift Musik in den blinden ausweglosen Naturzusammenhang des Schicksals, wie die abendländischen Mythen ihn darstellen, verändernd ein.«

Und später:

> »Die Verschränkung von Mythos und Aufklärung: die der Gefangenschaft in einem blinden und seiner selbst unbewußten System mit der Idee der Freiheit, welche in dessen Mitte aufgeht, definiert das bürgerliche Wesen der Oper.«
> »Im Vergleich mit [dem] Ritual des versuchten Ausbruchs [wie in *Troubadour* oder *Carmen*] ist der konventionsfeindliche Wagner weit konventioneller geblieben als die von ihm verachteten Librettisten: mit der Urweisheit Wotans ›Alles ist nach seiner Art‹ hat er die Immanenz der bürgerlichen Gesellschaft bekräftigt und jenen Ausbruch versperrt [...] Die Verklärung dessen, was bloß nach seiner Art, was bloß da ist, als eines Mysteriums, [...] hängt genau damit zusammen, daß bei ihm zum erstenmal das bürgerliche Ingenium den Impuls zum Ausbruch

verleugnet und bei dem von ihm selbst als todeswürdig erahnten Zustand resigniert.«

Zu Wagners fünfzigstem Todestag 1933, also zweiundzwanzig Jahre früher, hatte Adorno einen Aufsatz geschrieben, in dem zu lesen steht:

> »das Echtheitszeichen der Wagnerschen Mythen ist allemal ihre Moderne«.

Und:

> »Die Erhellung der Welt aufsteigen zu lassen aus den Schächten ihrer unbewußten Tiefe; ihr treibendes Zukunftsbild im Schein; ihre endlich werdende Freiheit im Drang: dahin zielt Wagners Musik. Entmythologisierung in Kraft des Mythischen selber hat sie sich als Geheimnis ihres Artistenzaubers gewählt und bewährt sie unvergleichlich vollkommener als die Antithese von Schuld und Erlösung, an der sie ›weltanschaulich‹ sich orientiert und die ihren eigentlichen Gegenstand verzerrt nur spiegelt.«

Dreißig Jahre später heißt es dann in einer Fußnote der *Ästhetik* über den in den dreißiger Jahren geschriebenen *Versuch über Wagner*:

> »Der gesamte *Versuch über Wagner* [...] wollte nichts anderes, als die Kritik am Wahrheitsgehalt zu den technologischen Tatbeständen und ihrer Brüchigkeit vermitteln.«
> »Der *Versuch über Wagner* bemühte sich am oeuvre eines bedeutenden Künstlers um die Vermittlung des Meta-Ästhetischen und Künstlerischen. Er orientierte sich, in manchen Stücken, noch allzu psychologisch am Künstler, doch mit der Intention auf eine materielle Ästhetik, welche die autonomen, zumal die formalen Kategorien der Kunst gesellschaftlich und inhaltlich zum Sprechen bringt. [...] Sartres Satz, vom Standpunkt des Antisemitismus aus ließe kein guter Roman sich schreiben, trifft genau den Sachverhalt.«

Adorno setzt sich im ersten Kapitel des *Versuchs über Wagner* mit Wagners Antisemitismus auseinander, um in der Folge, weit über Ideologienachweis und Ideologiekritik hinaus, über die Themen Klang, Harmonik, Farbe, Instrumentation, Aufhebung der Zeit und insbesondere über den Umschlag des Regressiven ins Avancierte gerade bei Wagner Dinge zu sagen, die für ein Wagner-Verständnis konstitutiv sind, aber noch nie formuliert worden waren.

Ein Satz mag den musikalischen Beweis einer philosophischen Reflexion belegen:

»Der Zeit enthoben ist Brünnhilde, schlafend gleich Kundry, in der jäh befohlenen Phantasmagorie des Feuerzaubers als der beherrschenden des *Rings*, der endlich das Bild der Götterdämmerung musikalisch selbst abgewonnen wird. Ist in seinen Streicherfiguren der Modus der Hervorbringung vollständig verdeckt, so ist harmonisch zugleich sein Fortgang aufs kunstvollste einer im Stillstand: bei stetem Harmoniewechsel werden nicht sowohl eigentlich neue Stufen erreicht, als auf den wechselnden Spiegelflächen verschiedener Tonarten die jeweils konstanten Grundharmonien durch ein System der Ausweichung umkreist: dem Feuer gleich, das unablässig flackernd nicht von der Stelle sich regt. Als Gleichnis des Feuers geben die sechzig Schlußtakte der *Walküre* entscheidenden Aufschluß über die Phantasmagorie.«

Etwas anderes aber ist es, das ganze Phänomen Wagner unter dem Aspekt des Antisemitismus subsumieren zu wollen. Ich bin überzeugt, daß von einem Standpunkt aus, der das Teil zum Ganzen erklärt und den Künstler oder das Werk so unter nur einem Gesichtspunkt subsumiert, notwendigerweise die Sache verfehlt wird. Weder ist Schönberg unter der sogar teilweise zutreffenden Kategorie des Kleinbürgers zu fassen noch Adorno unter der des Großbürgers. Und was wird zum Beispiel vom Wesen Schuberts durch die Wahrheit gesagt, er gehöre zum Vormärz? Da erfährt man bei Adorno mehr vom Wesen der Sache, wenn nach der schneidendsten Kritik gegen Ende steht:

»Das ›wie schwand mir seine Ahnung‹ Tristans, das die Ahnung des Nichts als eine vom Etwas ausdrückt, hält den Augenblick fest, in dem die vollkommene Negativität im Umriß der eigenen Bestimmung die Chimäre der Utopie beschließt. Es ist der Augenblick des Erwachens.«

Oder:

»In den Schlußversen des *Rheingolds* tönt echogleich, was der *Ring* als das leuchtende Nachbild der großen Systeme am letzten von diesen finden konnte: die widersinnige, arme, hoffnungslose und einzige Hoffnung, die das Nichts den Verstrickten entbietet: ›Rheingold! Rheingold! reines Gold! O leuchtete noch in der Tiefe dein lautrer Tand! Traulich und treu ist's nur in der Tiefe, falsch und feig ist, was dort oben sich freut!‹ Diese Tiefe, als Refugium, birgt zugleich alles, was das Werk, ›falsch und feig‹, verriet.«

Und später:

»Über das System, über seine Verklärung und noch die seines Untergangs ergeht das Urteil im zweiten Akt der *Walküre*, der wahrhaft des terroristischen Gottes bedarf, daß nicht das Werk die Schicksalshörigkeit kündige. Nicht Siegfried, nur Siegmund, der ohne Hoffnung Sterbende, hält dem Traum von Freiheit die Treue. Er versagt sich dem heroischen Ideal, das er doch besser vertritt als die wohlbestallten Helden, die gesiegt schon haben, ehe sie kämpfen; er weigert sich, nach Walhall zu folgen, wenn das Absolute ihm das Glück der Individuation rauben will [...]: ›Muß ich denn fallen, nicht fahr' ich nach Walhall: Hella halte mich fest!‹; die Hölle, das Reich Alberichs, der Walhall zu stürmen vorhat. Hier allein geschieht diesem virtuell Gerechtigkeit; hier allein wohnt diese in Wagners Werk; nicht die ›ewige‹ Schopenhauers, sondern die, welche aus dem Kreis der glühenden Kohlen nicht bloß heraus, vielmehr wahrhaft hervortritt; die Gerechtigkeit, mit der die Geschichte beginnt und die den bewußtlosen Mythos als Vorgeschichte abschafft.«

Nur einen Moment noch kehre ich zu allgemeinen Betrachtungen zurück, denn ich meine, daß die folgenden Sätze aus der *Ästhetik* für uns und auch für unsere *Ring*-Darstellung und ihre Bilder besondere Bedeutung haben:

»Das Furchtbare blickt aus Schönheit selbst als der Zwang, der von der Form ausstrahlt; der Begriff des Blendenden meint diese Erfahrung. Die Unwiderstehlichkeit des Schönen, sublimiert vom Sexus an die höchsten Kunstwerke gelangt, wird von ihrer Reinheit, ihrer Distanz von Stofflichkeit und Wirkung ausgeübt. Solcher Zwang wird zum Inhalt. Was den Ausdruck unterjochte, der formale Charakter der Schönheit, mit aller Ambivalenz des Triumphs, verwandelt sich zum Ausdruck, in dem das Bedrohliche der Naturbeherrschung sich vermählt mit der Sehnsucht nach dem Bezwungenen, die an jener Herrschaft entflammt. Es ist aber der Ausdruck des Leidens an der Unterjochung und ihrem Fluchtpunkt, dem Tode.«

»Das ist die Trauer von Kunst. Versöhnung vollbringt sie unwirklich, um den Preis der wirklichen. Das Letzte, was sie vermag, ist die Klage um das Opfer, das sie darbringt und das sie selbst in ihrer Ohnmacht ist. Nicht allein spricht das Schöne, wie die Wagnersche Walküre zu Siegmund als Sendbote des Todes spricht, sondern ähnelt ihm in sich, als Prozeß. Der Weg zur Integration des Kunstwerks, eins mit dessen Autonomie, ist der Tod der Momente im Ganzen. [...] Haben die Kunstwerke ihre Idee am ewigen Leben, dann einzig durch Vernichtung des Lebendigen in ihrem Bezirk; auch das teilt sich ihrem Ausdruck mit. Er ist der des Untergangs des Ganzen, so wie das Ganze vom Untergang des Ausdrucks redet.«

Ich bin am Ende, und zwar sehr buchstäblich, mit letzten Sätzen Adornos, die wie in einer Nußschale alles Vorhergehende zusammenfassen:

> »Das Neue als Kryptogramm ist das Bild des Untergangs; nur durch dessen absolute Negativität spricht Kunst das Unaussprechliche aus, die Utopie. Zu jenem Bild versammeln sich all die Stigmata des Abstoßenden und Abscheulichen in der neuen Kunst. Durch unversöhnliche Absage an den Schein von Versöhnung hält sie diese fest inmitten des Unversöhnten, richtiges Bewußtsein einer Epoche, darin die reale Möglichkeit von Utopie – daß die Erde, nach dem Stand der Produktivkräfte, jetzt, hier, unmittelbar das Paradies sein könnte – auf einer äußersten Spitze mit der Möglichkeit der totalen Katastrophe sich vereint. In deren Bild [...] tritt der magische Zug der fernsten Vorzeit von Kunst unterm totalen Bann wieder hervor; als wollte sie die Katastrophe durch ihr Bild beschwörend verhindern.«

Fußnote 1989

Einige Formulierungen meiner Rede von 1986 bedürfen größerer Genauigkeit. Was gesprochen dahingehen mag, erweist sich gedruckt als ungenügend.

In dem Absatz, in dem ich Alfons Söllner zitiere (S. 204), der sagt, daß »das Leistungsprinzips [bei Adorno] seinen Motor im psychologischen Mechanismus der Angst-Flucht« hat, erweckt mein Satz: »Das trifft ... auch auf mich zu« den Eindruck, ich wüßte genau, wie das bei Adorno war. Es kann jedoch bei Söllner sich nur um eine Behauptung handeln, und ich kannte Adorno nicht so lang und intim, daß ich von mir aus solches hätte behaupten können. Es muß also in meinem Satz das »auch« wegfallen. Von mir weiß ich, daß der Satz zutrifft, von Adorno kann ich es nur vermuten.

Gleich darauf erzähle ich Anekdoten über Essen und Trinken, die zwar ausreichen mögen, auf oberflächliche Weise etwas vom »großbürgerlichen« (wenn nicht gar leicht snobistischen) Gehabe Adornos zu zeigen. Sie reichen natürlich nicht zu, die Wurzeln des intellektuell schöpferischen Philosophen in der Sphäre des Eros zu belegen. Davon bin ich allerdings zutiefst überzeugt: daß eine Produktion, wie die Adornos, genau analog der künstlerischen, einer Verwandlung (*nicht* Sublimierung) der tiefsten Impulse und Triebe der menschlichen Natur bedarf, um hervorzutreten und insofern nicht vom Eros dieses

Menschen zu trennen ist. (Ich glaube übrigens, daß auch der Todestrieb Teil des Eros ist. Kunst ist eine Art, damit umzugehen ...) *Nicht* Sublimierung deshalb, weil bei dieser der Trieb wegsublimiert wird, was ich gerade nicht besagen will, was aber auch nicht ausgeschlossen werden kann. Irgendwo steht ja, Sublimierung sei Triebverzicht – und in *Aldous Huxley und die Utopie* schreibt Adorno, auf Huxley gemünzt, von der »Unmöglichkeit, der Lust ins Auge zu sehen, kraft der Reflexion ihr sich ganz zu überlassen«.

(Hier ein Wort über Adornos Begeisterung für junge, gut aussehende Frauen. Mehrfach habe ich miterlebt, daß er diesen zu Füßen lag, wenn sie blond oder gar adelig waren. Waren sie blond *und* adelig, war er verloren. Er hielt sich für unwiderstehlich, was sowohl komisch wie peinlich wirkte.)

Weiterhin spreche ich vom künstlerischen Material in Formulierungen, die von Trotz diktiert sind und die ich so nicht aufrechterhalten kann, weil sie unter anderem von meiner eigenen Produktion widerlegt werden. Auch Adornos Sätze: »Vorausgesetzt wird der Materialbegriff ... des qualitätslosen Materials« (S. 206f) sind nicht zu halten. Die Analogie vom Gegenständlichen oder Ungegenständlichen stimmt nicht mehr im Licht der Malerei der letzten zwanzig Jahre, die gezeigt hat, daß diese Kategorien nicht mehr greifen. Es gibt gar kein *autonomes* Material, auch das »atonale« wird inzwischen von einer Tradition übernommen. Und es gibt sogar Dreiklänge bei Lachenmann (Klavierkonzert)!

In den folgenden Sätzen: »Die Entqualifizierung des Materials ... geschichtliche Bestimmungen hinterläßt« (S. 207) deutet sich auch bei Adorno eine Zurücknahme an. Vollends »Nichts ist unbesehen, nur weil es vorhanden ist und einst etwas galt, zu übernehmen, nichts aber auch erledigt, weil es verging« (S. 209) scheint mir da recht zu geben.

Ich bin auch zu flüchtig hinweggegangen über den Satz von Hans G Helms: »Der Materialfetischismus impliziert die Preisgabe der latenten Möglichkeiten, die Musik zum Vehikel gesellschaftlicher Kommunikation und Erkenntnis weiterzuentwickeln« (S. 207). Diesen Satz halte ich wirklich für schlimm: er scheint anzudeuten, daß »gesellschaftliche« Kommunikation in der Musik nur dann möglich wäre, wenn regressiv gedacht wird, wenn obsoletes, allgemeinverständliches Material verwendet wird – und daß konsequentes Denken fetischistisch ist. (Wieso ist eigentlich »gesellschaftliche« Kommunikation verschieden von Kommunikation zwischen den Menschen?) Umgekehrt mag ein Sinn sich ergeben: Nur die integren Kunstwerke werden die Gesellschaft der Menschen bereichern. Ein Weitertreiben der Entwicklung auch im

Material kann dem nicht entgegenstehen. Ich bestreite nicht, daß die Mehrheit der Leute ferner von avancierter Kunst ist denn je (ausgenommen bildende Kunst als Geldanlage!). Das sollte jedoch die Künstler nicht dazu verführen, sich dem Banausentum anzubiedern. Gesualdo mußte dreihundert Jahre warten, bis er erkannt wurde.

Wie allerdings Werke, die nicht auch in der Materialbehandlung konsequent sind, zu irgendeiner Erkenntnis beitragen sollen, bleibt vollends rätselhaft.

Erstveröffentlicht in:
Theodor-W.-Adorno-Preis der Stadt Frankfurt am Main. Michael Gielen, Frankfurt 1987
Rainer Erd, Dietrich Hoß, Otto Jacobi und Peter Noller (Hg.), Kritische Theorie und Kultur, Frankfurt 1989

Klaus Zehelein

Brief an Michael Gielen

Stuttgart, den 2. April 1997

Lieber Michael,

es gibt so unterschiedliche Erfahrungen, Erlebnisse, durch die meine Verbundenheit mit Dir deutlich, ausdrücklich werden kann. Deren Summe, Dir zum Glückwunsch gereicht, in Freude und Dankbarkeit für eine über zwanzig Jahre währende Freundschaft Dir zugeschrieben, ist Dein siebzigster Geburtstag sicherlich der richtige Anlaß.

Genau vor zwanzig Jahren schriebst Du, was als Credo Deiner künstlerischen Arbeit, als Ansatz unserer gemeinsamen zehnjährigen Auseinandersetzung mit der Oper in Frankfurt gelesen werden kann: »Nur Kompromißlosigkeit in der Behandlung des historisch gewachsenen Materials garantiert Authentizität, wahre Reflexion des historischen Moments; der technische Stand ist der geistige. Beethoven, Berlioz, Wagner, Mahler, Schönberg waren die avanciertesten Komponisten ihrer Zeit und zugleich die, welche die Konflikte der Gesellschaft und des Individuums ihrer Zeit am radikalsten empfunden und ausgedrückt, am gültigsten in ihrer Musik gestaltet haben. An ihnen lernen wir Wahrheit über den Menschen und über Beziehungen zwischen Menschen«. (Zu Luigi Nonos *Al gran sole carico d'amore*.) Das sind und waren schon damals im besten Sinne »unzeitgemäße Betrachtungen«, weil damit – wie von Nietzsche hundert Jahre zuvor – der Macht des Faktischen widersprochen wird.

Es sind Begriffe wie gesetzte Wegstangen, die dem Schneepflüger auch in perspektivlosem Weiß die Richtung seiner Arbeit geben sollen: »Radikal«, »avanciert«, »authentisch«, »kompromißlos«. Erst einmal liest sich daraus die Sicherheit aus einer Erfahrung, die das ›So-und-nicht-anders‹ präzise zu benennen sucht. Gerade aber, weil dies über bloße Behauptung, über karge Setzung hinausgeht – durch die Konnotation mit einem Begriff von Authentizität der Geschichte –, erscheint dahinter ein weit unabgesicherterer, aber als Notwendigkeit erfahrener Einspruch, Widerspruch gegenüber dem So-Sein der Gegenwart.

Dein offengehaltener Blick, lieber Michael, teilte Dir mit, daß schon beim späten, auch wieder tonalen Schönberg der Satz »der technische Stand ist der geistige« in die Schere von Wunsch und Wirklichkeit geriet, Dein analytischer Geist mußte mit Adornos Bemerkung vom »Gleichgültigwerden des Materials« sich auseinandersetzen. Aber Dein Einspruch, Dein »Dennoch« war und ist nicht allgemein, sondern gerichtet gegen Carl Dahlhaus' allzuschnell vorgetragene Unterfütterung der »neuen Einfachheit«, der »neuen Expressivität« mit diesem Adorno-Zitat. Ich erinnere mich noch sehr genau an unsere schwierige Vorarbeit für Schrekers *Die Gezeichneten*, an die Diskussionen über das Ungleichzeitige in der Musik, über den musikalischen Fortschritt und dessen Nebenlinien, über Schrekers ungeschminkte Trivialität, die die Bürde der Moralität und den asketischen Materialbegriff abwirft ... Es waren lange Wochenenden in Glashütten, die wir – Du am Klavier, ich stehend daneben – mit der Partitur verbrachten. Und immer wieder war es der insistente Blick des Komponisten und des Dirigenten, der das Neue, das aus dem vermeintlichen Kontinuum der Musikgeschichte herausgerutscht Andere wahrnahm: Daß in Schrekers Synthese von Melos, Klangfarbe, Rhythmik und Harmonik das vorscheint, was in der späteren Musik sich mit der Vorstellung von Klangfeldern und Räumlichkeit des Klanges verbindet; die seltsame Erfahrung, daß eine aus den Fugen der Tradition geratene ›collagierte‹ Harmonik Emanzipation des Ausdrucks sucht; wie filmische Techniken (nicht Filmmusik!), Schnitt/Gegenschnitt, Totale/Halbtotale/Nahaufnahme, Zoom, den Rhythmus der Partitur gut beschreiben. Wie weit waren wir bei dieser Entdeckungsreise von einem Begriff der Kontinuität, der Folgerichtigkeit musikalischer Materialentwicklung entfernt! Und dennoch und deshalb: Die Eindringlichkeit Deiner Aufführung der *Gezeichneten* – eben jenseits leicht herstellbarer Suggestion – war geprägt durch jene Distanz Deines Blickes, der immer auch den Zweifel behielt, ob nicht doch »obsoletes« Material zur Arbeit anstehe. Ja, jedes Deiner Dirigate der *Gezeichneten* erschien mir als eine Art Nachprüfung, besser: als Neusichtung. Die Schrekersche Emanzipation der Valeurs – wohl Fokussierung seiner musikalischen Idee – war in den Aufführungen Integrationsarbeit am Differenzierten (darin dem Spätwerk Bergs anverwandt).

Lieber Michael, als Dir der Adorno-Preis verliehen wurde, sprachst Du davon, daß Du festhalten willst am Begriff des Neuen, der Moderne (»auch wenn sie Winterschlaf hält«), daß Du nicht ablassen willst von der »altmodischen Idee« der Aufklärung. Das klang damals etwas bockig, war auch wohl als Attacke gegen die postmoderne Beliebigkeit geritten. Vielleicht ist Dir damals dadurch aus dem Blick geraten, was ich von außen mir anmaße zu benennen: Dein Festhalten am Begriff der Avantgarde als notwendige, historisch kontinuierliche Entfaltung und Dein radikaler, gerichteter Einspruch gegen manches, was heute geschieht, ist mit der Unterströmung Deiner Wehmut über deren mögliches Verschwinden verbunden.

Ich denke, daß Dein Streichquartett davon weiß: »Eine alte Erinnerung« ruft der zweite Geiger beim Zitat aus Zemlinskys *Lyrischer Sinfonie*, die selber als Zitat in Bergs *Lyrischer Suite* erscheint. »Eine alte Erinnerung« – auch Untertitel des Quartetts – ist ein Zitat aus Baudelaires »Der Schwan«. Beide Gedichte Baudelaires (»Der Schwan«, »Ein Aas«) aus *Les Fleurs du Mal*, die Deinem Streichquartett zugrunde liegen, sprechen vom Schmerz über unaufhaltsame Veränderung, vom Verlust, von der Auflösung.

Was ich an Dir bewundere, was meine Nähe zu Dir am klarsten beschreibt: Die Tradition, die Du Dir in Deinem Leben erarbeitet hast, gerann Dir nie zur Ideologie, sie ist, als Konstante Deiner Persönlichkeit, immer auch Projektionsfläche für Fremdes und sie kennt Trauer, ohne Sentimentalität.

In herzlicher Verbundenheit grüßt Dich

Dein Klaus.

IV

DIRIGENT
KOMPONIST
ZEITGENOSSE

»Nehmen Sie etwa die Sache mit dem Erfolg. Seine Arbeit so gut machen, daß das musikalische Gewissen des Musikers damit zufrieden sein kann, das ist der Erfolg, auf den ich aus bin. Der Erfolg nach außen, der Kartenschalter-Erfolg, ist nicht von vornherein schon eine Leistung. Andererseits bin ich überzeugt davon, daß die schließlich erreichte Qualität so sein wird, daß sie in den Kartenschalter-Erfolg, ja: umschlagen muß. Andernfalls könnte ich meine Arbeit gar nicht machen. Da wäre es besser, gleich in den Zirkus zu gehen.«

(Michael Gielen)

Michael Gielen
im Gespräch mit sich selbst

Getroffen wird der ganze Mensch (1995)

Oft ärgere ich mich über einen Interviewer, der nicht die Fragen stellt, die ich gerade beantworten möchte. Deshalb mache ich mir meinen Gesprächspartner selber und lasse ihn heute nach drei thematischen Komplexen fragen:

1) Warum sind Sie beim Rundfunk?

2) Warum machen Sie so eigentümliche Programme, bei denen es sich immer wieder um Konfrontationen der Moderne mit Beethoven oder Schubert dreht?

3) Glauben Sie, daß man Musik verstehen kann? Da Sie sich so aufklärerisch geben, scheinen Sie davon überzeugt zu sein.

Die Funktion der Rundfunk-Symphonie-Orchester ist eine spezifische. Vorbilder sind wohl das Orchester der BBC in London und das Rundfunkorchester in Frankfurt vor 1933 mit Rosbaud. Beide zeichneten sich durch Unabhängigkeit vom Kommerz aus. Während das Orchester der NBC in New York hauptsächlich dazu da war, Toscanini bestmögliche Bedingungen für seine Programme zu bieten, was ja nicht wenig ist, verstanden sich die Orchester der BBC und in Frankfurt vor allem als Paten der Moderne. London lud vor dem Krieg Webern ein, seine Werke zu dirigieren, unter Rosbaud wurde auch Schönberg gepflegt. In den siebziger Jahren berief die BBC Boulez zum Chefdirigenten. Es sind besondere Konstellationen, die kreative Lösungen hervorbringen. Es muß ein passionierter Musikabteilungsleiter genügend Vollmachten haben, um ein paar Jahre mit Boulez herbeizuführen, Jahre, die unendlich fruchtbar für das Bewußtsein der Metropole London in musicis waren. Ähnliches gilt für Boulez in New York als Chef der Philharmonie, nur ist da die bürgerlich-konservative Komponente des Publikums stärker. In meinem Fall war das LaSalle-Quartett in Cincinnati einflußreich genug, den *Board* des Orchesters zu überzeugen, es sei Zeit, aus der Routine auszubrechen. In der Regel dauert die Courage der Veranstalter sechs Jahre, dann wird der reaktionärste, langweiligste Nachfolger bestellt.

Aber Sie wollten doch sagen, warum Sie beim Rundfunk sind!

Nach dem Krieg gaben die Alliierten jedem Bundesland einen »öffentlich-rechtlichen« Sender. Fast alle Sender legten sich Symphonie-Orchester zu und diese wurden, weil dem kommerziellen Zwang entzogen, zu den Orchestern, die moderne Musik pflegten und mit ausreichenden Proben aufführen konnten. Die zwei entscheidenden Kriterien für mich sind: ein Repertoire, das zu ungefähr fünfzig Prozent moderne Musik enthält, und ausreichende Proben. Eine abweichende Meinung von Mozart oder Beethoven zu realisieren, verlangt auf jeden Fall mehr Zeit, als im normalen Betrieb möglich ist. Bei den mittleren städtischen Orchestern sind fünf Proben für ein Programm Norm. Für ein modernes und ein klassisches Stück, vielleicht noch eine Solistenbegleitung. Bei den Spitzenorchestern sind es drei, höchstens vier Proben. Im Gegensatz dazu hat ein Projekt im Südwestfunk zwischen sieben und zehn Arbeitstage zu viereinhalb Stunden für Studium und Aufnahme. Ich gebe zu, daß die sogenannten Spitzenorchester das Repertoire schneller realisieren als wir. Aber bei uns gibt es kaum Programme ohne Moderne. Die Bestrebung der meisten Rundfunkorchester seit ein paar Jahren ist, normale Konzert-, Reise- und Plattenorchester zu werden. Das ist zwar verständlich, aber sehr bedauerlich. Es gibt nichts Wichtigeres im Musikleben als die Darstellung der Musik unserer eigenen Zeit. Und der öffentlich-rechtliche Rundfunk ist der letzte Mäzen, der übriggeblieben ist, nachdem es kaum noch Fürstenhöfe gibt. Wenn auf die Moderne als zentrale Aufgabe verzichtet wird, stirbt das geistige Leben der Nation zu einem Teil.

Der Südwestfunk hat sein eigenes Uraufführungs-Festival in Donaueschingen. Da zeigt sich doch jedes Jahr, daß nur ganz wenige gute Stücke geschrieben werden.

Die Qualität ist nicht ausschlaggebend, da die Qualitätskriterien sich kontinuierlich verändern. Wichtig ist die Präsentation der Produktion. Ich beispielsweise bin schon zu alt, um überhaupt noch verstehen zu können, worauf es einem 25 Jahre alten Komponisten ankommt.

Wie kommen Sie damit zurecht, daß es keine Moderne mehr gibt, daß die totale Beliebigkeit in die Köpfe eingezogen ist?

Doch nicht in alle Köpfe! Die Idee der Moderne (die Darstellung der Konflikte des Jetzt in der »Sprache der Zerrissenheit« [Hegel]) gebe ich nie auf. So wenig wie die Idee der Gerechtigkeit (das hieß wohl früher Sozialismus). Im Moment ist Regression Trumpf, aber in der Wellenbewegung der Geschichte wird es neue Aufbrüche geben. Wenn es für mich Halbjuden ein jüdisches Erbe gibt, dann heißt das Treue zum Primat des erneuernden Geistes.

Warum die ständige Beschäftigung mit der Vergangenheit?

Jede künstlerische, ja, jede geistige Erscheinung wächst aus der Vergangenheit heraus, egal, ob sie nun diese fortsetzt oder sich von ihr absetzt. Analog dazu verstehe ich Musikleben als eine Zusammenführung der Gegenwart mit der Vergangenheit. Ohne diese Konfrontation befindet sich die neue Kunst in einem Ghetto, in der Isolation.

Ich finde ein Konzert mit nur neuer Musik ebenso langweilig wie eins mit nur älterer. In der Bemühung, Programme sinnvoll zu gestalten, ihnen also einen erhellenden Zusammenhang zu geben, fand ich die Begegnung mit Beethoven besonders fruchtbar. Kein anderer Komponist stellt die Probleme seiner Zeit so deutlich dar. Die Formulierung *Dialektik der Aufklärung* ist mir das Stichwort. Die Zerrissenheit und die Verzweiflung in den größten Werken des 20. Jahrhunderts wurzeln in der Perversion und dem Scheitern des deutschen Idealismus. Das wird geradezu körperlich erfahrbar, wenn die *Ode an die Freude* neben den *Überlebenden von Warschau* gestellt wird.

Wenn man auch heute nicht mehr die deutsche Musik für den *mainstream* hält und pluralistisch die Franzosen, die Russen und besonders Varèse für bahnbrechend in anderer Richtung erachtet, kann ich doch nicht los von der Prägung, die ich erfahren habe: die Inhalte und die Kompositionstechnik bei Beethoven und Schönberg halte ich für die zentralen in unserem Abschnitt der Geschichte. Dabei gilt meine große Liebe, die emotionale Beziehung, eher Bach und Schubert, Mahler und Berg, Debussy oder Bruckner.

Man kann sagen, daß die erschütternden Inhalte des ersten Satzes der Neunten Beethovens und die Gegenüberstellung der erhabenen Fanfare am Ende des Adagios mit der Fanfare des Schreckens zu Anfang des Finales diesen Kontrast schon von sich aus darstellen; ich meine den Widerspruch im deutschen Idealismus und in der Aufklärung. Aber ich zweifle, ob nach 170 Jahren Gewöhnung das Erschreckende bei Beethoven für uns noch so wahrzunehmen ist, wie es auf seine Zeitgenossen wirkte. Auch ist Hitler noch eine Steigerung gegenüber Napoleon. Ich rufe durch die Gegenüberstellung die erlahmte Erschütterung wieder hervor.

Ganz abgesehen davon, daß man in solchem Zusammenhang sowohl die neue als die alte Musik anders hört. Durch den Schock wird die Aura der älteren Musik restituiert.

Es kommt noch hinzu, daß wir uns an der Darstellung Beethovens mehr abarbeiten als an anderer Musik. Sein Anspruch an den Ausführenden und dessen Energie ist extrem. Da gibt es einen Wahrheitsanspruch der Kunst. Ohne diesen ist sie pervers. Und wegen dieses Wahrheitsanspruchs ist die ethische *raison d'être* des Künstlers die Selbstaufopferung in der Arbeit.

Wahrheit, Inhalte ... ist es das, was der Kunstliebhaber verstehen kann und soll?

Wenn die Inhalte in einer angemessenen Wiedergabe erkennbar werden, ist es vielleicht möglich, sie bis zu einem gewissen Grad zu verstehen, beispielsweise die humanistischen Ideale in Beethoven oder die Verinnerlichung bei Webern. Aber ich befinde mich in einem Dilemma. Ich glaube nämlich, daß ›verstehen‹ sich erst mal auf Begriffe bezieht, und in diesem Sinn kann man Musik nicht verstehen. Dann bezieht es sich aber auch auf Zusammenhänge – und da wird es möglich, daß besonders deutliche Aufführungen, also solche, die zeigen, daß der Interpret die Zusammenhänge sieht und seine Aufführung diese darstellt, Erkenntnis beim Hörer auslösen können, Erkenntnis der Struktur, also der Zusammenhänge zwischen den Bauelementen, die die Form konstituieren. Wenn man die Form hört, versteht man den Inhalt. Das ist ein und dasselbe.

Es ist doch signifikant, daß oft die erste Reaktion nach einmaligem Hören eines neuen Stückes ist: ›Das habe ich nicht verstanden, ich habe nicht folgen können.‹ Bei wiederholtem Hören erkennt man Einzelnes wieder, dann mehr. Wenn man alles wiedererkennt, meint man, man verstünde das Stück. Das ist aber immer noch so, als ob man einen Text in einer unbekannten Fremdsprache auswendig lernt, ohne die Übersetzung zu kennen. Musik teilt etwas mit, was sich nicht auf der Ebene der Begriffe abspielt. Getroffen wird der ganze Mensch, besonders das Sonnengeflecht, glaube ich. Man kann ja vom Sternenhimmel oder vom Sonnenuntergang auch nur gewisse Aspekte verstehen. Das gilt wohl für alle Sinnesmitteilungen an das Gehirn.

Erstveröffentlicht in:
Frankfurter Allgemeine Zeitung, 20. Juni 1995

»Die Augen von Max Ernst, dem Meister der Collage und des Traumes, waren von einem eisigen Blau, das sogar seinen Sohn Jimmy zurückschrecken ließ. Er behauste den Traum und die Realität gleichzeitig. Ich glaube, in der Struktur seines Dirigierens und seines Denkens ist Gielen dem Maler verwandt. Es ist die gebieterisch-wachsame Geste des Zerteilens, ohne je autoritär zu sein.

Bezüge zu setzen in einer beziehungslosen Welt, Zeichen der Wiedererkennung zu finden, sich der Nabelschnur entlangzutasten bis zum Tod, ohne die Geburt zu verlieren, das ist ein höchst kunstvoller, ein ständig gefährdeter Vorgang, ein seiltänzerischer Akrobatenakt auf sich selbst. Wer die Fruchtblase um sich trägt wie ein Hemd, der verliert erst am Ende, am Tod seine Identität. Und dieser Verlust ist der Tod.«

(Hans Neuenfels)

Diskographie Michael Gielen

BACH: Kantate Nr. 10 »Meine Seel erhebt den Herren«
Christiane Oelze, Cornelia Kallisch, Christoph Prégardien, Anton Scharinger, Anton Webern-Chor Freiburg, SWF-Sinfonieorchester
[A: 5/1991]
EMI 5 44059 2 (Intercord)
SWF 159*

dto.
[A: 31.5.1991 (live)]
SWF 161*

BACH: Kantate Nr. 63 »Christen, ätzet diesen Tag«
Margit Opawski, Hilde Rössl-Majdan, Waldemar Kmentt, Harald Hermann, Wiener Kammerchor, Wiener Staatsopernorchester
[A: 1952]
Vanguard/The Bach Guild 518 (LP)
Amadeo AVRS 6125 (LP)

BACH: Kantate Nr. 122 »Das neugeborne Kindelein«
Margit Opawski, Hilde Rössl-Majdan, Waldemar Kmentt, Harald Hermann, Wiener Kammerchor, Wiener Staatsopernorchester
[A: 1952]
Vanguard/The Bach Guild 523 (LP)

BACH: Kantate Nr. 133 »Ich freue mich in dir«
Margit Opawski, Hilde Rössl-Majdan, Waldemar Kmentt, Harald Hermann, Wiener Kammerchor, Wiener Staatsopernorchester
[A: 1952]
Vanguard/The Bach Guild 523 (LP)
Amadeo AVRS 6125 (LP)

BACH: Magnificat D-Dur BWV 243
Christiane Oelze, Cornelia Kallisch, Beate Westerkamp, Christoph Prégardien, Anton Scharinger, Anton Webern-Chor Freiburg, SWF-Sinfonieorchester
[A: 5/1991]
EMI 5 44059 2 (Intercord)
SWF 159*

BACH/WEBERN: Ricercar a 6 aus dem *Musikalischen Opfer*
SWF-Sinfonieorchester
[A: 5/1991]
EMI 5 44057 2 (Intercord)
SWF 159*

BARTÓK: Klavierkonzert Nr. 2
György Sandor, Wiener Symphoniker
[A: 1959?]
Vox/Turnabout 34 036 (LP)
Tuxedo TUX CD 1014

BARTÓK: Klavierkonzert Nr. 3
György Sandor, Wiener Pro Musica-Orchester
[A: 1959?]
Vox/Turnabout 34 483 (LP)
Tuxedo TUX CD 1014

dto.
Russell Sherman, SWF-Sinfonieorchester
[A: 12/1988]
Arte Nova 74321 27760-2

BARTÓK: Violinkonzert Nr. 2
Christian Tetzlaff, London Philharmonic Orchestra
[A: 3/1990]
Virgin 791 483-2

BECKER: *stabil – instabil*
Symphonie-Orchester des BR
[A: 2-3/1969]
Harmonia Mundi DMR 1013-15 (LP)

BEETHOVEN: *Egmont*-Ouvertüre
Orchester der Wiener Staatsoper in der Volksoper
[A: Ende 50er Jahre]
Bertelsmann Schallplattenring 12333 (LP)

BEETHOVEN: *Fidelio*-Ouvertüre
SWF-Sinfonieorchester
[A: 1/1987]
EMI 5 44053 2 (Intercord), 5 63000 2, 5 60091 2

BEETHOVEN/GIELEN: *Große Fuge* B-Dur
SWF-Sinfonieorchester
[A: 14.11.1993 (live)]
SWF 174*

dto.
[A: 1/1993]
SWF 180-183*

BEETHOVEN: Klavierkonzert Nr. 2 B-Dur
Elisabeth Leonskaja, SWF-Sinfonieorchester
[A: 18.12.1986 (live)]
col legno AU 31 483

BEETHOVEN: Violinkonzert D-Dur
Christian Tetzlaff, SWF-Sinfonieorchester
[A: 6/1988]
col legno AU 31 483
EMI 5 44053 2 (Intercord)

BEETHOVEN: *Missa solemnis*
Faye Robinson, Dunja Vejzovic, Eberhard Büchner, Manfred Schenk, Figuralchor des HR, Frankfurter Singakademie, Frankfurter Museumsorchester
[A: 6./7.11.1983 (live)]
Frankfurter Museumsgesellschaft IMS 698* (LP)

dto.
Phyllis Bryn-Julson, Marjana Lipovsek, Josef Protschka, Kurt Rydl, Philharmonischer Chor Prag, SWF-Sinfonieorchester
[A: 9/1987]
EMI 5 44056 2 (Intercord)
col legno AU 31445
SWF 129/130*

BEETHOVEN: Sinfonie Nr. 1 C-Dur
SWF-Sinfonieorchester
[A: 8/1992]
EMI 5 44060 2 (Intercord), 5 60090 2

BEETHOVEN: Sinfonie Nr. 2 D-Dur
Orchester der Wiener Staatsoper
[A: 10/1957]
Audio Fidelity FCS 50.021 (LP)

dto.
SWF-Sinfonieorchester
[A: 9/1994]
EMI 5 60091 2

BEETHOVEN: Sinfonie Nr. 3 Es-Dur
Orchester der Wiener Staatsoper
[A: 50er Jahre? *(Authentizität von Gielen bestritten)*]
Audio Fidelity FCS 50.019 (LP)

dto.
Cincinnati Symphony Orchestra
[A: 10/1980]
Vox cum laude D-VCL 39007 (LP)
MMG MCD 10 032
Dureco 115 463-2

dto.
SWF-Sinfonieorchester
[A: 1/1987]
Intercord 860.921

dto.
SWF-Sinfonieorchester
[A: 12/1989]
EMI 5 44061 2 (Intercord), 5 60090 2
SWF 153*

BEETHOVEN: Sinfonie Nr. 4 B-Dur
SWF-Sinfonieorchester
[A: 2/1993]
EMI 5 44062 2 (Intercord), 5 60092 2

BEETHOVEN: Sinfonie Nr. 5 c-moll
Frankfurter Museumsorchester
[A: 9.4.1984 (live)]
Frankfurter Museumsgesellschaft IMS 205 (LP)*

dto.
SWF-Sinfonieorchester
[A: 9/1992]
EMI 5 44060 2 (Intercord), 5 60093 2

BEETHOVEN: Sinfonie Nr. 6 F-Dur
SWF-Sinfonieorchester
[A: 11/1986]
EMI 5 44047 2 (Intercord), 5 60093 2
SWF 123 (LP)*

BEETHOVEN: Sinfonie Nr. 7 A-Dur
Orchester der Wiener Staatsoper
[A: 10/1957]
Audio Fidelity FCS 50.020 (LP)

dto.
SWF-Sinfonieorchester
[A: 2/1993]
EMI 5 44062 2 (Intercord), 5 60092 2

BEETHOVEN: Sinfonie Nr. 8 F-Dur
Orchester der Wiener Staatsoper
[A: 10/1957]
Audio Fidelity FCS 50.022 (LP)

dto.
SWF-Sinfonieorchester
[A: 5/1993]
EMI 5 60091 2

BEETHOVEN: Sinfonie Nr. 9 d-moll
Ellen Shade, Gabriele Schreckenbach, William Cochran, Andreas Schmidt, RIAS-Kammerchor, Kölner Rundfunkchor, SWF-Sinfonieorchester
[A: 7/1986]
SWF 123/124* (LP)

dto.
Ellen Shade, Margit Neubauer, William Cochran, Harald Stamm, Figuralchor des HR, Frankfurter Singakademie, Frankfurter Kantorei, Frankfurter Museumsorchester
[A: 31.5./1.6.1987 (live)]
Frankfurter Museumsgesellschaft F 670 081-82 (LP)*

dto.
Vlatka Orsanic, Hana Minutillo, Glenn Winslade, Alan Titus, Rundfunkchor Berlin, SWF-Sinfonieorchester
[A: 9/1994]
EMI 5 44070 2 (Intercord), 5 60094 2

BEETHOVEN: Ouvertüre *Die Weihe des Hauses*
SWF-Sinfonieorchester
[A: 12/1986]
EMI 5 44053 2 (Intercord)

BERG: Altenberg-Lieder
Vlatka Orsanic, SWF-Sinfonieorchester
[A: 3/1994]
Arte Nova 74321 27768-2

BERG: Sinfonische Stücke aus der Oper *Lulu*
Kathleen Battle, Cincinnati Symphony Orchestra
[A: 9/1981]
Vox D-VCL 9042 (LP)
MMG MCD 10024
Vox Box CDX 5136

BERG: Drei Stücke aus der *Lyrischen Suite*
Cincinnati Symphony Orchestra
[A: 9/1981]
Vox D-VCL 9042 (LP)
MMG MCD 10024

dto.
SWF-Sinfonieorchester
[A: 3/1994]
Arte Nova 74321 27768-2

BERG: Drei Orchesterstücke op. 6
SWF-Sinfonieorchester
[A: 3/1993]
EMI 5 44063 2 (Intercord)

BERLIOZ: Requiem
David Rendall, Kölner Rundfunkchor, Württembergischer Staatsopernchor, Südfunkchor Stuttgart, Radio-Sinfonieorchester Stuttgart
[A: 29.3.1979 (live)]
SDR 66.28050 (LP)*

BIRTWISTLE: *Antiphonies* für Klavier und Orchester
Joanna MacGregor, Philharmonisches Orchester von Radio Hilversum
[A: 2/1994]
Collins 14142

BOULEZ: *Les soleil des eaux*
Arleen Augér, ORF-Chor und -Symphonieorchester
[P: 1971]
ORF 1002 B (LP)*

BRAHMS: Doppelkonzert a-moll
Mark Kaplan, David Geringas, SWF-Sinfonieorchester
[A: 5/1989]
EMI 5 44044 2 (Intercord)

BRAHMS: Sinfonie Nr. 1 c-moll
SWF-Sinfonieorchester
[A: 5/1995]
EMI 5 60096 2 [in Vorbereitung]

BRAHMS: Sinfonie Nr. 2 D-Dur
SWF-Sinfonieorchester
[A: 5/1995]
EMI 5 60097 2 [in Vorbereitung]

BRAHMS: Sinfonie Nr. 3 F-Dur
SWF-Sinfonieorchester
[A: 5/1993]
EMI 5 60097 2 [in Vorbereitung]

BRAHMS: Sinfonie Nr. 4 e-moll
SWF-Sinfonieorchester
[A: 5/1989]
EMI 5 44044 2 (Intercord), 5 60098 2 [in Vorbereitung]

BRAHMS: Haydn-Variationen
SWF-Sinfonieorchester
[A: 1/1996]
EMI 5 63000 2, 5 60095 2 [in Vorbereitung]

BRAHMS: *Tragische Ouvertüre*
SWF-Sinfonieorchester
[A: 1/1996]
EMI 5 60096 2 [in Vorbereitung]

BRAHMS/SCHÖNBERG: Klavierquartett g-moll
SWF-Sinfonieorchester
[A: 4/1991]
EMI 5 44057 2 (Intercord)

BRUCKNER: Sinfonie Nr. 4 Es-Dur (Erstfassung)
SWF-Sinfonieorchester
[A: 4/1994]
EMI 5 44002 2 (Intercord)

BRUCKNER: Sinfonie Nr. 5 B-Dur
SWF-Sinfonieorchester
[A: 11/1989]
EMI 5 44048 2 (Intercord)

BRUCKNER: Sinfonie Nr. 7 E-Dur
SWF-Sinfonieorchester
[A: 12/1986]
EMI 5 44042 2 (Intercord)

BRUCKNER: Sinfonie Nr. 8 c-moll
SWF-Sinfonieorchester
[A: 12/1990]
EMI 5 44055 2 (Intercord)

BRUCKNER: Sinfonie Nr. 9 d-moll
SWF-Sinfonieorchester
[A: 12/1993]
EMI 6 0110 2 (Intercord)

BURT: *Unter der blanken Hacke des Mondes*
Roland Hermann, ORF-Symphonieorchester
[A: 12.8.1989 (live)]
Polygram (Amadeo) 431 853-2

BUSONI: Klavierkonzert
David Lively, Freiburger Vokalensemble, SWF-Sinfonieorchester
[A: 2/1990]
Koch-Schwann 311 160 H1

BUSONI: *Berceuse élégiaque*
BBC Symphony Orchestra
[A: 3/1970]
Classical Society CSCD 124*

BUSONI: Zwei Studien zu *Doktor Faust*
Cincinnati Symphony Orchestra
[A: 4/1983]
Vox D-VCL 9072 (LP)
MMG MCD 10019

dto.
SWF-Sinfonieorchester
[A: 12/1987]
EMI 5 44050 2 (Intercord), 5 63000 2

BUSONI: *Turandot*-Suite
May Festival-Frauenchor, Cincinnati Symphony Orchestra
[A: 10/1983]
Vox D-VCL 9072 (LP)
MMG MCD 10019

CARTER: Klavierkonzert
Ursula Oppens, Cincinnati Symphony Orchestra
[A: 10/1984]
New World 347 (Fono)

dto.
Ursula Oppens, SWF-Sinfonieorchester
[A: 4/1992]
Arte Nova 74321 27773-2

CARTER: Oboenkonzert
Heinz Holliger, SWF-Sinfonieorchester
[A: 10/1988]
col legno AU 31 800, WWE 31911

CARTER: Konzert für Orchester
SWF-Sinfonieorchester
[A: 4/1992]
Arte Nova 74321 27773-2

CARTER: *Three Occasions*
SWF-Sinfonieorchester
[A: 4.5.1992 (live)]
Arte Nova 74321 27773-2

CARTER: Variationen
Cincinnati Symphony Orchestra
[A: 22.10.1983 (live)]
New World 347 (Fono)

CHOPIN: Klavierkonzert Nr. 1 e-moll
Orazio Frugoni, Orchester der Wiener Volksoper
[A: Ende 50er Jahre]
Vox RPG 03032 (LP)

CHOPIN: Klavierkonzert Nr. 2 f-moll
Orazio Frugoni, Orchester der Wiener Volksoper
[A: Ende 50er Jahre]
Vox 513 420 (LP)

DEBUSSY: *Jeux*
Rundfunk-Sinfonieorchester Saarbrücken
[A: 6/1969]
SR 0654099 (LP)*

dto.
SWF-Sinfonieorchester
[A: 6/1991]
EMI 5 44058 2 (Intercord)

FELDMAN: *Coptic Light*
SWF-Sinfonieorchester
[A: 10/1994]
col legno WWE 31 882

FRANCK: *Sinfonische Variationen*
Orazio Frugoni, Orchester der Wiener Volksoper
[A: vor 1957]
Vox 512 290 (LP)

GIELEN: *Ein Tag tritt hervor*
Käte Wittlich, Horst Friedel, Franz Lang, Wilhelm Bruck, Tristan Murail, Christoph Grund, Christine Whittlesey, Susanne Otto, Bernhard Gärtner, Kurt Widmer, Karlheinz Donauer, SWF-Sinfonieorchester
[A: 9/1987]
EMI 5 44047 2 (Intercord)

GLOBOKAR: *Masse, Macht und Individuum*
Magnus Andersson, Teodoro Anzellotti, Jean-Pierre Drouet, Stefano Scodanibbio, Experimentalstudio der Heinrich Strobel-Stiftung des SWF, André Richard, SWF-Sinfonieorchester
[A: 10/1995]
col legno WWE 31898

GLUCK: Flötenkonzert G-Dur
Camillo Wanausek, Wiener Pro Musica-Orchester
[P: 1955]
Vox PL 9440 (LP)

HAMBRAEUS: *Transfiguration*
Sinfonie-Orchester des Schwedischen Rundfunks
[A: 15.9.1966 (live)]
Swedish Society Discofil (Teldec) SLT 33181 (LP)

HAUBENSTOCK-RAMATI: *Tableaux 3*
ORF-Symphonieorchester
[A: 16.3.1972 (live)]
Amadeo 415314-1 (LP)

HAUER: *Die schwarze Spinne*
Ernst Gutstein, Maurice Besancon, Otto von Rohr, Willy Ferenz, Kunikazu Ohashi, Paul Huddelston, Paul Schöffler, Walter Poduschka, Johann Pipal, Althea Bridges, Marilyn Tyler, Wiener Staatsopernchor, Wiener Symphoniker
[A: 23.5.1966 (live)]
Polygram (Amadeo) 431 079-2

HAYDN: *Die Jahreszeiten*
Helen Donath, Anthony Rolfe Johnson, John Bröcheler, Figuralchor des HR, Frankfurter Singakademie, Frankfurter Museumsorchester
[A: 12./13.5.1985 (live)]
Frankfurter Museumsgesellschaft F 669 500/01 (LP)*

HAYDN: Sinfonie Nr. 94 G-Dur
Orchester der Wiener Staatsoper in der Volksoper
[A: 1959?]
CBS S 51 057 (LP)

HAYDN: Sinfonie Nr. 99 Es-Dur
SWF-Sinfonieorchester
[A: 6/1988]
EMI 5 44051 2 (Intercord)

HAYDN: Sinfonie Nr. 104 D-Dur
SWF-Sinfonieorchester
[A: 11/1987]
EMI 5 44051 2 (Intercord)

IVES: *New England Holidays*
Radio-Sinfonieorchester Stuttgart
[A: 14.9.73 (live)]
Mediaphon JA 75.101

JANÁČEK: *Glagolitische Messe*
Ellen Shade, Marta Szirmay, Thomas Moser, Günter Reich, Imrich Szabo, SWF-Sinfonieorchester
[A: 6/1988]
EMI 5 44043 2 (Intercord)
SWF 140*

JANÁČEK: *Taras Bulba*
SWF-Sinfonieorchester
[A: 11/1986]
EMI 5 44043 2 (Intercord)

KAGEL, *Heterophonie*
Radio-Sinfonie-Orchester Frankfurt
[A: 9/1967]
Wergo 60043 (LP)

LACHENMANN: *Kontrakadenz*
Radio-Sinfonieorchester Stuttgart
[A: 4/1971]
Wergo 60122 (LP)

LALO: Klavierkonzert c-moll
Orazio Frugoni, Orchester der Wiener Volksoper
[P: 1960]
Vox/Turnabout 34 423 (LP)

LAPORTE: *Nachtmusik*
Belgisches Staatsorchester
[A: 70er Jahre]
Cultura 5073 N-1 (LP)*

LAPORTE: *La vita non e sogno*
Roland Bufkens, Günter Reich, Michel Lefebure, Derrik Olsen, Schwedischer Rundfunkchor, Belgisches Staatsorchester
[A: 70er Jahre (live)]
Cultura 5073 N-1 (LP)*

LEVINAS: *Par-Dela ...*
SWF-Sinfonieorchester
[A: 9/1994]
col legno WWE 20 000, WWE 31 882

LIGETI: Violoncellokonzert
Siegfried Palm, Radio-Sinfonie-Orchester Frankfurt
[A: 9/1967]
Wergo 60036 (LP), 60163-50

LIGETI: *Requiem*
Liliana Poli, Barbro Ericson, Chor des BR, Radio-Sinfonie-Orchester Frankfurt
[A: 11/1968]
Wergo 60045 (LP), 60045-50

LISZT: Klavierkonzert Nr. 1 Es-Dur
Alfred Brendel, Wiener Pro Musica-Orchester
[A: 1957]
Vox/Turnabout 34 581 (LP)
Tuxedo TUX CD 1013

dto.
Shura Cherkassky, NDR-Sinfonieorchester Hamburg
[A: 8.11.1976 (live)]
Rococo 2057 (LP) [*Raubpressung*]

LISZT: Klavierkonzert Nr. 2 A-Dur
Alfred Brendel, Wiener Pro Musica-Orchester
[A: 1957]
Vox/Turnabout 34 581 (LP)
Tuxedo TUX CD 1013

LISZT: *Malédiction*
Alfred Brendel, Wiener Symphoniker
[A: 50er Jahre]
Vox/Turnabout 34 518 (LP)

LISZT: *Totentanz*
Alfred Brendel, Wiener Symphoniker
[P: 1958]
Vox/Turnabout 34 265 (LP)

LOPEZ: *Landscape with Martyrdom*
SWF-Sinfonieorchester
[A: 10/1987]
EMI 5 44058 2 (Intercord)

LUTOSLAWSKI: Doppelkonzert
Heinz Holliger, Ursula Holliger, Cincinnati Symphony Orchestra
[A: 4/1983]
MMG MCD 10 006
Vox Box CDX 5136

MAHLER: *Das Lied von der Erde*
Doris Soffel, Siegfried Jerusalem, SWF-Sinfonieorchester
[A: 9/1992]
SWF 163*

MAHLER: Sinfonie Nr. 4 G-Dur
Christine Whittlesey, SWF-Sinfonieorchester
[A: 2/1988]
EMI 5 44041 2 (Intercord)

MAHLER: Sinfonie Nr. 7 e-moll
SWF-Sinfonieorchester
[A: 4/1993]
EMI 5 44064 2 (Intercord)

dto.
[A: 2.9.1993 (live)]
SWF 167*

MAHLER: Sinfonie Nr. 8 Es-Dur
Faye Robinson, Margret Marshall, Hildegard Heichele, Ortrun Wenkel, Hildegard Laurich, Mallory Walker, Richard Stilwell, Simon Estes, Figuralchor des HR, Frankfurter Kantorei, Frankfurter Singkakademie, Limburger Dom-Singknaben, Frankfurter Opernhaus- und Museumsorchester
[A: 28.-30.8.1981 (live)]
CBS 79238 (LP)
Sony SBK 48 281

MAHLER: Sinfonie Nr. 9 D-Dur
SWF-Sinfonieorchester
[A: 9/1990]
EMI 5 44054 2 (Intercord)

MAHLER: Sinfonie Nr. 10 Fis-Dur/Adagio
SWF-Sinfonieorchester
[A: 11/1989]
EMI 5 44049 2 (Intercord), 5 63000 2

MOZART: Concertone C-Dur KV 190
Wolfgang Hock, Willi Lehmann, Alexander Ott, Martin Ostertag, SWF-Sinfonieorchester
[A: 6/1989]
Arte Nova 74321 27792-2

MOZART: *Don Giovanni*
Eberhard Wächter, Montserrat Caballé, Teresa Stich-Randall, Erich Kunz, Waldemar Kmentt, Lisa Otto, Hans Hoffmann, Albrecht Peter, Chor und Sinfonieorchester des Teatro Nacional de San Carlos Lissabon
[A: Januar 1960 (live)]
Legato (Standing Room Only) 813-2

MOZART: Hornkonzert Es-Dur KV 495
Will Sanders, SWF-Sinfonieorchester
[A: 5/1990]
Arte Nova 74321 27792-2

MOZART: Klarinettenkonzert A-Dur KV 622
Wolfhard Pencz, SWF-Sinfonieorchester
[A: 6/1989]
EMI 5 44045 2 (Intercord)

MOZART: Klavierkonzert C-Dur KV 503
Stephen Bishop-Kovacevich, SWF-Sinfonieorchester
[A: 11/1986]
EMI 5 44045 2 (Intercord)

MOZART: Sinfonie B-Dur KV 319
SWF-Sinfonieorchester
[A: 4/1990]
EMI 5 44051 2 (Intercord)

MOZART: Sinfonie C-Dur KV 338
Frankfurter Museumsorchester
[A: 9.4.1984 (live)]
Frankfurter Museumsgesellschaft IMS 205 (LP)*

MOZART: Sinfonie C-Dur KV 425
SWF-Sinfonieorchester
[A: 6/1989]
EMI 5 44046 2 (Intercord)

MOZART: Sinfonie Es-Dur KV 543
SWF-Sinfonieorchester
[A: 4/1994]
Arte Nova 74321 27792-2

MOZART: Sinfonie g-moll KV 550
SWF-Sinfonieorchester
[A: 6/1989]
EMI 5 44046 2 (Intercord)

dto.
[A: 30.6.1989 (live)]
SWF 148/149*

MOZART: Sinfonie C-Dur KV 551
Music Treasures Philharmonic Symphony Orchestra
[A: 50er Jahre? *(Authentizität von Gielen bestritten)*]
Music Treasures of the World MT 25-A (LP)
Vega 16153 (LP)

MOZART: *Zauberflöten*-Ouvertüre
Rundfunk-Sinfonieorchester Saarbrücken
[A: 5/1968]
SR 0654099 (LP)*

NONO: *A Carlo Scarpa, Architetto, ai suoi infiniti possibili*
SWF-Sinfonieorchester
[A: 12/1986]
ERZ 1004 (LP)

dto.
[A: 17.9.1989 (live)]
PMS E Astrée (Auvidis) 8741
SWF 179*

dto.
[A: 21.10.1990 (live)]
col legno AU 31 819, AU 31 830

NONO: *Canti di vita e d'amore/Sul ponte di Hiroshima*
Slavka Taskova, Loren Driscoll, Rundfunk-Sinfonieorchester Saarbrücken
[A: 1967]
Wergo 60067 (LP), 6229-2

NONO: *No hay caminos, hay que caminar ... Andrei Tarkovskij*
SWF-Sinfonieorchester
[A: 17.9.1989 (live)]
PMS E Astrée (Auvidis) 8741

NONO: *Per Bastiana Tai Yang Cheng*
Radio-Symphonie-Orchester Berlin
[A: 1973]
Wergo 60067 (LP), 6229-2

NONO: *Variazioni canoniche*
SWF-Sinfonieorchester
[A: 17.9.1989 (live)]
PMS E Astrée (Auvidis) 8741

OBST: *Diaphonia*
Armand Angster, Dagmar Becker, Wolfgang Hock, Martin Ostertag, Yukiko Sugawara, Experimentalstudio der Heinrich Strobel-Stiftung des SWF, Michael Obst, André Richard, SWF-Sinfonieorchester, Oswald Salaberger
[A: 10/1995]
col legno WWE 31 898

ORFF: *Catulli carmina*
Elisabeth Roon, Hans Loeffler, Wiener Kammerchor; Klavier: Walter Kamper, Eduard Mrazek, Michael Gielen, Walter Klien; Ltg. Heinrich Hollreiser
[P: 1954]
Vox PL 8640 (LP)

DE PABLO: *Tombeau*
NDR-Sinfonieorchester Hamburg
[A: 1/1967]
Wergo 60037 (LP)

PAGH-PAAN: *NIM*
SWF-Sinfonieorchester
[A: 10/1987]
col legno AU 31 830, WWE 20 000

PROKOFJEW: Klavierkonzert Nr. 2 g-moll
Friedrich Wührer, SWF-Sinfonieorchester
[A: Ende 50er Jahre]
Vox GBY 12100 (LP)

PROKOFJEW: Klavierkonzert Nr. 3 C-Dur
Friedrich Wührer, SWF-Sinfonieorchester
[A: Ende 50er Jahre]
Vox 513 130 (LP)

RACHMANINOW: Klavierkonzert Nr. 2 c-moll
Felicja Blumental, Orchester der Wiener Musikgesellschaft
[P: 1959]
Vox 511500 (LP)
Tuxedo TUX CD 1045
Allegro A CD 8020

RACHMANINOW: *Die Toteninsel*
SWF-Sinfonieorchester
[A: 8/1993]
EMI 6 0100 2 (Intercord)

RAVEL: *La Valse*
SWF-Sinfonieorchester
[A: 3/1993]
EMI 5 44063 2 (Intercord)
SWF 179*

RAVEL: *Valses nobles et sentimentales*
Radio-Sinfonieorchester Stuttgart
[A: 10.10.1975 (live)]
Mediaphon JA 75.101

REGER: Klavierkonzert f-moll
Steven de Groote, SWF-Sinfonieorchester
[A: 12/1987]
EMI 5 44052 2 (Intercord)

RIHM: *Frau/Stimme*
Isolde Siebert, Carmen Fuggiss, SWF-Sinfonieorchester
[A: 10/1989]
col legno AU 31 800, WWE 20 000

RIMSKIJ-KORSAKOW: *Scheherazade*
Wiener Volksopernorchester
[A: 1952?]
Viennola LPR 1045 (LP)

RUZICKA: *Metastrofe*
Radio-Symphonie-Orchester Berlin
[A: 5/1971]
Wergo 60071 (LP), 6071-2

SCHNEBEL: *Sinfonie X*
Susanne Otto, Experimentalstudio der Heinrich Strobel-Stiftung des SWF, SWF-Sinfonieorchester
[A: 10/1992]
col legno WWE 31 860

SCHÖNBERG: *Erwartung*
Phyllis Bryn-Julson, SWF-Sinfonieorchester
[A: 7/1985]
EMI 6 0102 2 (Intercord)
SWF 111-114 (LP)*

SCHÖNBERG: Kammersinfonie Nr. 1 E-Dur
SWF-Sinfonieorchester
[A: 5/1995]
Philips 446 683-2

SCHÖNBERG: Kammersinfonie Nr. 2 es-moll
SWF-Sinfonieorchester
[A: 5/1995]
Philips 446 683-2

SCHÖNBERG: Klavierkonzert
Alfred Brendel, SWF-Sinfonieorchester
[A: 1956]
Vox/Turnabout 34 051 (LP)
Vox PL 10530 (LP)

dto.
[A: 9/1993]
Philips 446 683-2

SCHÖNBERG: Violinkonzert
Wolfgang Marschner, SWF-Sinfonieorchester
[A: 1956]
Vox/Turnabout 34 051 (LP)
Vox PL 10530 (LP)

SCHÖNBERG: Violoncellokonzert nach Monn
Heinrich Schiff, SWF-Sinfonieorchester
[A: 3/1988]
Wergo 60185-50

SCHÖNBERG: *Moderner Psalm* op. 50c
Günter Reich, Slowakischer Philharmonischer Chor Bratislawa, SWF-Sinfonieorchester
[A: 7/1988]
Wergo 60185-50

SCHÖNBERG: *Moses und Aron*
Günter Reich, Louis Devos, Éva Csapó, Elfriede Obrowsky, Roger Lucas, Richard Salter, Ladislav Illavsky, Werner Mann, Maria Mühlbacher, Elisabeth Wagner, Helga Chlup, Elisabeth Brommel, Alfred Winkler, Franz Handlos, ORF-Chor und -Symphonieorchester
[A: 4-5/1974]
Philips 6700084 (LP), 438 667-2

SCHÖNBERG: *Pelleas und Melisande*
Frankfurter Museumsorchester
[A: 18./19.12.1977 (live)]
Frankfurter Museumsgesellschaft (Mediaphon) 59011 (LP)*

dto.
SWF-Sinfonieorchester
[A: 11/1990]
EMI 5 44050 2 (Intercord)

SCHÖNBERG: Fünf Orchesterstücke op. 16
SWF-Sinfonieorchester
[A: 12/1987]
Wergo 60185-50

SCHÖNBERG: *Ein Überlebender von Warschau*
Harald Stamm, Figuralchor des HR, Frankfurter Singakademie, Frankfurter Kantorei, Frankfurter Museumsorchester
[A: 31.5./1.6.1987 (live)]
Frankfurter Museumsgesellschaft F 670 081-82 (LP)*

SCHÖNBERG: Variationen op. 31
NHK Symphony Orchestra Tokio
[A: 22.4.1977 (live)]
NHK K 20 Z-26*

dto.
SWF-Sinfonieorchester
[A: 9/1987]
Wergo 60185-50

SCHREKER: *Die Gezeichneten*
Solisten, Chor und Orchester der Frankfurter Oper
[A: 1979 (live)]
[*USA-Raubpressung*]

SCHREKER: Kammersinfonie
Radio-Symphonie-Orchester Berlin
[A: 5/1981]
Koch-Schwann VMS 1618 (LP), 311 078

SCHREKER: *Vorspiel zu einem Drama*
Radio-Symphonie-Orchester Berlin
[A: 5/1981]
Koch-Schwann VMS 1618 (LP), 311 078

SCHUBERT: *Rosamunde*-Stücke
SWF-Sinfonieorchester
[A: 5/1987]
Arte Nova 74321 27801-2

SCHUBERT/LISZT: *Wanderer-Fantasie*
Alfred Brendel, Wiener Symphoniker
[P: 1959]
Vox/Turnabout 34 265 (LP)

SCHUMANN: *Faust-Szenen*
Judith Beckmann, Doris Soffel, Margit Neubauer, Anthony Rolfe Johnson, Günter Reich, Taddao Yoshie, Helmut Berger-Tuna, Robert Holl, Brigitte Meßthaler, Tölzer Knabenchor, Chor des NDR Hamburg, Südfunk-Chor und Radio-Sinfonieorchester Stuttgart
[A: 1.2.1980 (live)]
SDR 66.28186 (LP)*

SPAHLINGER: *Passage/Paysage*
SWF-Sinfonieorchester
[A: 10/1990]
col legno AU 31 819

STOCKHAUSEN: *Carré*
Chor und NDR-Sinfonieorchester Hamburg, Mauricio Kagel, Andrzej Markowski, Karlheinz Stockhausen
[A: 10/1960]
Deutsche Grammophon 137002 (LP)
Stockhausen-Verlag CD 5

STOCKHAUSEN: *Gruppen*
Kölner Rundfunk-Sinfonie-Orchester, Bruno Maderna, Karlheinz Stockhausen
[A: 5/1965]
Deutsche Grammophon 137002 (LP)
Stockhausen-Verlag CD 5

J. STRAUSS/SCHÖNBERG: *Kaiserwalzer*
SWF-Sinfonieorchester
[A: 4/1970]
EMI 5 44057 2 (Intercord)

STRAUSS: Oboenkonzert D-Dur
Heinz Holliger, Cincinnati Symphony Orchestra
[A: 4/1983]
MMG MCD 10 006

STRAUSS: *Metamorphosen*
Cincinnati Symphony Orchestra
[A: 1982]
MCD 10040
Dureco 115 466-2
Vox Box CDX 5136

STRAUSS: *Tod und Verklärung*
Cincinnati Symphony Orchestra
[A: 3/1984]
MCD 10040
Dureco 115 466-2

STROPPA: *Hiranyaloka*
SWF-Sinfonieorchester
[A: 10/1994]
col legno WWE 31 882

SUK: *Ein Sommermärchen*
SWF-Sinfonieorchester
[A: 2/1993]
EMI 5 44004 2 (Intercord)

THOMA: *Hölderlin-Fragmente*
Wolfgang Bünten, Staatsorchester Stuttgart
[A: 27.3.1994 (live)]
Antes Edition BM-CD 31.9074

TSCHAIKOWSKY: Klavierkonzert Nr. 1 b-moll
Felicja Blumental, Orchester der Wiener Musikgesellschaft
[P: 1959]
Vox 511 510 (LP)
Allegro ACD 8020

TSCHAIKOWSKY: *Ouvertüre 1812*
Wiener Symphoniker
[A: 50er Jahre? *(Authentizität von Gielen bezweifelt)*]
Everest 3394 (LP)
Madacy Master Series MK 1823 (LP)

TSCHAIKOWSKY: *Schwanensee*-Auszüge
Wiener Symphoniker
[A: 50er Jahre? *(Authentizität von Gielen bezweifelt)*]
Bescol CD 525

TSCHAIKOWSKY: Serenade C-Dur
Wiener Symphoniker
[A: 50er Jahre? *(Authentizität von Gielen bezweifelt)*]
Everest 3394 (LP)
Madacy Master Series MK 1823 (LP)
Bescol CD 525

TSCHAIKOWSKY: Sinfonie Nr. 6 h-moll
SWF-Sinfonieorchester
[A: 3/1993]
EMI 6 0100 2, 5 44063 2 (Intercord)

VARESE: *Amériques*
SWF-Sinfonieorchester
[A: 6/1991]
EMI 5 44058 2 (Intercord)

VERDI: *Messa da Requiem*
Rosalind Plowright, Stefania Toczyska, Piero Visconti, Robert Holl, Frankfurter Singakademie, Chor der Stadt Wiesbaden, Frankfurter Museumsorchester
[A: 8.11.1982 (live)]
Frankfurter Museumsgesellschaft IMS 085 (LP)*

WAGNER: *Meistersinger*-Vorspiel
SWF-Sinfonieorchester
[A: 9/1990]
EMI 5 63000 2
SWF 154*

WAGNER: *Tristan und Isolde*-Vorspiel und Liebestod
SWF-Sinfonieorchester
[A: 9/1989]
EMI 5 44049 2 (Intercord)
SWF 154*

WEBERN: Kantate Nr. 1
Slavka Taskova, ORF-Chor und -Symphonieorchester
[P: 1977]
ORF 0120 198 (LP)*

WERLE: *Traum von Therese*-Fragmente
Solisten und Orchester der Königlichen Oper Stockholm
[A: 2/1967]
Swedish Society Discofil (Teldec) SLT 33177 (LP)

XENAKIS: *Ata*
SWF-Sinfonieorchester
[A: 16.10.1988 (live)]
col legno WWE 20 000

ZEMLINSKY: *Der 23. Psalm*
Slowakischer Philharmonischer Chor Bratislava, SWF-Sinfonieorchester
[A: 6/1988]
EMI 5 44052 2 (Intercord)
SWF 140*

ZEMLINSKY: *Lyrische Sinfonie*
Elisabeth Söderström, Thomas Allen, BBC Symphony Orchestra
[A: 2/1981]
IMP BBC Radio Classics [in Vorbereitung]

dto.
Vlatka Orsanic, James Johnson, SWF- Sinfonieorchester
[A: 27.2.1994 (live)]
SWF 174*

dto.
[A: 3/1994]
Arte Nova 74321 27768-2

ZIMMERMANN: *Canto di speranza*
Heinrich Schiff, SWF-Sinfonieorchester
[A: 12/1989]
Philips 434 114-2

ZIMMERMANN: Oboenkonzert
Heinz Holliger, SWF-Sinfonieorchester
[A: 10/1991]
Philips 434 114-2

ZIMMERMANN: Trompetenkonzert
Hakan Hardenberger, SWF-Sinfonieorchester
[A: 10/1992]
Philips 434 114-2

ZIMMERMANN: Violoncellokonzert en forme de *pas de trois*
Heinrich Schiff, SWF-Sinfonieorchester
[A: 12/1989]
Philips 434 114-2

ZIMMERMANN: *Musique pour les soupers du Roi Ubu*
Kölner Rundfunk-Sinfonie-Orchester
[A: 6/1971]
Harmonia Mundi DMR 1013-15 (LP)

ZIMMERMANN: *Requiem für einen jungen Dichter*
Mathias Fuchs, Hans Franzen, Dorothy Dorow, Günter Reich, RIAS-Kammerchor, ORF-Chor, NOS-Chor Hilversum, Loevendie-Quartett, Philharmonisches Orchester von Radio Hilversum
[A: Juli 1971 (live)]
Kulturkreis im Bundesverband der Deutschen Industrie (DG) 2891 182 (LP)*

dto.
Michael Rotschopf, Bernhard Schir, Vlatka Orsanic, James Johnson, Christoph Grund, Kölner Rundfunkchor, Südfunkchor Stuttgart, Edinburgh Festival Chorus, Slowakischer Philharmonischer Chor Bratislava, Jazz Band Alexander von Schlippenbach, Andreas Breitscheid, SWF-Sinfonieorchester, Oswald Sallaberger
[A: 3/1995]
Sony SK 61 995

ZIMMERMANN: *Die Soldaten*
Ensemble der Städtischen Bühnen Köln, Gürzenich-Orchester Köln
[A: 2/1965]
Wergo 60030 (LP)

Wort-Aufnahmen

Michael Gielen zum *Moses und Aron*-Film [in: »so sprechen sie«. Stimmen und Meinungen großer Musiker]
[P: 1975]
C. F. Peters Musikverlag IMS 026 (LP)*

Michael Gielen zu den Tempi in Beethovens 9. Sinfonie [in: Stimmen und Meinungen unserer Interpreten]
[A: 1978]
Frankfurter Museumsgesellschaft IMS 076 (LP)*

Michael Gielen (im Gespräch mit Leo Karl Gerhartz) zu zehn Jahren Frankfurt [»Rückblick«]
[A: 19. Juni 1987]
Frankfurter Museumsgesellschaft F 670 081-82 (LP)*

* = nicht im Handel

PS:
Daß die Gielen-Diskographie (so) vollständig (wie möglich) ist, verdankt sich entscheidend der genauen, unermüdlichen Mitarbeit Hans Jörg Müllenders, dem an dieser Stelle herzlich gedankt sei.

Werkverzeichnis Michael Gielen

Sonate für Violine und Klavier (1946)

Psalm 121 für Sopran, gemischten Chor, Klarinette, Fagott, Horn, Viola und Kontrabaß (1947)

Der Einsame (Nietzsche) für Baß und Klavier (1948)

Musik für Klarinette, Viola und Fagott (1948)

Variationen für Streichquartett (1949)

Choralvariationen über *Christus, der uns selig macht* für Klarinette, Baßklarinette, Violine, Viola und Violoncello (nach Johann Sebastian Bach) (1950)
[Preis im Bach-Wettbewerb des Collegium Musicum de Buenos Aires]

Sechs Lieder (Michelangelo, Hölderlin, Rilke, Eichendorff) für Baß, Viola (oder Violine), Baßklarinette (oder Klarinette) und Klavier (1951-54)

Música 1954 (Claudel) für Bariton, Streicher, Klavier, Pauken und Posaune (1954)
[»Premio del Concurso de Amigos de la Música« Buenos Aires 1954]

Vier Gedichte von Stefan George für gemischten Chor und 19 Instrumente (1955-58)

Variationen für 40 Instrumente (1959)

Un día sobresale (Ein Tag tritt hervor). Pentaphonie für obligates Klavier, fünf Soloinstrumente und fünf Gruppen zu je fünf Musikern mit Worten von Pablo Neruda (1960-63)

die glocken sind auf falscher spur. Melodramen und Zwischenspiele mit Gedichten von Hans Arp für einen Violoncellisten, eine Sängerin, einen Gitarristen, einen Pianisten, einen Schlagzeuger und einen Sprecher, deren Stimmen, Metallophone und Harmonium (1967-69)

Mitbestimmungsmodell für Orchestermusiker und drei Dirigenten (1971-74)

Einige Schwierigkeiten bei der Überwindung der Angst für Orchester (1976)

Streichquartett *Un vieux souvenir* (1983)

Johann Sebastian Bach, »Jesu, meine Freude«, Motette für fünfstimmigen Chor a cappella BWV 227 — für Chor und Orchester gesetzt (1987)

Pflicht und Neigung für Bläser, Schlagzeuger und Tasteninstrumente (1988)

Rückblick. Serenade für drei Violoncelli (1989)

Weitblick. Sonate für Violoncello solo (1991)

Ludwig van Beethoven, Große Fuge für Streichquartett B-Dur op. 133 — für Streichorchester gesetzt (1993)

Franz Schubert, Streichquartett d-moll D 820 (*Der Tod und das Mädchen*) — für Streichorchester gesetzt (1994)

Michael Gielen / Paul Fiebig
CD-Kommentare

BERND ALOIS ZIMMERMANN
Sinfonie in einem Satz für großes Orchester

»Wir hatten nach der Sommerpause 1987 zuerst monatelang schwierigste Uraufführungen für Donaueschingen zu studieren; und das Orchester und ich stöhnten, als danach wieder moderne Musik zu arbeiten war: für Frankfurt, Stuttgart, Metz, teils auch für Baden-Baden noch; nach dem Spielen von Zimmermanns *Sinfonie in einem Satz* aber waren alle Musiker einmütig begeistert: ›Das ist ja großartige, schwungvolle, sehr gut klingende Musik ...‹

Es ist ein ziemlich frühes Stück, bald nach dem Krieg entstanden (ab 1947, uraufgeführt 1953), also noch nicht in der Sprache des reifen Zimmermann, die mindestens die Experten gut kennen, noch keineswegs seriell. Es ist von Strawinsky beeinflußt – stereotyp die Harmonik: sechsstimmige Akkorde, ein Dur- und ein Moll-Akkord übereinander; und doch ist es höchst lebendige Musik: sowohl die mysteriösen Farben, die impressionistischen Momente als auch die Marsch-Momente haben große Kraft. Es ist fast wie ein Schlußstein der Entwicklung gegenüber dem ersten Höhepunkt sinfonischen Schaffens in der letzten Sinfonie von Joseph Haydn (im gleichen Baden-Badener Programm), der vielleicht am meisten gespielten Nr. 104: ein Wunderwerk, ein ganz herrliches Stück.

Zimmermanns Kommentar –

> »Im Gegensatz zur überlieferten Form der Sinfonie wird hier nicht von vornherein das sogenannte thematische Material exponiert, sondern das Thematische entwickelt sich erst in dem Zusammenwirken verschiedenster Kräfte aus dem amorphen Zustande der musikalischen Keimzelle, aus dem scheinbar chaotischen Gemenge dieser Urzelle zum organischen Gefüge des Ganzen ...«

– hat mich, als ich ihn kennenlernte, erstaunt: weil zum Beispiel der Marsch-Charakter schon bei seinem ersten Auftreten gar nicht kurz ist, nicht etwa bloß eine Andeutung, sondern gleich ein längerer formaler Teil. Sicher: er ist fragmentarischer zu Anfang als später; andererseits kommen ganze Teile des Anfangs nachher wörtlich wieder, der langsame zum Beispiel; in diesem Sinn ist es ganz und gar traditionelle Musik.«

Michael Gielen (1987)

MICHAEL GIELEN
Rückblick
Serenade für drei Violoncelli
2'05" 1. Satz
2'05" 2. Satz
3'10" 3. Satz
3'20" 4. Satz
3'55" 5. Satz

»Mein Streichquartett *Un vieux souvenir* (1983) hat drei Ableger gehabt. Zuerst das Stück für Ensemble *Pflicht und Neigung* (1988), dann das Cello-Trio *Rückblick* (1989), das auf eine Anregung von Heinrich Schiff hin entstand, und schließlich die kleine Sonate für Solocello *Weitblick* (1991). Der Titel *Rückblick* bezieht sich auf den Reigen in Dreiklängen, der aus einem Stück für Leiern stammt, das ich mal für meinen Sohn Lukas komponiert habe, dem auch das Trio gewidmet ist. Der Titel *Weitblick* bezieht sich auf den Weitblick des langjährigen Leiters der Universal Edition, Alfred Schlee, zu dessen 90. Geburtstag die Sonate geschrieben wurde.

Ich habe in diesen drei Stücken das Streichquartett wie einen Steinbruch benutzt und insbesondere die sogenannten *Topoi* des mittleren dritten Satzes ausgeschlachtet. Bei diesen Topoi – sechs kurzen Gedanken, Einfällen, charakteristischen Typen von Musik – handelt es sich um: 1) Repetitives, mechanisch, starr, zwanghaft; 2) Akkorde; 3) einen dramatischen, zerrissenen Topos; 4) Wolken, unbeweglich, schwebend; 5) eine Art Portal: Aufschrei und Zusammenbruch, verzweifelt; und 6) die gestaltete Pause. Ich fand, daß dieses Material noch weitere Möglichkeiten offenließ.

Charakteristisch ist im fünfsätzigen Trio der Wechsel zwischen synchronen und asynchronen Abschnitten. Der Gebrauch von Vierteltönen, der im Ensemblestück nur Färbung war, wird systematisiert, indem die gute alte All-Intervall-Reihe auf eine verminderte Quint zusammengeschoben wird, wodurch eine Viertelton-Reihe entsteht. Mit diesem Material wird ein Objekt gebaut, das sich in vielen Umkehrungen sozusagen von allen Seiten zeigt. (Die Sonate ist wie ein Cello-Auszug des Trios, das gleiche Material wird anders arrangiert.)«

Michael Gielen (1994)

ARNOLD SCHÖNBERG
Kol Nidre
für Sprecher, gemischten Chor und Orchester op. 39

Komponiert 1938 auf Anregung eines Rabbi in Los Angeles. Den Text des traditionellen jüdischen Gebetes, das am Vorabend des Versöhnungsfestes *Jom Kippur* gesungen wird, arbeitete Schönberg um, die Melodien stellte er aus verschiedenen Versionen zusammen – in der Absicht, eine »vernünftige Fassung« zu bieten, fernab aller »Cello-Sentimentalität der Bruch etc.«, im Range eines »Gesetzes«, ja »Erlasses« (der Sprecher soll dabei den einführenden, vorbetenden Rabbi, der Chor die Gemeinde vorstellen). Für eine Aufführung im Tempel freilich wurde die Komposition dann – vom »rituellen« wie »musikalischen Standpunkt aus« – als ungeeignet angesehen; was Schönberg enttäuschte: er hatte sich gerade da eine »große Wirkung« erhofft.

»Seiner jüdischen Identität ist Schönberg wohl erst durch den Antisemitismus und die Nazis bewußt geworden. Im *Kol Nidre* schreibt er tonal, für eine Gemeinde. In Amerika sind ja mehrere tonale Werke entstanden: die zweite Kammersymphonie, die Orgel-Variationen, die Suite für Streichorchester, die Variationen für eine College Band.

Die persönliche Note des Werks sehe ich darin, daß das Gebet für diejenigen gesprochen wurde, die zwangsgetauft worden waren, zum Beispiel in Spanien – und trotzdem Juden blieben. Hier wurde ihnen ihr ungewollter Verrat vergeben. Mutatis mutandis gilt das für Schönberg selber, der mal Protestant geworden war, und zwar freiwillig, während Gustav Mahler sich taufen ließ, weil er sonst nicht Operndirektor in Wien hätte werden können. Im Jahr 33, nachdem die Nazis Schönberg aus der Hochschule in Berlin rausgeschmissen hatten und seine materielle Existenz vernichtet war, kehrte er in die jüdische Gemeinschaft zurück. Zeuge dieses Vorgangs in Paris war Marc Chagall.«

Michael Gielen (1995)

ARNOLD SCHÖNBERG
Kol Nidre
Text (in deutscher Übertragung)

Die Kaballah erzählt uns folgende Legende:
Am Anfang sprach Gott: »Es werde Licht.«
Und aus dem Raum hervor brach eine Flamme.
Gott zerstieß dies Licht zu Atomen.
Myriaden von Funken sind verborgen in unserer Welt,
doch nicht alle von uns haben sie erblickt.
Der Selbstherrliche, der hochmütig aufrechtgeht,
wird nie einen wahrnehmen;
aber der Demütige und Bescheidene, der die Augen niederschlägt,
er sieht ihn.
»Ein Licht ist gesät dem Frommen.«

Bischiwo Schel Malo Uwischiwo Schel Mato.
Im Namen Gottes,
wir geloben feierlich,
daß einem jeden Missetäter,
sei es nun, daß er untreu geworden seinem Volk aus Furcht,
oder fehlgeleitet durch Irrlehren welcher Art immer,
sei es aus Schwachheit oder Gewinnsucht:
heute nacht sei es ihm erlaubt,
sich mit uns im Gebet zu vereinen.
Ein Licht ist gesät dem Frommen,
ein Licht ist gesät dem reuigen Sünder.

»Alle Gelöbnisse, Verpflichtungen, Eide
und als solche geltenden Ausdrücke, durch die wir etwas gelobt haben,
das im Widerspruch steht zu unserem Glauben
an einen einzigen, ewigen, unsichtbaren und unvorstellbaren Gott,
seien heute null und nichtig.
Wir bereuen, daß wir uns je durch solche Bindungen
von den Aufgaben entfernt haben, zu denen der Ewige uns auserwählt hat,
(Wir bereuen.)
und wir wollen streben von diesem Jom Kippur bis zum nächsten,
fürderhin alle solche Bindungen zu vermeiden,
damit dieser nächste Jom Kippur für uns kommen möge zum Guten.

Möge nun alles das, was uns ans Falsche bindet,
aufgelöst, erlassen, vergeben, null und nichtig,
ohne Geltung sein und ohne Bestand.
Und alle solchen Gelöbnisse seien keine Gelöbnisse,
alle solchen Verpflichtungen seien keine Verpflichtungen
und alle solchen Eide seien keine Eide.«
(Wir bereuen. Null und nichtig seien unsere Gelöbnisse.
Wir bereuen sie. Ein Licht ist gesät dem Sünder. –
Heute nacht sei es ihm erlaubt,
sich mit uns im Gebet zu vereinen.)

FRANZ SCHUBERT
Orchesterstücke aus der Musik zu Helmina von Chézys Schauspiel *Rosamunde* D 797
zusammen mit
ANTON WEBERN
Sechs Stücke für Orchester op. 6

5'45"	D 797 Nr. 1	Entr'acte nach dem ersten Aufzug h-moll (Allegro molto moderato)
1'05"	op. 6 Nr. 1	(Langsam)
3'40"	D 797 Nr. 2	Ballett h-moll/G-Dur (Allegro moderato — Andante un poco assai)
1'25"	op. 6 Nr. 2	(Bewegt)
0'55"	op. 6 Nr. 3	(Mäßig)
4'50"	D 797 Nr. 9	Ballett G-Dur (Andantino)
4'30"	op. 6 Nr. 4	(Sehr mäßig)
1'05"	D 797 Nr. 6	Hirtenmelodien B-Dur (Andante)
2'20"	op. 6 Nr. 5	(Sehr langsam)
1'35"	op. 6 Nr. 6	(Langsam)
6'30"	D 797 Nr. 5	Entr'acte nach dem dritten Aufzug B-Dur (Andantino)

Schuberts Schauspielmusik entstand ab etwa Oktober 1823; das Schauspiel wurde erstmals gegeben am 20. Dezember 1823 im Theater an der Wien (»Die Musik von Franz Schubert, unserem verehrten Landsmanne, zeichnet sich in einigen Nummern wirklich aus«, urteilte Siegmund Saphir zehn Tage später in der *Wiener Allgemeinen Theaterzeitung*).

Weberns opus 6 stammt aus dem Jahr 1909 (später, 1928, wurde die Besetzung des Orchesters »erheblich reduziert«); Uraufführung: am 31. März 1913 in Wien, Arnold Schönberg dirigierte (bereits nach dem ersten Stück lieferten sich, wie es in einem der zahlreichen Sensationsberichte heißt, »die Beifallsspender und Zischer einen minutenlangen Kampf«; nach dem zweiten »ging ein Lachsturm durch den Saal, der von den Anhängern der nervenabspannenden und provokanten Musik mit donnerndem Applaus übertönt wurde«; die übrigen Stücke »trugen dazu bei, daß die Stimmung im Saal das Schlimmste befürchten ließ«; das Konzert endete denn auch vorzeitig, »unter wüsten Radauszenen, die ein Nachspiel im Gerichtssaal hatten«).

»Mein Programm-Ideal: ein Stück in die Nähe eines andern zu rükken, damit das erste sein Licht auf das zweite wirft und umgekehrt, und beide Werke wie neu erscheinen.«

Michael Gielen (1981)

Orchesterkultur

Variationen über ein halbes Jahrhundert

Herausgegeben von Jürg Stenzl

1996. VII, 255 Seiten, 34 Abb., mit einer CD, geb.
ISBN 3-476-01500-9

Das vorliegende Buch erscheint aus Anlaß des 50jährigen Bestehens des SWF-Sinfonieorchesters. Namhafte Musikpublizisten werfen in ihren kritischen Variationen über das Thema »Orchester – Rundfunk – Neue Musik« einen Blick zurück auf die Arbeit mit den Dirigenten Hans Rosbaud, Ernest Bour, Kazimierz Kord und Michael Gielen. Über den historischen Rückblick hinaus geht es dabei vor allem um die Frage nach der Rolle des öffentlich-rechtlichen Rundfunks und seiner Orchester im Zeitalter der technischen Reproduzierbarkeit. Seither verklingt Musik nicht mehr, Tonbänder und CDs bewahren sie. In einzelnen Beiträgen werden u.a. die Aufnahmen Rosbauds, die zahlreichen Uraufführungen des Orchesters, Gielens Beethoven-Zyklus, aber auch die mäzenatische Rolle des Rundfunks, Fragen des Dirigierens heute oder die spieltechnischen Konsequenzen neuester Musik behandelt.
Eine beiliegende CD enthält zahlreiche, bislang nicht auf Tonträgern vorliegende Aufnahmen des SWF-Sinfonieorchesters und seiner Dirigenten, darunter auch einen Probenausschnitt mit Igor Strawinsky. Abgerundet wird das Buch durch eine Dokumentation, die neben einer vollständigen Diskographie und einem Verzeichnis der Uraufführungen die Namen der Dirigenten und Solisten verzeichnet, die in den vergangenen 50 Jahren mit dem SWF-Sinfonieorchester musiziert haben.

»...Mehr als ein gelungenes Portrait des Klangkörpers; es ist ein interessant und spannend zu lesendes Dokument der musikalischen Arbeit in der Vergangenheit und der Gegenwart.« *Badisches Tagblatt*

VERLAG J.B. METZLER

Peter Gülke

Fluchtpunkt Musik

Reflexionen eines Dirigenten zwischen Ost und West

1994. VII, 192 Seiten, kartoniert
ISBN 3-476-01209-3
Gemeinschaftsausgabe mit dem Bärenreiter-Verlag, Kassel

Die eindrucksvollen Momentaufnahmen des Dirigenten Peter Gülke, der 1983 die deutsch-deutsche Grenze in Richtung Westen überschritt, werfen Licht auf vierzig Jahre Erfahrung mit Musik und Politik in Deutschland.

»Dabei trifft sich Beobachtungsgabe mit Fabulierlust, und sprachliches Feingefühl verleiht der Darstellung punktuell literarisches Profil.« *Deutsche Welle, Köln*

»In seinen Schriften verbinden sich analytische Schärfe und Gründlichkeit, ästhetische, auch politische Reflexion mit flüssig-anschaulicher Diktion... – stets spürt man das lebhafte Interesse eines Musikers, dem die Kunst alles andere als ein Glasperlenspiel ist.« *FAZ*

GPSR Compliance

The European Union's (EU) General Product Safety Regulation (GPSR) is a set of rules that requires consumer products to be safe and our obligations to ensure this.

If you have any concerns about our products, you can contact us on ProductSafety@springernature.com

In case Publisher is established outside the EU, the EU authorized representative is:

Springer Nature Customer Service Center GmbH
Europaplatz 3
69115 Heidelberg, Germany

Batch number: 10578244

Printed by Printforce, the Netherlands